本书是 2024 年度北京师范大学中央高校基本科研业务费科研创新人才培育项目·优秀青年创新团队项目（项目编号：1243300001）的阶段性成果

法国国王圣路易

[法]让·德·儒安维尔 ◎著
[法]纳塔利·德·瓦伊 ◎译
黄广连 ◎译注

中国社会科学出版社

图书在版编目（CIP）数据

法国国王圣路易 / 黄广连译注. -- 北京 ：中国社会科学出版社，2025.3. -- ISBN 978-7-5227-4755-2

Ⅰ．K835.657=322

中国国家版本馆 CIP 数据核字第 20255UQ356 号

出 版 人	赵剑英
责任编辑	张　湉
责任校对	姜玉菊
责任印制	李寡寡

出　　版	中国社会科学出版社
社　　址	北京鼓楼西大街甲 158 号
邮　　编	100720
网　　址	http：//www.csspw.cn
发 行 部	010-84083685
门 市 部	010-84029450
经　　销	新华书店及其他书店

印刷装订	北京市十月印刷有限公司
版　　次	2025 年 3 月第 1 版
印　　次	2025 年 3 月第 1 次印刷

开　　本	710×1000　1/16
印　　张	16.25
字　　数	210 千字
定　　价	89.00 元

凡购买中国社会科学出版社图书，如有质量问题请与本社营销中心联系调换
电话：010-84083683
版权所有　侵权必究

本书中文版根据 Joinville, *Histoire de Saint Louis*, texte rapproché du français moderne et mis à la portée de tous par M. Natalis de Wailly（Paris：Librairie de L. Hachette et Cie, 1865）译出，同时参考了 René Hague translated, *The Life of St. Louis by John of Joinville*（New York：Sheed and Ward, 1955）的译文和注释。

目　　录

序　言 ………………………………………………………………（1）
译注说明 ……………………………………………………………（1）

第 1 章　作品的题献与内容划分 …………………………………（1）
第 2 章　圣路易献身的事例 ………………………………………（2）

第一部分

第 3 章　圣路易的重要美德 ………………………………………（7）
第 4 章　圣路易对罪孽的憎恶和对穷苦人的爱 …………………（9）
第 5 章　圣路易对贤人和正义的重视 ……………………………（10）
第 6 章　圣路易是如何看待着装的 ………………………………（11）
第 7 章　利用上帝的警示 …………………………………………（13）
第 8 章　圣路易对信仰的思考 ……………………………………（14）
第 9 章　巴黎主教纪尧姆三世宽慰一个神学家 …………………（15）
第 10 章　蒙福尔伯爵的信仰，他不应与犹太人争论 ……………（17）
第 11 章　圣路易的习惯；一名方济各会修士向其宣讲正义 ……（18）
第 12 章　圣路易是如何进行司法审判的 …………………………（19）
第 13 章　圣路易拒绝众多主教的非正义请求 ……………………（20）

1

第 14 章　圣路易的诚信 …………………………………………（21）

第二部分

第 15 章　国王的出生与加冕礼 …………………………………（25）
第 16 章　圣路易治下的第一波骚乱 ……………………………（26）
第 17 章　狮心理查德的十字军东征；塞浦路斯王后阿利克斯
　　　　　在香槟的权益 …………………………………………（27）
第 18 章　大贵族们攻击香槟伯爵蒂博四世 ……………………（28）
第 19 章　儒安维尔的父亲驻守特鲁瓦；香槟伯爵和塞浦路斯
　　　　　王后签订的和约 ………………………………………（30）
第 20 章　香槟伯爵亨利一世，绰号慷慨者 ……………………（32）
第 21 章　1241 年，圣路易在索缪尔举行了盛大的
　　　　　宫廷典礼 ………………………………………………（33）
第 22 章　1242 年的塔耶堡之战 ………………………………（35）
第 23 章　拉马什伯爵归顺 ………………………………………（36）
第 24 章　圣路易病倒并于 1244 年决定发动十字军战争 ………（37）
第 25 章　儒安维尔为十字军战争做准备 ………………………（39）
第 26 章　一名教士杀死了国王的三个执达吏 …………………（40）
第 27 章　儒安维尔离开了他的城堡 ……………………………（41）
第 28 章　1248 年 8 月十字军战士登船 ………………………（43）
第 29 章　在塞浦路斯逗留；鞑靼人的使者；儒安维尔
　　　　　效忠于国王 ……………………………………………（44）
第 30 章　君士坦丁堡皇后到达塞浦路斯 ………………………（46）
第 31 章　关于以歌念苏丹、亚美尼亚国王和
　　　　　巴比伦苏丹 ……………………………………………（47）

第 32 章	1249 年离开塞浦路斯	(48)
第 33 章	准备在埃及登陆	(50)
第 34 章	十字军骑士迎战萨拉森人	(51)
第 35 章	圣路易攻占达米埃塔	(52)
第 36 章	圣路易犯的错误；十字军的骚乱	(54)
第 37 章	萨拉森人攻击营地；戈提埃·德·奥特雷什战死	(55)
第 38 章	萨拉森人的新一轮进攻；国王决定等待普瓦提埃伯爵的到来	(57)
第 39 章	军队行进中	(58)
第 40 章	尼罗河	(59)
第 41 章	在尼罗河上修建一条河堤	(61)
第 42 章	击退萨拉森人的一次进攻	(62)
第 43 章	投向猫堡的希腊火硝	(64)
第 44 章	猫堡被希腊火硝烧毁	(65)
第 45 章	涉水过河；阿图瓦伯爵去世	(66)
第 46 章	受伤的儒安维尔被萨拉森人阻击，在安茹伯爵帮助下被释放	(68)
第 47 章	国王的军队进攻萨拉森人	(70)
第 48 章	河上的基督徒；儒安维尔在桥上防守；布列塔尼伯爵从曼苏拉撤退	(72)
第 49 章	儒安维尔被萨拉森人攻击，但仍坚守桥上	(73)
第 50 章	儒安维尔和国王会合；萨拉森人被打败；他们的营地遭到贝都因人的洗劫	(74)
第 51 章	贝都因人	(76)
第 52 章	营地在夜间被偷袭；儒安维尔的神父打跑了八名萨拉森人	(78)

第 53 章　萨拉森人准备全面进攻我们的营地 …………（79）

第 54 章　封斋期的第一个星期五之战 ……………………（81）

第 55 章　此战后续 …………………………………………（82）

第 56 章　苏丹的守卫士兵或警卫队 ………………………（84）

第 57 章　埃米尔们反对新苏丹的阴谋 ……………………（86）

第 58 章　基督徒开始生病并陷入饥荒 ……………………（87）

第 59 章　军队重新过河；儒安维尔的六名骑士因亵渎罪
　　　　　受罚 ………………………………………………（88）

第 60 章　儒安维尔病倒；试图与萨拉森人和解；
　　　　　军队的惨状 ……………………………………（89）

第 61 章　军队试图从水、路两线撤退 ……………………（90）

第 62 章　国王被俘；萨拉森人违背休战协议 ……………（91）

第 63 章　儒安维尔因逆风被迫停留在河上 ………………（93）

第 64 章　儒安维尔被俘，生命受到威胁，他被误认为是
　　　　　国王的堂兄弟 …………………………………（94）

第 65 章　儒安维尔与战舰首脑见面；屠杀病患；儒安维尔与
　　　　　其他被俘的十字军在曼苏拉会合 ………………（96）

第 66 章　被萨拉森人恐吓的俘虏得知国王缔结条约 ……（98）

第 67 章　圣路易遭受酷刑的威胁；他与萨拉森人谈判 …（100）

第 68 章　俘虏在苏丹的营地下船 …………………………（101）

第 69 章　埃米尔们谋反；苏丹被杀 ………………………（102）

第 70 章　俘虏的生命仍受威胁；与埃米尔们的新协议 …（104）

第 71 章　埃米尔们宣誓；国王的顾虑与抗争 ……………（105）

第 72 章　履行协议：把达米埃塔归还给萨拉森人 ………（107）

第 73 章　屠杀俘虏提上议程 ………………………………（108）

第 74 章　释放俘虏；儒安维尔登上国王的帆桨战船；
　　　　　十字军返回法兰西 ……………………………（109）

目　录

第75章	缴付赎金；儒安维尔把钱交给圣殿骑士团 …………	（111）
第76章	国王在执行协议中所体现的诚信 …………………	（112）
第77章	关于苏瓦松主教戈谢·德·沙蒂永，一名殉道者；一个叛徒 ………………………………………………	（114）
第78章	王后在达米埃塔遭受的苦难 ………………………	（115）
第79章	国王推迟反抗萨拉森人的请求；横渡的故事 ………	（117）
第80章	儒安维尔在阿卡遭受的苦难 ………………………	（118）
第81章	儒安维尔生病；安茹伯爵的慷慨 …………………	（120）
第82章	商议国王的返法旅程 ………………………………	（121）
第83章	国王议事会中的异议；儒安维尔反对返回法兰西 …	（122）
第84章	儒安维尔遭到责备；他和国王的密谈 ……………	（124）
第85章	国王宣布留在圣地 …………………………………	（125）
第86章	圣路易决定让修士先出发；他把儒安维尔留下 ……	（126）
第87章	国王的修士上船；皇帝弗雷德里克二世和大马士革苏丹的使者 ………………………………	（127）
第88章	关于国王的炮兵让·勒尔曼 ………………………	（129）
第89章	山中老人的使者；回应他们的威胁 ………………	（130）
第90章	山中老人的使者的使者带来和平的保证；来自修士布列塔尼人伊夫的信息 …………………………	（132）
第91章	回复大马士革苏丹；让·德·瓦朗西安纳出使埃及；许多被俘十字军被释放 …………………	（134）
第92章	国王接受了来自香槟的四十名骑士；国王答复埃及派来的使者 …………………………………	（135）
第93章	鞑靼人如何选举自己的首领，以摆脱牧师让和波斯皇帝 …………………………………………	（136）
第94章	鞑靼人战胜牧师让；他们其中一位王公的观点及其皈依 …………………………………………	（139）

5

第 95 章　鞑靼人的风俗习惯；他们傲慢的国王；圣路易
　　　　　 后悔派遣使者 ·· （141）

第 96 章　从挪威来的骑士到达 ·································· （142）

第 97 章　腓力·德·图西被国王任用；库曼人的风俗 ········ （143）

第 98 章　儒安维尔的新契约；他是如何在海外生活的 ······ （144）

第 99 章　关于在凯撒利亚的一些判决 ························· （146）

第 100 章　与埃及埃米尔们的协议；圣路易巩固雅法 ········· （148）

第 101 章　关于厄伯爵；安条克王子；四个亚美尼亚
　　　　　 乡村乐师 ·· （150）

第 102 章　关于布里耶纳和雅法的伯爵戈蒂埃，他是如何被
　　　　　 波斯皇帝俘虏 ··· （151）

第 103 章　拉夏梅尔苏丹是如何摧毁波斯皇帝的军队的；
　　　　　 雅法伯爵之死；埃及的埃米尔们和大马士革苏丹的
　　　　　 联盟 ·· （153）

第 104 章　圣—拉扎尔首领被萨拉森人击败 ··················· （155）

第 105 章　在雅法附近，弓弩手的首领和大马士革苏丹军队
　　　　　 之间的战斗 ·· （156）

第 106 章　苏丹的军队经过阿卡；让·勒格朗的军事胜利 ····· （157）

第 107 章　萨耶特的困境 ··· （158）

第 108 章　国王拒绝去耶路撒冷的原因 ························· （159）

第 109 章　关于勃艮第公爵于格三世；圣路易在雅法的
　　　　　 开销 ·· （161）

第 110 章　圣路易出发去萨耶特；大亚美尼亚的朝圣者；
　　　　　 儒安维尔赶走了他自己的一名骑士 ··············· （162）

第 111 章　远征巴尼亚斯 ··· （164）

第 112 章　儒安维尔遭遇生命危险 ······························ （165）

第113章　圣路易抢埋萨耶特基督徒尸体；儒安维尔和
　　　　厄伯爵的友谊 …………………………………（167）

第114章　鞑靼人攻占巴格达 ……………………………（168）

第115章　关于一个被儒安维尔认为是刺客的教士 ………（169）

第116章　特拉比松领主的使者；王后到达萨耶特 ………（170）

第117章　关于一个穷骑士和他的四个儿子 ………………（171）

第118章　儒安维尔的朝圣；王后的误会；神奇的石头 …（172）

第119章　国王得知其母的死讯；布朗什王后对
　　　　玛格丽特王后的冷酷 ……………………………（173）

第120章　国王决定返回法兰西；儒安维尔和
　　　　教皇使者的谈话 …………………………………（175）

第121章　儒安维尔护送王后到苏尔；国王登船 …………（176）

第122章　国王的军舰搁浅了 ……………………………（177）

第123章　国王拒绝离开军舰 ……………………………（179）

第124章　塞浦路斯海岸的暴风雨；法兰西王后和
　　　　儒安维尔的心愿 …………………………………（181）

第125章　从上帝的警示中得到的好处 ……………………（182）

第126章　兰佩杜萨岛 ………………………………………（183）

第127章　关于潘泰莱里亚岛；圣路易的严厉行为 ………（184）

第128章　王后的房间着火 ………………………………（185）

第129章　圣母玛利亚显神迹 ……………………………（186）

第130章　国王痛苦地决定在耶尔登陆 ……………………（187）

第131章　儒安维尔给国王的建议 …………………………（188）

第132章　关于方济各会修士于格 …………………………（189）

第133章　腓力·奥古斯都给予国王的建议 ………………（190）

7

第 134 章　儒安维尔离开国王；他随后在苏瓦松与之会合；
　　　　　法兰西的伊莎贝尔与纳瓦尔国王蒂博二世的
　　　　　联姻 ………………………………………………（191）

第 135 章　圣路易的习惯和性格；他拒绝了诸位主教的
　　　　　非正义请求 ……………………………………（193）

第 136 章　关于圣路易的坚强与公正的其他事例 ………（194）

第 137 章　圣路易对和平的爱 ……………………………（196）

第 138 章　圣路易与儒安维尔对渎神言语的憎恶 ………（198）

第 139 章　圣路易对穷苦人的爱；他是如何教育孩子的；他的
　　　　　施舍和捐赠；他谨慎地核查圣俸 ……………（199）

第 140 章　国王是如何纠正大法官、司法长官和市长的；他是
　　　　　如何颁布新敕令的；艾蒂安·布瓦洛是如何成为
　　　　　巴黎司法长官的 ………………………………（201）

第 141 章　关于巴黎司法长官制度改革 …………………（205）

第 142 章　圣路易对穷苦人的爱；他的施舍与捐赠 ……（206）

第 143 章　他在法兰西建立的修会 ………………………（208）

第 144 章　圣路易决定发动第二轮十字军战争 …………（209）

第 145 章　圣路易病倒；他对儿子的教诲 ………………（210）

第 146 章　圣路易之死 ……………………………………（213）

第 147 章　圣路易的"封圣"；圣路易的遗体被"迁葬" ……（214）

第 148 章　儒安维尔梦见圣路易，并为他筑祭台 ………（216）

第 149 章　结语 ……………………………………………（217）

索　引 …………………………………………………………（218）

序　　言

　　声名卓著但读者不多的作家是罕见的，儒安维尔（Joinville）就属于这一类。他的名气如此之大，作品却少有人问津。众所周知，他的确以战友兼朋友的身份为圣路易（saint Louis）作传，但是，除了少数研究者和文人墨客，还有谁读过这本传记呢？然而，该传记绝不是专为这一人数有限的阶层而写的，显然也不缺乏推荐给其他读者的优点。对我们而言，如果不是祖先的语言比许多外语还要晦涩的话，这本传记所记载的重要事件、多样的叙事方式、生动的描绘手法和自然的文风，都足以使它成为一本广为流传并实至名归的作品。是的，尽管儒安维尔所使用的全是法语，但任何无法坚持自学的法兰西读者都得在每一行文字上停顿。在法兰西，找到一个能读懂儒安维尔语言的人，要比找到100个能读懂拉丁文或几门现代语言的人还要困难，我这么说，也许并不夸张。我并不是想说他的语言只是由古老的或已完全不再使用的词汇构成；相反，他所使用的绝大部分词汇我们今天仍能见到。只不过，这些词汇流传至今已有600年，其（古老）含义和拼写方式基本没有被保留下来，并且它们时常以一种我们不甚了解的语序出现，有时没有冠词或代词，而冠词和代词在今天的法语中是不可或缺的。仅此，足以让一个看似一点也不难的句子，细究起来却变得晦涩和难以理解。

　　自上世纪（18世纪）以来，这本最能激发人们好奇心的传记仍囿于狭窄的学术领域。在一个对历史如此好奇的时代,这无须过多解释。使该作品走出学术领域并在更广泛的读者群中流传,这一时刻不是已经来临了吗?难道不会有很多人抓住机会,兴致盎然地去阅读由儒安维尔撰写的《圣路易传》吗?儒安维尔长年与伟大的圣路易亲密相处,可能比同时代的其他任何人都要了解圣路易,为这一美好而神圣的人物留下了令人信服的描绘。不妨这样设想一下:儒安维尔本人重新出现在我们面前,向我们讲述那些距离十分遥远且不同于当下的所见所闻,人们不会跑来如饥似渴地想要听到最诚恳、消息最灵通的见证人(他)的讲述吗?如果他们懂得儒安维尔的古老语言,又如果他们为了解实情而需求助于蹩脚的译者的话,难道会愿意接受这样一个译者的蹩脚翻译而放弃学习(原著)的机会吗?哦,为了听到儒安维尔讲圣路易和 13 世纪,我们应该阅读这部令人钦佩的传记,这将使我们真实看到,这位年迈骑士在讲述他所知的一切,是关于圣徒国王路易的美好而神圣的事情。

这就是我决定翻译这本书的原因。根据经验,我知道承担这项任务将面临种种困难,不可能很顺利地完成。我能够在不草率地改变儒安维尔自然优雅的文笔的情况下,让本书成为广泛流传的读物,对此,我并不沾沾自喜,我也不曾通过纠正古老语言中那些粗糙和不完美之处,有意使这本书符合今人的品位。我本来确实可以努力做到这一点,可如果这样的话,译文将以一种虚假的优雅来歪曲儒安维尔的本意,不算成功。比起展现实际翻译能力,我倒是更愿意出版一个蹩脚的译本,也更愿意在其中保留那些有误的、粗俗的甚或不正确的表达。当我认为没必要改变儒安维尔的语言使其变得易懂时,读者便能从中找到我尊重儒安维尔语言的证据。

我毫不犹豫地改变了儒安维尔语言的古老拼写方式,因为保留这些拼写方式除了对博学者有用,对其他读者一点用处也没有。此外,

序　言

我不担心有人会责备我引入了常见的拼写方式，牺牲了儒安维尔语言中的古老拼写方式这样重要的一个细节。否则，读者连他们最熟悉的词汇也认不出来。我也毫不犹豫地替换那些不再出现于当下字典中的表达。不过，那些虽已不再使用但仍能从字典中找到的表达应被保留吗？那些与惯常用法相去甚远的表述应被改变吗？我并不打算绝对地遵循这二者中的任何一种，而是宁愿在这两个极端之间努力保持一个标准：由读者判断我的翻译是否成功。

本书某些（表达的）外在形式与原文存在差异，但其内涵严格遵循原书。我把多努先生（M. Daunou）编订的版本作为指南，它是出版于1840年的善本，收录于《高卢和法兰西历史学家文集》* 第二十卷。尽管有第一批编订者和以卢克手稿（manuscrit de Lucques）命名的书卷为我们提供了不同版本，但到目前为止还没有人能忠实地把这本书更古老手稿的样貌呈现出来。我的朋友，博学的于勒·马里翁先生（M. Jules Marion），正为法兰西历史协会（Société de l'histoire de France）准备一个专为研究工作者使用的版本。他在认真核对书稿后非常善意地告诉我，除个别词汇外，他坚信多努先生的编订本是无可挑剔的。我利用了多努版本里的注释和评论，这些内容基本阐明了所有历史难题和大部分难懂的内容。我年轻时曾目睹多努先生把他晚年的所有精力都奉献在这本书上。他的版本就是一个典范，我从未想到有朝一日自己能从中获益。

我也要感谢所有乐于给我建议、予我帮助的人，感谢研究所、帝国图书馆（Bibliothèque Impériale）及其他图书馆。不过，我认为，更为妥当的做法是克制自己不要说出他们的名字，这是因为我觉得作品

---

* Pierre-Claude-François Daunou and Joseph Naudet, eds., *Recueil des Historiens des Gaules et de la France*, Paris: Imprimerie Royale, 1840, pp. 190–304. ——中译者

仍有疏漏，在致谢中必须保持低调。若是获得更大的成功，我猜测批评的声音也会随之而来。有人对我说，（这些批评）并非毫无道理，因为我出版了一个不属于任何时代的文本，开罪了儒安维尔的所有仰慕者。我接受这样的批评，自己也是这样认为的，所以提前就作了声明。不过，我之所以出版这部篇幅不长的作品，既不是因为儒安维尔的名望，也不是为了让他那些为数不多的仰慕者满意，而是为了仍未对儒安维尔产生仰慕之情的或那些只在口头上表达倾慕之情的人群着想。如果这些人阅读这个较为通俗易懂的版本，发现儒安维尔作品的多数优点，他们就会在一定程度上因为非常了解（其作品）而仰慕儒安维尔。事实上，本书并非一部表达与实义交融的纯文学作品。很遗憾，我未能保留儒安维尔在其古老而大胆独创的语言中，所呈现的如下特点：谈话中的优雅、描绘手法的清新自然、事件描写的生动性，但（其语言的）历史真实性大体上得以保留，由此，我至少能宽慰自己。因为本书最显著的特征和最具使用价值的地方，就在于其历史真实性。

是的，即使这本书存在一些不足，我仍坚信，那些厌倦不良小说的人同样会喜欢它，因为书中有关十字军战争恢弘场面的记载，会使他们身临其境般地了解这些过程，这比靠想象力滋养的谎言更动人心弦。该书也教育了自以为完全了解中世纪的人，以及那些由于自身盲目的激情或执拗的成见，要么过分颂扬要么过分贬低中世纪的人。与儒安维尔的叙述所揭示的大量真相相比，那些混淆视听和歪曲事实的人为捏造又算什么呢？对于这些捏造，历史学家费尽心力去发现或不由分说接受了它们。这并非一部轻松之作，是一位目击者的长篇陈述，从首页至末页均为现场口述，通篇都是儒安维尔通过回忆娓娓道来的内容。每一处都经过他的精心考证或推敲。如果同样的一件事情再次勾起儒安维尔的回忆，他就会把这件事叙述成新事件，正如他几

序　言

乎不担心同一个词汇在同一个句子里出现两三次。对他而言，（此书的）重要性不是说服力，而是叙述他的记忆、情感、想象力和信仰，尤其是那些可作史料的真实事件。他没有姑息任何人，即使是自己十分尊敬的一位教士，以及在升天之前就深受其喜爱的圣徒国王（圣路易）。儒安维尔有一些俏皮话是突然出现的，使人措手不及，如果这些话未能发自内心地证明他的坚定立场，会让人认为其说辞前后矛盾，进而为了上下文的连贯想要把这些话语拿掉。总而言之，没有读过这本书的人无法真正了解圣路易和 13 世纪。儒安维尔撰写的《圣路易传》是极少数不可替代的作品之一。最好的作品不仅能够提供知识，而且更值得信赖，也更能激发读者的兴趣。

对于在儒安维尔的证明下或在其不知情的情况下添加的部分内容，上述判断无效。所涉范围从第 139 章的最后一段起，直至第 143 章结束。① 我指明了这些段落的真正作者，尽管并不了解这些作者。虽然这些段落值得信赖，是儒安维尔口述的所见、所闻、所信，但我们很容易就能看出，它们与儒安维尔本人的叙述很少有相似之处。

最后，介绍一下儒安维尔一生中最重要的几个时期。让·德·儒安维尔（Jean de Joinville），香槟邑督（sénéchal de Champagne），出生于 1224 年左右，即圣路易登基的前两年。1241 年，他参加了法兰西国王（圣路易）在索缪尔（Saumur）举行的盛大宫廷庆典。正是在这次庆典上，法兰西国王的弟弟，普瓦提埃伯爵阿方松（Alfonse comte de Poitiers）受封为骑士。那时，儒安维尔刚刚 17 岁，是其封君纳瓦尔国王（roi de Navarre）、香槟伯爵（comte de Champagne）蒂博身边的一名切肉侍从。儒安维尔成为骑士后，于 1245 年与圣路易同

---

① 这样的章节划分出现在抄本或更古老的版本中，就阅读和引用的便利而言，都是必要的。（自近代以来出版的版本，几乎都添加了章节划分，不同版本章节划分不同。——中译者）

期参加了十字军战争。1248 年，儒安维尔前往圣地，1254 年与圣路易同时返回法兰西。儒安维尔拒绝参加 1270 年的十字军战争。在与伟大国王（圣路易）永别的那一天，从欧塞尔伯爵（comte d'Auxerre）府邸到歌德利修道院（Cordeliers），儒安维尔一路上把因病身体已日渐衰弱的国王抱在怀里。1282 年，他以见证人的身份参加了关于圣路易生平的"封圣"调查，在这次调查中，法兰西王室期望圣路易能被封为圣徒。1298 年，他参与圣路易圣体"迁葬"仪式，几年后，他应法兰西王后、香槟女伯爵纳瓦尔的让娜（Jeanne de Navarre）之邀，口述并让人记述了这位圣王的生平。在这项崇高的任务完成之前，王后就去世了。1309 年，儒安维尔完成了这本传记，他把书的题词献给了王后的儿子——纳瓦尔国王和香槟伯爵顽夫路易（Louis le Hutin）。1317 年儒安维尔去世。他曾在住处的小教堂里，加高了伟大的圣路易的祭台以缅怀圣路易，也在一部不朽的著作中留下了他对圣路易虔诚的爱。

纳塔利·德·瓦伊（Natalis de Wailly）

译注说明

《法国国王圣路易》是研究法国卡佩王朝国王圣路易的核心史料。该书的汉译工作如今告一段落。关于这一工作及所涉内容，现作几点说明。

1. 关于该书的中文译名：近代以来，国外学界就该书的体裁有诸多讨论，尤其是在上世纪末传记回归和主体回归思潮下，西方学界出现一个激烈争议：儒安维尔的作品究竟是自传还是传记？儒安维尔在书中明言其作品就是要"记录我们国王圣路易的圣洁言语和美好事迹"。在尊重儒安维尔的著书宗旨的前提下，为避免引起国内学者的歧义，将该文献的中文译名定为《法国国王圣路易》或许更可取。

2. 关于该书的史学价值：《法国国王圣路易》叙述了生活在13世纪的圣路易的一生及其美德，对第七次和第八次十字军战争、13世纪的地中海世界乃至13世纪中法交流等均有较为细致的记述。该书成书于圣路易被正式"封圣"后，绝大多数内容是儒安维尔的所见、所闻，其可信度已得到学术界的肯定。

3. 关于译本和注释：英国国家图书馆馆藏显示，该文献已有英、法、德、意、西、阿等现代外语译本将近50个版本。至今，有两部高质量的现代法语译本，分别由 M. 多努（M. Daunou）和纳塔利·德·瓦伊（Natalis de Wailly）编译，其中，后者吸收了前者的研究成果，且被翻译成英文，在西方学界影响更大。基于此，中文译本遂选取纳塔利·德·瓦伊编译的译本为移译底本，并且中文译文保留了纳塔利·德·瓦伊这个现代法语译本的注释，同时又新增了部分注释（带*的注释均为中译者的注释；标有"——中译者"的内容也是中译者的注释）

4. 关于人名、地名的翻译：除少数词按约定俗成翻译外，按法语音译翻译。

黄广连
2025年1月于北京师范大学珠海校区

第 1 章　作品的题献与内容划分

香槟邑督儒安维尔把他的敬意、爱、荣誉和服务全部献给亲爱的路易阁下，法兰西国王（腓力四世）的儿子。由于上帝赐予恩典，路易还是纳瓦尔国王、有王位继承权的香槟伯爵与布里伯爵（comte palatin de Champagne et de Brie）。[①]

亲爱的路易阁下，我要让您知道，您的母亲，法兰西王后非常喜欢我（上帝会赐予她恩典！），恳请我，希望我写一本书，[②] 记录我们国王圣路易的圣洁言语和美好事迹。我答应了她。在上帝的帮助下，我已经完成这一作品，该作品共分为两部分：

第一部分叙述了圣路易一生为了王国的繁荣是如何根据上帝和教会的要求自治的；

第二部分论述圣路易的英勇行为及其在战争中的伟大事迹。

阁下，有道是："以做那些归属上帝的事为第一要务，这样上帝就会指导你的其他一切工作。"我撰写了三部分内容，如上所述，分别是关于人的灵魂和肉体的益处，以及百姓的管理。

---

① 路易十世（Louis X），绰号顽夫（le Hutin），即（法兰西国王）美男子腓力（Philippe le Bel）的儿子，是纳瓦尔国王（roi de Navarre）、香槟伯爵和布里伯爵（comte de Champagne et de Brie）。他的母亲，纳瓦尔的让娜死于 1305 年 4 月 2 日。在还没继承父亲王位、成为法兰西国王的前 5 年，也就是 1309 年，路易十世收到了这本传记。

② 这也就是说，儒安维尔是应王后之邀撰写的这本传记。

此外，为了荣耀这一真实的圣徒（圣路易），我还写了其他事情。因为通过上面所说的那些事情，我们可以清楚地知道，他的一生是多么的圣洁，从开始执政直至生命终结，在同时代的平信徒当中，没有人比他更圣洁。他离开人世间的那一刻，我不在他身边。不过，他的儿子，阿朗松伯爵皮埃尔（comte Pierre d'Alençon）当时就在现场，他非常喜欢我并向我讲述了圣路易的美好结局。我把这一结局写了下来，您将会在本书的最后部分看到。关于圣路易的结局，我认为，人们为他做得不够，没把他列入殉道者行列，因为他在十字军战争期间遭受了巨大苦难，足足6年时间，我都陪在他身边。因为仿效耶稣基督，他才拿起十字架。如果上帝是为十字架而死，那么他也一样，因为死在突尼斯城（Tunis）时，他早已拿起了十字架。

这本书的第二部分谈及他的英勇行为和非凡的勇气，这一点反映在我曾四次目睹他把生死置之度外的事件中，正如您下面会听*到的那样，他这么做是为了使臣民幸免于难。

第 2 章　圣路易献身的事例

在我们到达达米埃塔（Damiette）之前，圣路易第一次把自身置于死亡的冒险中。① 当时我听到，议事会的所有大臣都劝他留在自己的大船上，直到看到他的骑士登陆后再下船。他们之所以会如此劝圣路易，是因为如果圣路易和他们一起下船，他和他的随从都会被杀

---

*　根据西方学者研究，本书是由儒安维尔口述，他人代笔书写的作品，因此，法译本保留了这一特点，中译本也遵循这一特点。——中译者

①　参阅第35章。

死，事情也就结束了。然而，如果他一直待在自己的船上，就可以对埃及（Égypte）发动新一轮的征服。不过，他不听取任何人的意见，全副武装跳进海里，将盾举在脖子前，手执长矛，① 成为第一批登陆的人。

在离开曼苏拉（Mansourah）前往达米埃塔之时，圣路易第二次把自身置于死亡的冒险中。② 议事会的大臣告诉我，他们建议圣路易乘坐帆桨战船前往达米埃塔。正如他们所说，之所以给圣路易提出这样的建议，是因为如果臣民遭遇不幸，圣路易能解救他们。还有一个尤为重要的理由是，圣路易身体不好，身患多种疾病，如间日疟、严重痢疾，并且他的口部和腿部都感染了与军队里的士兵一样的疾病。他不愿再相信任何人的建议，声称不会抛弃他的臣民，要与他们共患难。由于患上痢疾，他每天晚上都把内裤剪开一个口子。由于所染上的与军队士兵一样的疾病来势汹汹，他每天晚上都昏厥好几次，下文将会讲述。

在几位弟弟离开圣地返回法兰西后的 4 年里，圣路易继续留在圣地。这期间，他第三次把自身置于死亡的冒险中。③ 当时，我们冒着巨大的生命危险，因为攻下阿卡城（Acre）时，国王身边有武器装备的人数只有阿卡城的萨拉森人的 1/30。④ 因为上帝爱国王，使阿卡城里的土耳其人（Turcs）不敢追击我们，除此之外，我想不到其他任何理由。这就是所谓的："如果你敬畏上帝，所有见到你的人也会敬

---

① 此处的"长矛"（"lance"）的原文是"glaive"（"双刃剑"），在儒安维尔书中的其他地方都出现过。不过，"glaive"一词应理解为"长矛"而不是"剑"（纳塔利·德·瓦伊将"glaive"更换为"lance"。本中译本按纳塔利·德·瓦伊的法译本译出，因此遵循他的理解。——中译者）。
② 参阅第 41 章。
③ 参阅第 86 章。
④ 当时阿卡城里的居民是萨拉森人（Sarrasins）。

畏你。"此次逗留期间，圣路易完全不顾议事会给他的建议（下文将会讲述）。为了保护圣地的臣民，圣路易把自己的生命置于危险之中，如果那时他没有留在那里，圣地就会落入敌手。

当我们从海外返回法兰西，途经塞浦路斯（Chypre）时，圣路易第四次把自身置于死亡的冒险中。在塞浦路斯，我们的军舰被撞得非常严重，船底的龙骨被撞毁，这些龙骨是建造军舰的基体。于是，国王召集14个主管军舰及其他同行船只的船长来给他出主意。因为固定船木板的钉子已经脱落，他们不认为被撞军舰能抵挡浪潮的冲撞，于是建议国王乘坐另一艘军舰（下文将会讲述）。他们向国王举例说明这艘军舰的危险，因为在海外航行时，我们曾经有一艘军舰也遇到了类似的危险。我看到茹瓦尼（Joigny）伯爵一家人只有伯爵夫人和孩子从那艘危险的军舰里逃了出来。对此，国王回答道："先生们，我知道，如果我下了这艘船，就再没有人愿意待在船上了，因为每个人都和我一样珍爱自己的生命，否则，他们就将留在塞浦路斯了。这就是为什么我不能把他们留在有生命危险的海上。我要留在这里保护我的臣民，上帝保佑。"他信仰的上帝把我们从危险的大海中拯救出来，十个星期之后我们到达一个良港，下文将会讲述。然而，在海外表现得非常优秀和强悍的奥利维埃·德·泰尔米（Olivier de Termes）离开国王，留在了塞浦路斯。再次见到他已是一年半以后了。就这样，国王使军舰上的八百人幸免于难。

本书的最后部分会讲述国王的结局，即其去世时的圣洁过程。

现在，我要告诉您，尊敬的纳瓦尔国王，我曾答应过您的母亲（上帝会赐予她恩典！）要写这本书。为兑现承诺，我完成了这部作品。我认为，作为她的继承人，没有人比您更有资格拥有这一作品，所以我把它献给您，让您和您的兄弟以及其他人可以了解这本书，从中学习好榜样并付诸实践，这样上帝会对他们感到满意。

第一部分

第 3 章　圣路易的重要美德

我，香槟邑督，让·德·儒安维尔，以全能上帝的名义，让人写下圣路易的生平事迹。该书记叙了我在海外朝圣的 6 年间陪伴其左右的经历及返回法兰西的所见所闻。在讲述圣路易的重要事迹和英勇行为之前，我要告诉您，我所知道的他的圣洁言语和有益教诲，让大家逐一了解，以感化那些知道这些内容的人。

他是一位全心全意爱上帝、仿效上帝的圣洁之人。就像上帝为了爱他的子民而牺牲自己一样，圣路易为了爱他的臣民，多次把自己的生命置于危险之中。如果他愿意的话，他是可以避免这些危险的（下文将会讲述）。他对臣民的爱可从他曾对长子说过的一番话体现出来。那是在枫丹白露（Fontainebleau），身患重病的圣路易对长子说："好孩子，我祈求你能得到王国百姓的爱戴，如果你的统治在众人看来是昏庸无能的话，我宁可让苏格兰人（Écossais）来公正地管理好这些百姓。"圣路易非常看重诚信，以至于即便是向萨拉森人许下的承诺，也不愿食言，下文将会讲述。①

圣路易在饮食方面十分节制，直接吃厨师为他准备的食物。我平生从未听他提起任何一道有钱人常吃的菜肴。他言辞温和，因为我一生中从未听说他诽谤过别人，也不曾听他提过魔鬼的名字。魔鬼这一

---

① 参阅第 76 章。

9　名字早已传遍王国，我相信，这会令上帝感到不悦。① 他在酒中适当加水，水量依据酒的多少而定。当我们在塞浦路斯时，他曾问我为何不在酒里加水，我告诉他，那是因为医生说我头大、*胃寒，是不会喝醉的。他告诉我，那是医生骗我的，因为如果年轻时不晓得在酒里加水，老了也还这么做的话，痛风和胃病就会夺走我的健康。如果我老了还继续喝没加水的酒，那么每晚都会喝醉。对于英勇的人来说，醉酒是令人十分难堪的事情。

　　圣路易问我是否愿意在活着的时候受人敬重、死后进入天堂。我回答到，是的，我愿意。于是他对我说："那么，你要谨言慎行，不要说那些不足为外人道的话，也不要做那些不足为外人道的事。"

　　圣路易告诉我，要避免当面揭穿他人谎言，也不要当面驳斥他人观点，只要缄默不语，我既不会深陷罪孽也不会受到伤害，因为令人难受的言语往往会引发激烈的争论，而成千上万的人正是因此丧命。

　　圣路易说，人应该这样装扮和武装自己：既不被同时代的贤人
10（prud'hommes）说穿戴过于奢华，也不被年轻人说穿戴过于朴素。② 目前仍在世的国王的父亲③使我想起了一件事，这件事与今天军队制作刺绣军上衣有关。我对国王的父亲说，在海外参加十字军战争时，我从未见到圣路易或其他任何人穿这种军上衣。国王的父亲告诉我，如果他的军队穿刺绣军上衣，那将会花掉 800 利弗尔（巴黎铸币）。④ 我对他说，如果出于对上帝的爱而慷慨赠予，或就像他的父亲那样，

---

① 参阅第 138 章。
* 据考古学家发现，儒安维尔的头围确实远远大于普通人。——中译者
② 参阅第 6 章。
③ 勇夫腓力（Philippe le Hardi），即美男子腓力的父亲。
④ 相当于今天的 20000 法郎。（这里的"今天"指纳塔利·德·瓦伊那个时代，即 1865 年左右。——中译者）

用那些打扮自己的上好的塔夫绸①制作纹章，那么，钱就花在了刀刃上。

第4章　圣路易对罪孽的憎恶和对穷苦人的爱

有一次，圣路易召见我，说："您思维十分敏捷以至于我不敢和您讨论有关上帝的话题，把这些僧侣叫来是因为我想问您一个问题。"他问我："邑督，上帝是什么呢？"我回答："陛下，上帝是好到不能再好的事情了。"他说："确实，这是个很好的答案，因为您的回答就写在我手中的这本书里。不过，我想问您另一个问题，如果让您选，您更愿意成为麻风病人还是犯下道德罪孽？"从未对他撒谎的我回答到，我更愿意犯三十次罪孽也不愿患麻风病。当僧侣离开后，他单独叫住我，让我坐在他脚边并对我说："您昨天在这里是怎么对我说的？"我重复了一遍我的答案。然后，他对我说："您昨天说话时头脑不清醒，失去理智了。没有任何一种麻风病能和道德罪孽一样令人厌恶，造孽的灵魂就和魔鬼一样，因此如道德罪孽一般令人厌恶的麻风病是不存在的。事实上，当一个人死后，他身体所患的麻风病就会痊愈。然而，要是一个人造了孽，他既不清楚也不确定其忏悔能否得到上帝的饶恕。这就是为何，只要上帝在天堂，他就非常害怕会消失的麻风病。此外，我祈祷您能和我一样，为了您心中对上帝的爱和对我

---

①　我把儒安维尔笔下的"cendal"改为"taffeta"（塔夫绸），因为这一翻译能被大众所接受。

的爱，养成这样的习惯：宁可选择伤害您身体的麻风病及其他一切疾病，也不要犯下侵蚀您灵魂的道德罪孽。"

12　圣路易问我是否会在建立圣体节*当天为穷苦人洗脚。我说："陛下，这也太不幸了！他们肮脏的脚我是不会洗的。"他说："这样的回答实在是太不好了，您不应该蔑视上帝给我们立的榜样。所以，我恳请您，首先为了上帝的爱，其次为了我的爱，养成给他们洗脚的习惯吧。"

第5章　圣路易对贤人和正义的重视

圣路易深爱一切相信并爱上帝的人，以至于他任命吉勒·勒布伦大人（Gilles le Brun）① 为法兰西王室总管。吉勒·勒布伦大人不是法兰西人，只因为他相信上帝和爱上帝而备受赞誉。我的确相信他就是那样的人。

13　圣路易常让罗贝尔·德·索邦（Robert de Sorbon）② 与他同桌吃饭，因为罗贝尔·德·索邦是著名的贤人。有一天，罗贝尔·德·索邦就坐在我旁边吃饭，我们两人低声交谈。国王打断我们的谈话，说："大声点儿说，别让你们的同伴以为你们在说他们的坏话。吃饭的时候，如果你们讲的事情能让我们高兴，那就大声点讲。否则，闭嘴。"当国王心情好时，他对我说："邑督，告诉我，为何贤人比虔诚

---

*　参阅第139章。建立圣体节指（天主教）复活节前的星期四。——中译者
① 吉勒·德·特塞涅（Gilles de Trasegnies），绰号布伦，出生于佛兰德尔。
② 罗贝尔·德·索邦，索邦学院（collège de Sorbonne）的创建者。

的人更值得人们尊重。"① 于是，我和罗贝尔大人又展开了讨论。过了很长一段时间之后，国王发表结论，说："罗贝尔大人，我渴望拥有贤人的名号，如果能拥有的话，我就把除此之外的一切都给您。贤人这一名号是多么伟大而美好的事情，只要我说出这个词，嘴巴就被填满了。"

另外，他说霸占别人的财产是很不道德的事。"因为归还是令人非常难受的，如同说'归还'（'rendre'）这个单词的时候，喉咙会因单词里的'r'这个字母的发音而被灼热。'r'就像是魔鬼的靶子，总是在背后拉住那些想把东西归还给别人的人。魔鬼非常狡猾，会诱惑放高利贷和牟取暴利的商人把本该归还的东西献给上帝。"由于担心自己在普罗旺斯（Provence）为多明我会修士修建的房子里投入大量金钱而灵魂不安，圣路易让我转告纳瓦尔国王蒂博，②要他照看好它。"因为智者活着时，会像遗嘱执行人那样对待、支配他们的所有财产。也就是说，优秀的遗嘱执行者首先会弥补死者生前犯下的错误，把财产归还给别人，然后施舍余下的所有财产。"

第 6 章　圣路易是如何看待着装的

圣灵降临节（Pentecôte）那天，圣徒国王和 80 名骑士正在科尔贝尔（Corbeil）。晚餐后，国王走到小教堂下面的院子，在进门处和

---

① （贤人比虔诚的人拥有更多的）崇拜者、爱慕者。
② 蒂博二世，纳瓦尔国王，也被称作香槟伯爵蒂博五世，是圣路易的女婿。

法国国王圣路易

布列塔尼伯爵（comte de Bretagne）①说话。布列塔尼伯爵是目前在世的布列塔尼公爵的父亲，是被上帝庇佑的人！罗贝尔·德·索邦先生来找我，他拽着我大衣的衣角，把我带到国王面前。其他所有骑士也随后来到国王面前。于是，我问罗贝尔大人："罗贝尔先生，您想干什么呢？"他对我说："如果国王就坐在这个院子里，而您坐在他的长凳上，坐得比他高，那么我想请问您，我们是否可以就此责备您。"我说可以。于是，他说："所以，您已做了一件要接受批评的事情。因为您穿得比国王还要庄重，穿了国王不会穿的绿色呢绒皮大衣。"我说："罗贝尔先生，请恕我冒昧，即使我现在就穿这绿色呢绒皮大衣，也没有任何需要被谴责的地方，因为这衣服是父母留给我的。相反，您才要受到责备，因为您是农民的儿子，也有父母留给您的衣服，但您却穿国王不会穿的用亚麻荠做的更昂贵的衣服②。"于是我拿起他和国王的衣角③，对他说："来，您瞧，我说的是不是实话。"然而，国王却尽力为罗贝尔先生辩护。

随后，圣路易把他的儿子腓力（Philippe），也就是现任国王的父亲，以及国王蒂博叫来。④他坐在祈祷室的入口，手放在地上，说："你们坐得离我近一些，这样别人就听不到我们的谈话了。"他们说："啊，陛下，我们不敢坐在靠您如此近的地方啊！"于是，圣路易对我说："邑督，您坐到这里来。"我便坐到他身边，离他非常近，以至于我的长袍已经碰到他的长袍了。随后，他也让其他人坐在我旁边并对他们说："你们确实做得不好。作为我的儿子，却没有在第一时间执

---

① 让一世（Jean Ⅰ），布列塔尼伯爵，他的儿子布列塔尼公爵让二世（Jean Ⅱ）死于 1305 年 11 月 18 日。
② 绒毛织成的衣料。
③ 穿在上衣外面的衣服（参阅第 122 章）。
④ 早在 1255 年，纳瓦尔国王蒂博二世迎娶了圣路易的女儿伊莎贝尔。

行我的命令，警告你们，不要再做这样的事情。"于是，他们回答说不会允许这样的事情再次发生。然后，圣路易对我说，把我们叫来是为了向我坦白，他反驳我，为罗贝尔大人辩护是错误的。他说："不过，当我看到罗贝尔如此需要我的帮助时，也感到非常惊讶。尽管如此，你们也不能把我为罗贝尔大人辩护时所说的那些话当真。正如邑督所说的那样，你们应该穿着得体，这样你们的妻子会更爱你们，你们的封臣也会更赞颂你们。因为智者说，人应该这样装扮和武装自己，即既不被同时代的贤人评价说过于奢华，也不被年轻人评价说过于朴素。"①

第 7 章 利用上帝的警示

下文将讲述圣路易在海上时给我的一个教诲。当时我们正从海外返回法兰西，由于一阵名叫加尔本（garban）的风，② 它其实不是四大风之一，我们的船在到达塞浦路斯岛之前突然被吹毁了。在我们的船遭到大风摧毁的那一刻，船夫们感到非常绝望，他们割破长袍，割掉胡须。国王从床上跳起，光着脚（因为当时是夜晚），只穿了一件上衣，除此之外，没有穿戴其他衣物，走到耶稣基督（Notre-Seigneur）的身体前，把自己的身体摆成十字架，如同一个只能等待死亡的人。翌日，他单独把我叫去，对我说③："邑督，上帝刚刚已向我们显示了他的一部分能力。因为这样名不见经传的一阵小风，差点使

---

① 参阅第 3 章。
② 参阅第 122 章。
③ 参阅第 125 章。

> 法国国王圣路易

法兰西国王、法兰西国王的妻儿及其臣民淹死。不过,圣安塞姆(saint Anselme)说,这些都是耶稣基督的警示,所有的一切正如上帝所言:只要我愿意,就能让你们去死。亲爱的上帝,为什么你要警示我们呢?你警示我们不是为了你的利益也不是为了好处;如果你让我们全部遇难,你既不会变得更贫穷也不会变得更加富有。因此,如果我们懂得利用你给的警示的话,那么你的警示就绝非为了你的好处,而是为了我们的利益。我们应该通过以下方式来利用你给的警示:如果我们感受到心里或行为上存在令上帝不悦的东西,我们就应该立刻把它拿掉;所有一切我们相信会令上帝高兴的事情,应该马上尽力去做。如果我们这样做,耶稣基督会给予我们在尘间及来世无法知晓的更多的幸福。如果我们不这样做,耶稣基督所做的一切就如同好主人待坏仆人那样。因为警示之后,当坏仆人不愿意改正时,上帝就会惩罚他,仆人要么死掉,要么遭受比死亡更不幸的灾难。"因此,上帝关照着现任国王①,使他从巨大的危险,甚至是比我们曾遇到的大得多的危险中逃离出来,得以修正自己的错误,这样一来,上帝既没有残酷地惩罚国王本人,也不会把不幸降临于他。

第8章　圣路易对信仰的思考

下文将会讲述圣路易尽一切努力,试图用语言说服我坚信上帝给予我们的基督徒信仰。他说,我们应该恪守信条,纵然面对死亡或任何可能会降临的不幸,也绝不在语言上或行动上违背信条。圣路易

---

① 美男子腓力（法兰西国王）与别人谈话的朴实无华的语言被保留下来。

说，敌人极其狡猾，处心积虑地诱惑将死之人，试图使其在背弃信仰后再死去。因为敌人意识到人们所做的善行是无法去除的，同时也知道那些在真实信条中死去的人不会是他的目标。这就是为什么人们应该警惕并抵制敌人的这一诱惑，当敌人给我们抛出同样的诱惑时，我们要这样对敌人说："滚开！你诱惑不了我，你也无法让我违背所有信条；即使你砍掉我的四肢，我也愿意在坚守信仰中活着和死去。"这样做就能利用敌人本想拿来杀人的刀和剑去打败他们。

他说，信条和信仰是我们应该坚守的事物，虽然我们只是通过道听途说来确认这一点。就此，他问我一个问题（我父亲的名字是什么？），我说是西蒙（Simon）。然后他又问我是如何知道的。我告诉他我非常肯定自己记得父亲的名字并确信他的名字就是西蒙，我的母亲可以为我做证。他说："因此，您应该坚信所有信条，使徒就是信条的证人，正如您在礼拜日听到他们唱的信经（Credo）那样。" 20

第 9 章　巴黎主教纪尧姆三世　　　　宽慰一个神学家

圣路易曾对我说，巴黎主教纪尧姆[①]向他讲述过这样一个故事：一位很有名望的神学家找到主教，对他说想和他谈话。于是，主教说："先生，说您想说的吧。"正当这位神学家想要开口说话时，却非

[①] 纪尧姆三世（Guillaume Ⅲ），又名奥弗涅（Auvergne）的纪尧姆，自 1228 年起直至 1248 年担任巴黎教区的主教一职。

常激动地哭了起来。主教说:"先生,说吧,别气馁。因为没有人能够犯下连上帝都无法宽恕的罪孽。"神学家说:"阁下,我告诉您,没办法不哭,因为我想我是一个不信教的人了,我无法强迫自己的心去相信祭坛圣事,正如神圣教会(sainte Église)所教导的那样。然而,我非常清楚这是敌人的诱惑。"主教说:"先生,告诉我,当敌人诱惑您时,您是否感到快乐。"神学家说:"阁下,刚好相反,它令我感到烦恼。""那么,我问您",主教说,"您是否会为了金钱而说出任何反对祭坛圣事或教会教导的其他圣事的言辞呢"?神学家说:"阁下,我向您保证,我不会为了这个世界上的任何事物而说那样话。哪怕被人砍掉四肢,我也不愿意说那样的话。"主教说:"现在,我和您说另一件事。您知道法兰西国王和英格兰国王(roi d'Angleterre)在打仗,您也知道两国边界之间的最好的城堡是建在普瓦图(Poitou)的拉罗谢尔(la Rochelle)城堡。现在我要问您一个问题:如果国王派您去保卫边界上的拉罗谢尔城堡,而让我去保卫处于法兰西的心脏、和平之地的蒙莱里城堡(château de Montlhéri),战争结束后,国王更想要感谢谁呢?是保卫罗拉谢尔城堡的您还是保卫蒙莱里城堡的我呢?"神学家回答:"他会以上帝的名义,感谢保卫罗拉谢尔城堡不被攻占的我。"主教说:"先生,我想对您说的是,我的心和蒙莱里城堡一样,没有任何邪念也丝毫不会怀疑祭坛圣事。这就是为什么我要告诉您,上帝会感谢我一次,因为我坚守信念并保持了和平。而上帝会感谢您四次,是因为您在苦难的战争中为他守住了自己的心;您不为尘世间的任何好处,非常乐意地把自己献给他;您不为别人给您身体造成的伤害而抛弃他。因此,我想告诉您的是,您会是十分幸福的,比我更能取悦耶稣基督。"听完这些话,神学家满意地跪拜了主教,举止文雅。

第一部分

第 10 章　蒙福尔伯爵的信仰，他不应与犹太人争论

圣路易告诉我，曾有几个阿尔比教派（Albigeois）的信徒找到当时正为国王管理阿尔比地区的蒙福尔伯爵（comte de Montfort），叫他去看已经化成教士手中的血与肉的耶稣基督的身体。伯爵对他们说："你们不相信，去看吧，而我坚信教会和我们说的关于祭坛圣事的一切。我相信教会教给我们关于这一死去的生命的一切，你们知道我从中得到了什么吗？我得到了一个天堂里的花冠，它比天使的花环还要好。天使能面对面看到耶稣基督，这就是为什么天使们相信他。"

圣路易告诉我，有一次，在克吕尼修道院（monastère de Cluny）召开了一次重大讨论会，与会的有（基督教）教士和犹太人。在那里，为了上帝的爱，修道院院长把面包分给了一名骑士，这名骑士请求院长让他第一个发言。这一请求引起了在场者的不悦。这名骑士靠拐杖支撑着身体站了起来，让人把最有名望的（基督教）教士和最有名望的犹太教士带来，教士们来到后，他向其中一名最有名望的犹太教士提出下面这个问题："阁下，我想问您是否相信童真女玛丽（vierge Marie）是耶稣的母亲？她处子之身怀孕，生下耶稣并将之抱在怀里。"然而，这位犹太人回答，他一点也不相信。骑士回答犹太人说，当他不相信圣母玛利亚也不爱她，却进入她的教堂和房子时，他就真的疯了。骑士说："真的，您要为此付出代价。"说完，骑士就拿起他的拐杖挥向犹太人的耳边，并把他打倒在地上。其他犹太人都被吓跑了，身受重伤的这位犹太教士被他们带走了。至此，讨论会结

束。院长来到骑士面前,对他说,他做了一件非常荒唐的事。骑士回答院长说,召集这样的一次讨论会,院长做了一件更加荒唐的事;因为早在讨论会结束之前,大部分虔诚的基督教徒已离开,他们根本不听犹太人讲话。国王说:"我也想告诉您,除了非常优秀的教士外,任何人都不应该和犹太人争论。当一个平信徒听到有人诽谤基督信仰时,只能用剑捍卫,当用剑刺向诽谤者的肚子时,基督信仰也就进入他的肚子里了。"①

第11章 圣路易的习惯;一名方济各会修士向其宣讲正义

圣路易是这样管理自己的王国的:每天听几个小时伴有圣咏的日课经、一次没有圣咏的追思弥撒(messe de Requiem),此外,如有机会,还会听每日弥撒或伴有圣咏的圣日弥撒。每天饭后,他都会躺在床上休息。当休息时,他会先在卧室里和一位神甫说悼亡日课,然后听晚祷。每天晚上他都听晚祷。

一位方济各会修士(Cordelier)来到耶尔城堡(château d'Hyères)(我们下船的地方)见国王。②他此行的目的是教导国王。在布道中,他说他阅读过《圣经》(Bible)及其他一些论及异教君主的书。他说,他不曾发现,不论是在虔诚基督徒还是在异教徒的国度里,若非缺乏正义,王国不会消亡,也不会从一个君主手里落入另一个君主手

---

① 我注意到这一理论与实践的距离,圣路易曾通过劝说的方式令许多犹太教徒皈依基督教,他也因他的善举而被他们喜爱。

② 参阅第132章。

里。修士说："不过，国王回到法兰西后，要十分谨慎且灵活地为他的臣民主持正义，这样，耶稣基督就会准许他在有生之年维持王国和平。"据说，教导国王的这位贤人被埋在马赛（Marseille），正是在那里，耶稣基督为他显示了很多神迹。他仅仅待了一天就不再愿意留在国王身边（即便国王请求了他很多次）。

第 12 章　圣路易是如何进行司法审判的

圣路易没有忘记贤人的教诲，根据上帝的意志公正地管理好他的王国（下文将会讲述）。他会这样安排自己的工作：在听完弥撒后，奈尔领主、① 苏瓦松的好伯爵②以及我们这些陪伴在他身边的人，要去宫门旁听庭审——现在我们把它称为诉讼。当圣路易从教堂回来，就派人叫我们过去，他坐在床腿边并让我们围着他坐。他问我们，是有无诉讼只能依靠他给出判决方能解决。我们说出了诉讼人的名字，于是，圣路易安排人把他们叫来，问："为什么不接受我的臣子给您的意见呢？"他们回答："陛下，因为他们给我们的意见微不足道。"圣路易说："你们确实应该接受他们给的提议。"于是，他尽一切办法，用一种直接且合理的方式为他们解决问题。

夏天，做完弥撒后，圣路易多次倚靠在万森（Vincennes）树林里的一棵橡树前，让我们围坐在他身边。所有那些有事前来向他寻找帮

---

①　奈尔领主西蒙（Simon, sire de Nesle），曾是圣路易第二次到海外参加十字军战争期间的法兰西摄政王之一。
②　奈尔的让二世（Jean Ⅱ de Nesle），绰号"好人"（le Bon）、"口吃者"（le Bègue），自 1237 年至 1270 年出任苏瓦松伯爵，是儒安维尔的堂兄。

助的人，不会受到任何执达员或其他人的阻挠。然后，圣路易会亲口问他们："现在有人要提出诉讼吗？"于是，提出诉讼的人都站起来了。这时圣路易说："你们所有人都安静，我会一个接一个迅速地处理大家的事情。"接着，他把皮埃尔·德·方丹（Pierre de Fontaines）和若弗鲁瓦·德·维莱特（Geoffroi de Villette）[①] 叫来，对他们其中一个人说："迅速处理这些事情。"当看到他们与诉讼的人的对话中有需要修正的地方时，他会亲口修正。在夏天，有好几次我看到他为了处理臣民的诉讼而来到巴黎（Paris）的花园。他穿着一件羽纱上衣，一件无袖的羊毛粗呢绒外衣，脖子上围着黑色的塔夫绸[②]巾，头发梳理地很整齐，没有头饰，只戴着一顶有白色孔雀羽毛的帽子。[③] 他命人铺开毯子，让我们围着他坐，所有需要诉讼的人来到他跟前，围着他站着。然后，他以上文提及的、与在万森树林同样的方式，处理人们的诉讼。

第 13 章　圣路易拒绝众多主教的
　　　　　　非正义请求

　　另一次，我在巴黎见到圣路易，那时法兰西的所有高级教士想要与圣路易对话，于是，国王使在宫殿里接见他们。在那里，欧塞尔（Auxerre）主教居伊，纪尧姆·德·梅洛（Guillaume de Mello）的儿

[①] 皮埃尔·德·方丹是著名的法学家，若弗鲁瓦·德·维莱特在 1261 至 1262 年间出任图尔（Tours）的大法官。

[②] 关于羽纱和羊毛粗呢绒，我没有什么要补充的，到今天它们仍决定着羊毛织物的质量。需要提醒的是，"surcot"这种上衣是穿在"cotte"（中世纪的一种上衣）外面的，我把原书中的"cendal"换成"taffetas"（为了便于读者理解，本文把"surcot"翻译为外衣，把"cotte"翻译为上衣。——中译者）。

[③] 用白色孔雀羽毛装饰。

子，代表所有教士对国王如是说："陛下，在这里的所有大主教和主教让我告诉您，基督教世界正在您的手中走向灭亡。"国王画了一个十字架后，说："现在告诉我，这一切是如何发生的？"主教回答："这是因为今天人们把开除教籍如此不当回事，以至于那些被开除教籍的人在获得宽恕之前不愿意做让教会满意的事情，而是在等死。所以，为了上帝的爱，也因为您肩负责任，我们请求您命令司法长官（prévôt）和大法官（baillis）通过没收所有被开除教籍一年零一天的人的财产，使他们得到宽恕。"

对此，国王回应，对于那些犯错且证据确凿的人，他愿意下达这样的命令。主教说，这些高级教士并没有对此进行任何惩罚，也质疑国王对他们的案件拥有司法审判权。国王说他不能这么做，因为当教士判断错误时，他却强制那些人得到宽恕，这样的做法是违背上帝意志和反理性的。"关于这一点"，国王说："我给你们举个例子，布列塔尼伯爵因被布列塔尼的高级教士集体判处绝罚，他花了7年时间与他们辩论，最终，获得了教皇（Pape）的支持，教皇给所有教士定了罪。由此，如果在第一年我就强迫伯爵得到宽恕的话，那么就犯下了违背上帝意志和反对伯爵的罪孽。"于是，教士们都服从国王，此后我再也没听说有人提出过这样的请求。

第 14 章　圣路易的诚信

圣路易与英格兰国王媾和这件事，与议事会的意愿相悖。[①] 议事

---

① 参阅第 137 章。

> 法国国王圣路易

会成员对圣路易说："陛下，我们认为，当您把土地赠与英格兰国王时就失去了这些土地，因为他没有权利占有这些土地，这些土地是他的父亲在审判中被剥夺的。"国王回答到，他非常清楚英格兰国王没有权利占有这些土地，"不过"，他说，"之所以会把土地赠与他是因为我们的妻子是亲姐妹，① 我们的孩子是嫡表亲，在他们之间建立和平是非常重要的。和英格兰国王媾和，于我而言也是莫大的荣耀，即，他会成为我的人，② 而此前他并不是"。

30　　我们还可以通过与特里大人（monseigneur de Trie）有关的事件了解国王的诚信。特里大人拿着一份据说是圣路易签发的特许状来找圣路易，特许状上写明国王曾把古埃勒的达马丁伯爵领（comté de Dammartin en Gouelle）授予刚去世的布洛涅女公爵的继承人。③ 特许状上的印章已残缺，只留下了印章图形里的国王坐在凳子上的双脚及双腿的下半部分。国王把印章的残留部分展示给出席议事会的我们，并让我们帮他做决定。我们所有人都一致认为，执行这份特许状不会给他带来任何好处。于是，国王对他的管家让·萨拉赞（Jean Sarrasin）说，他曾满足管家的要求给过他一份特许状。当国王拿到管家的特许状后对我们说："各位领主，这是我到海外之前所使用的印章，大家可以清楚地看到，这杖印章与残缺的印章是完全一致的，这就是为什么我不能昧着良心重新占有伯爵领。"于是，他把雷诺·德·特里（Renaud de Trie）叫来，并对他说："我把爵位领归还给您"。

---

　　① 圣路易的妻子玛格丽特（Marguerite）和英格兰国王亨利三世（Henri III, roi d'Angleterre）的妻子埃莱奥诺尔（Eléonore），都是普罗旺斯伯爵雷蒙·贝朗热四世（Raimond Bérenger IV）的女儿。

　　② 即我的封臣。

　　③ 马奥（Mahaut），布洛涅女伯爵（comtesse de Boulogne），1258年1月去世。可参阅第108章，那里的"新的"（nouvellement）应翻译成"刚刚"（en dernier）。

第二部分

第 15 章　国王的出生与加冕礼

　　以全能上帝的名义，上文记载了圣路易的美好言语和有益教诲，目的是让那些听说过这些内容的人可以从中逐一找到，比起仅叙述下文的事件能让他们获益更多。下面，我们以上帝和圣徒国王的名义，叙述圣路易的事迹。

　　圣路易告诉我，他出生于复活节（Pâques）之后的圣马可（saint Marc，福音传道者）节。① 在这一天，许多地区的人拿着十字架，参加宗教游行。在法兰西，这些游行队伍被称为"黑色十字架"。故而这就像是一个征兆，预示着圣路易的两次十字军战争会有大量的人死去，即一次在埃及，另一次在迦太基（Carthage），而他正是死在了迦太基。对真正拿起十字架并在两次朝圣途中死去的十字军而言，尘世有太多哀伤，而天堂充满欢愉。

　　圣路易在降临节（Avents）*的第一个星期天加冕。② 这一天，弥撒开头是这么唱的：向你，我献上我的灵魂（Ad te levavu animam meam），接着唱："美好的上帝，我把我的灵魂献给你，我信任你。"他非常信任上帝，直至去世。在死的那一刻，他的临终遗言是向上帝和圣徒祈求保佑，尤其是圣雅克（saint Jacques）和圣热讷维艾芙

---

①　1214 年（或 1215 年）4 月 25 日。
＊　降临节即圣诞节前的四个星期。——中译者
②　1226 年 11 月 29 日。

>> 法国国王圣路易

(sainte Geneviève)。

第 16 章　圣路易治下的第一波骚乱

圣路易所信任的上帝一直照看着他。自孩童时起,直至其去世,尤其在孩童时期,上帝总是在他需要的时候保护他(下文很快就会讲述)。至于圣路易的灵魂,上帝通过其母亲①对他的有益教导来看管。她教导圣路易要相信、爱上帝,并只让宗教人士陪伴在圣路易身边。当他还是个孩子时,他的母亲就要他听所有的日课经和节日里的弥撒。圣路易回忆起母亲曾多次告诉他,与其犯下道德罪孽,不如去死。

圣路易年轻的时候,非常需要上帝的帮助。因为他的母亲来自西班牙(Espagne),在法兰西既没有双亲也没有朋友。法兰西大贵族看到国王还是一个孩子,而他的母亲是一个外国女人,便奉国王的叔叔布洛涅伯爵②为他们的起义首领。在国王的加冕礼结束后,大贵族们向国王的母亲提出这样的要求:要求她把大片土地给他们。由于她丝毫不愿意,于是所有大贵族聚集在科尔贝尔。③ 圣路易告诉我,他和他的母亲当时在蒙莱里(Montlhéri),谁也不敢回巴黎,直到巴黎市民自持武装来找他们。他告诉我,从蒙莱里到巴黎,一路上挤满了人,他们有的配备武装,有的没有,都大声向耶稣基督祈祷,祈祷耶稣基督赐予国王幸福而长寿的一生,祈祷耶稣基督保护国王以抗击敌

---

① 卡斯蒂利亚的布朗什(Blanche de Castille)。
② 腓力,又称于雷佩尔(Hurepel),路易八世(Louis Ⅷ)(圣路易的父亲。——中译者)的弟弟。
③ 1227 年。

人。上帝如他们所愿（下文将会讲述）。

　　大贵族们在科尔贝尔召开了一次集会，正是在这次集会上，他们认为英勇的骑士布列塔尼伯爵皮埃尔应该起义。不过，他们也商议会执行国王反对布列塔尼伯爵的命令，但每人只带两名骑士。他们这样做的目的就是想看看布列塔尼伯爵能否战胜王后（圣路易的母亲），她是外国人（正如上文所述）。很多人都说，如果不是圣路易得到从未放弃过他的上帝的帮助，他和他的母亲就被布列塔尼伯爵打败了。上帝是这样帮助圣路易的：香槟伯爵蒂博（comte Thibaut de Champagne），后来成为纳瓦尔国王，带300名骑士来为国王效力。在香槟伯爵的帮助下，布列塔尼伯爵不得不向圣路易求饶。为与圣路易媾和，布列塔尼伯爵把安茹伯爵领（comté du Anjou）和佩尔什伯爵领（comté du Perche）交给了圣路易。

第17章　狮心理查德的十字军东征；塞浦路斯王后阿利克斯在香槟的权益

　　由于下文将要讲述的事件很重要，所以我需要补充一些我知道的内容。众所周知，好伯爵亨利，绰号慷慨者（comte Henri le Large），迎娶女伯爵玛丽（comtesse Marie）为妻，玛丽是法兰西国王[1]和英格兰国王理查德（Richard Cœur-de-Lion）的姐姐。伯爵亨利有两个儿子，长子是亨利，次子是蒂博。亨利参加十字军，到圣地朝圣。当

---

[1] 腓力·奥古斯都（Philippe Auguste），圣路易的祖父。

时，法王腓力（roi Philippe）和英王理查德围困阿卡并将其攻占。①阿卡城破后，国王腓力却立即返回法兰西，由此遭受世人的强烈谴责。理查德留在了圣地，屡建战功，以至于萨拉森人非常害怕他，正如有关圣地的文献记载的那样。当萨拉森小孩大声吵闹时，母亲便大声责骂，为了让他们安静下来就会说："闭嘴，理查德在这呢。"当萨拉森人和贝都因人（Bédouins）的马害怕灌木丛林时，他们会跟马说："你以为这是国王理查德吗？"②

国王理查德使留在圣地陪伴他的香槟伯爵亨利（comte Henri de Champagne）和耶路撒冷（Jérusalem）王国的继承人耶路撒冷王后缔结姻缘。他们生养了两个女儿，长女成为塞浦路斯王后，③次女嫁给了谱系庞大、在法兰西和香槟（Champagne）很有名望的布里耶纳家族的埃拉尔·德·布里耶纳（Érard de Brienne）。我现在不讲与埃拉尔·德·布里耶纳的妻子相关的任何事情，而是要讲与塞浦路斯王后有关的事情，她与我所了解的内容有关，下面将会讲述。

第18章 大贵族们攻击香槟伯爵蒂博四世

在国王战胜布列塔尼伯爵皮埃尔之后，法兰西所有大贵族都对香

---

① 1191年7月13日。

② 参阅第108章。这一传统记载于《皇帝埃拉克勒斯的历史》（Histoire de Eracles empereur），见于《十字军战争时期的西方历史学家》（Historiens occidentaux des croisades）的第二卷，第189页。

③ 阿利克斯，香槟伯爵亨利二世（Henri Ⅱ, comte de Champagne）和伊莎贝尔（Isabelle）的女儿，伊莎贝尔是耶路撒冷国王阿莫里一世（rois de Jérusalem, Amauri Ⅰ）的继承人。阿利克斯因与于格·德·吕西尼昂（Hugues de Lusignan）结婚而成为塞浦路斯王后。

槟伯爵的做法感到非常愤怒，于是去找塞浦路斯王后目的是使蒂博伯爵处于不利地位。王后是香槟伯爵的长子的女儿，伯爵蒂博是香槟伯爵的第二个儿子。他们调和了多年，就是为了使伯爵皮埃尔和伯爵蒂博和解，最后达成了这样的协议：伯爵蒂博承诺迎娶布列塔尼伯爵的女儿为妻。① 就在香槟伯爵要迎娶布列塔尼伯爵皮埃尔的女儿那一天，人们把布列塔尼伯爵的女儿带到了蒂耶里城堡（Château-Thierry）附近的普雷蒙特雷的一个女修道院（abbaye de Prémontré），人们称这个修道院为瓦尔-塞克勒（Val-Secret），正如我所相信的那样。法兰西大贵族大多是布列塔尼伯爵皮埃尔的亲戚，他们难过地把布列塔尼伯爵的女儿送到瓦尔-塞克勒修道院待嫁，并告知已经在蒂耶里城堡的香槟伯爵。在香槟伯爵前往迎亲的路上，拉沙贝尔（la Chapelle）的领主若弗鲁瓦以国王的名义前来找香槟伯爵，交给了他一封国书，并对他说："香槟伯爵阁下，国王已经知道您和伯爵皮埃尔之间定下了要迎娶他女儿为妻的协议。如今，国王命令您，如果不想失去您在法兰西王国里的一切，那么您就不能这么做。因为您知道布列塔尼伯爵对国王做的坏事，比任何活着的人都要坏。"于是，香槟伯爵在随行顾问的建议下，返回蒂耶里城堡。

在瓦尔-塞克勒修道院等待香槟伯爵的伯爵皮埃尔和法兰西大贵族听说了这件事后，对香槟伯爵的行为感到震怒，并马上派人联系塞浦路斯王后。很快，王后就来了，他们与王后达成这样的共识：他们尽可能地召集手中的军队，从法兰西边境进入布里（Brie）和香槟；已迎娶德勒伯爵罗贝尔（comte Robert de Dreux）的女儿为妻的勃艮第公爵（duc de Bourgogne），② 为了攻下特鲁瓦城（Troyes），则从勃艮

---

① 她名叫约朗德（Yolande）。
② 于格四世，1248 年陪同圣路易参加十字军战争，死于 1272 年。

第进入香槟。勃艮第公爵调集一切能够号令的人，大贵族也同样调集他们所能够号令的人。大贵族从一个方向进攻、烧城，而勃艮第公爵则从另一个方向进攻。与之相对，法王也前来攻打他们。为了不让大贵族们在村庄找到补给，香槟伯爵在贵族到来之前烧毁了自己的城市。他还烧毁了另一些城市，如埃佩尔奈（Épernay）、韦尔蒂（Vertus）和塞扎讷（Sézanne）。

第 19 章 儒安维尔的父亲驻守特鲁瓦；香槟伯爵和塞浦路斯王后签订的和约

当特鲁瓦市民看到领主无法保护他们时，就去找儒安维尔领主西蒙，也就是本书作者的父亲，寻求他的援助。[①] 儒安维尔领主西蒙一听到这个消息，立马通知所有人武装好，要在夜晚从儒安维尔出发，天亮前赶到特鲁瓦。由此，大贵族们要攻占这座城市的计划落空了。于是，大贵族们在特鲁瓦前面经过并在其附近的一个地方，即勃艮第公爵提前到达的地方，安营扎寨。

圣路易知道大贵族们到达后，亲自指挥所有军队前往，准备与他们开战。大贵族们派人请求国王退兵，如果国王同意的话，他们就去攻打香槟伯爵、洛林公爵（duc de Lorraine）和国王的其他封臣，尽管他们的三百骑士比香槟伯爵和洛林公爵的人少。国王告诉他们，没

---

① 事情发生于 1229 年。

第二部分

有自己的参与，他们战胜不了伯爵和公爵的军队。大贵族们再次派人告知国王，如果国王愿意，他们愿意与塞浦路斯王后签订和约。国王告诉他们，他不同意签订和约，也不允许香槟伯爵这样做，直到他们撤出香槟伯爵领（comté de Champagne）。于是大贵族们从他们驻扎的伊勒（Isles）开始撤离，去瑞利（Jully）驻扎。国王驻扎在伊勒，也就是说，国王的军队驱逐了他们。他们驻扎在沙乌斯（Chaource）时，得知国王已经驻扎在伊勒，不敢等国王到来就又迁移到莱涅（Laignes），莱涅属于内韦尔伯爵（comte de Nevers）的领地，内韦尔伯爵是他们的成员之一。于是，国王同意香槟伯爵和塞浦路斯王后签订和约，和约内容如下：香槟伯爵给塞浦路斯王后约2000利弗尔的土地年金，国王给香槟伯爵40000利弗尔。这40000利弗尔是香槟伯爵把布卢瓦伯爵领（comté de Blois）、沙特尔伯爵领（comté de Chartres）、桑塞尔伯爵领（comté de Sancerre）和沙托丹子爵领（vicomté de Châteaudun）①卖给国王的酬金。一些人说国王只是把这些伯爵领作为担保，但这并不属实，因为在海外的时候我曾经问过国王。

伯爵蒂博给塞浦路斯王后的土地先后被现在还活着的布里耶纳伯爵（comte de Brienne）和茹瓦尼伯爵（comte de Joigny）所拥有，因为布里耶纳伯爵的外祖母是塞浦路斯王后的女儿，也是伟大的布里耶纳伯爵戈蒂埃（comte Gautier de Brienne）的妻子。②

---

① 该和约签订于1234年。据此，圣路易得到的不是财富，而是使这三位伯爵和沙托丹的子爵成为其封臣，不再是香槟伯爵的封臣。
② 戈蒂埃四世（Gautier Ⅳ），绰号伟大者，是布里耶纳伯爵和雅法伯爵，儒安维尔在后面提到他（第102和103章）。戈蒂埃四世娶塞浦路斯王后阿利克斯（Alix reine de Chypre）的女儿玛丽（Marie）为妻，他们的儿子于格称戈蒂埃五世（Gautier Ⅴ），至少在1301–1312年出任布里耶纳伯爵。

> 法国国王圣路易

第 20 章　香槟伯爵亨利一世，绰号慷慨者

为了让您知道香槟伯爵出售给国王的那些封土的来历，我要告诉您关于伟大的伯爵蒂博的消息。①他葬于拉尼（Lagny），有三个儿子：长子名为亨利（Henri），次子蒂博，第三个儿子名叫艾蒂安（Étienne）。亨利就是香槟伯爵和布里伯爵，他因慷慨地对上帝和尘世而被称为慷慨者亨利，确实实至名归，例如，他在特鲁瓦修建的圣-艾蒂安教堂（Saint-Étienne de Troyes）以及在香槟修建了一些教堂，十分慷慨对待上帝（的事业）；又如，阿尔托·德·诺让（Artaud de Nogent）的事件以及他在其他许多场合中的表现，展现出他对待这个尘世的慷慨。如果不是担心讲述他在其他场合的表现会影响行文的叙述，我肯定告诉您。阿尔托·德·诺让是伯爵亨利在这个世界上最信任的人，他是如此富有以至于花钱修建了诺让·勒阿尔托城堡（château de Nogent l'Artaud）。圣灵降临节的一天，伯爵亨利从特鲁瓦城堡的房间里下楼，去圣-艾蒂安教堂听弥撒。在楼梯底部，一名贫穷的骑士跪在伯爵跟前，对他说："阁下，为了上帝的爱，我请求您施赠于我，这样我就把我的两位女儿嫁给您。"站在伯爵后面的阿尔托对贫穷的骑士说："阁下，对伯爵提这样的要求，说明您不是一个有礼貌的人，由于他赠予太多以至于现在已经没有东西可以再施赠了。"慷慨的伯爵转身对阿尔托说："先生这么说话可不礼貌，您说我

---

① 蒂博二世（1102—1152）。

没有东西可再赠予他人这并不属实；我有您这个人，骑士，把他带走，我把他给您了，此外，我想作为您拥有他的担保人。"这名骑士一点也不惊讶，抓住阿尔托的斗篷并对他说，除非他给骑士500利弗尔赎金，否则不会放他走。

亨利的二弟名叫蒂博，是布卢瓦伯爵，三弟艾蒂安（Étienne），是桑塞尔伯爵。两兄弟的继承权、伯爵领和封臣的身份，是在伯爵亨利的继承人获得香槟伯爵领之后，从继承人那里获得的，[①] 直到国王蒂博把这一切都卖给了国王，正如上文所述。

第21章 1241年，圣路易在索缪尔举行了盛大的宫廷典礼

让我们重新回到故事里，下面将叙述的是，这些事情发生以后，国王在安茹的索缪尔举行了一场盛大的宫廷典礼。当时我也在场，可以向您证明那是我见过最盛大的典礼。在国王的餐桌上，坐在国王身旁的是普瓦提埃伯爵，[②] 刚在圣-让（Saint-Jean）授封为骑士；在普瓦提埃伯爵身旁用餐的是德勒伯爵让（comte Jean de Dreux），他也刚刚完成了他的骑士授封仪式；在德勒伯爵身旁用餐的是拉马什伯爵（comte de la Marche）；在拉马什伯爵旁边的是布列塔尼伯爵皮埃尔。在餐桌的另一边，与德勒伯爵面对面坐着的是纳瓦尔国王，他穿着上衣和缎子大衣，[③] 身上的饰品包括一根皮带、一个别针以及一项用金

[①] 换言之，他们是以香槟伯爵封臣的身份获得这些封土的。
[②] 阿方松，圣路易的弟弟。
[③] 我把儒安维尔所说的"缎面"（samit）改为"缎子"（satin），这是最常见的说法。

线编织的帽子。我当时就在纳瓦尔国王餐桌前为其切食物。① 在餐桌前为圣路易提供服务的是他的弟弟——阿图瓦伯爵，② 切食物的是苏瓦松的好伯爵让。负责照看餐桌的负责人有法兰西王室总管安贝尔·德·博热（Imbert de Beaujeu）、昂盖朗·德·库西（Enguerrand de Coucy）和阿尔尚博·德·波旁（Archambaud de Bourbon），其背后是他们名下的骑士，至少有三十名，身着金丝斜纹硬绸上衣，保护他们。在这些骑士身后，还有一大群执达吏（sergents），身着塔夫塔面料的衣服，衣服上缀有普瓦提埃伯爵的纹章。③ 国王穿着蓝色绸缎上衣，上衣外套着一件外衣，最外面是饰有白鼬皮的鲜红色绸缎大衣，④ 头戴一顶棉帽子，这顶帽子不太适合他，因为他那时还很年轻。国王是在索缪尔的敞厅举行宴会的，据说这些敞厅是英格兰伟大的亨利⑤ 为举行一些隆重宴会，按白色隐修院⑥的内院风格建的。我不相信还有和这些敞厅差不多大的地方（其他地方一定比这差远了）。我告诉您理由，因为在国王用餐的内院的墙壁处，站着骑士和执达吏，他们占用了很多空间。那里还摆放一张餐桌，约有20位主教和大主教用餐，在主教和大主教的旁边，是国王的母亲布朗什（Blanche），她的位置已经在内院的另一端，国王并不在其母亲那边用餐。服务布朗什王后用餐的有：布洛涅伯爵，即后来的葡萄牙国王，⑦ 圣-保罗（Saint-Paul）的好伯爵以及一个18岁的阿勒曼人（Allemand）。人们

---

① 儒安维尔，香槟伯爵蒂博、纳瓦尔国王的封臣，当时就在纳瓦尔国王旁担任切肉侍从。
② 罗贝尔一世（Robert Ⅰ）在1237年完成其骑士授甲礼。
③ 在原始手稿里，此处写的是"Cendal"。
④ 大衣（manteau）是穿在外衣（surcot）外面的，而外衣是套在上衣（cotte）外的。
⑤ 亨利二世（Henri Ⅱ），安茹伯爵若弗鲁瓦·金雀花（Geoffroy Plantagenet）的儿子。
⑥ 西多会隐修院（ordre de Cîteaux）。
⑦ 阿方松（Alfonse），布朗什王后的外甥，迎娶腓力·于雷佩尔（Philippe Hurepel）的寡妇、布洛涅女伯爵马奥为妻。

说这个阿勒曼人是图林根的圣伊丽莎白（sainte Élisabeth de Thuringe）的儿子。之所以这样说是因为王后布朗什亲吻过他的前额，而他的前额是王后认为其母圣伊丽莎白经常亲吻他的地方。

在内院的尽头，也就是另一侧，是厨房、酒水储藏处、面包储藏处以及食品储藏室。内院的人们在国王和王后跟前为他们服务，提供肉、酒和面包。在内院的两翼和中间，是众多骑士用餐的位置，他们人太多以至于我无法计算人数。有人说从未在一次宴会上见到如此之多身着金光闪闪衣服的骑士，他们说当时至少有 3000 名骑士在场。

第 22 章 1242 年的塔耶堡之战

这次宴会之后，为了重新掌控他的那些领地，国王带着普瓦提埃伯爵去普瓦提埃（Poitiers）。① 而当国王到达之后，他却非常想回巴黎。因为他发现，圣-让节当天坐在他旁边吃饭的拉马什伯爵② 已经在普瓦提埃附近的吕西尼昂（Lusignan）召集了大批人马，足以把普瓦提埃拿下。国王在普瓦提埃待了两个星期左右，在没有与拉马什伯爵达成协议之前都不敢离开，而我不清楚到底发生了何事。有好几次，我看到拉马什伯爵从吕西尼昂来到普瓦提埃与国王谈话，他通常携妻子英格兰王后（英格兰国王的母亲）③ 前来。许多人都说，国王与普瓦提埃伯爵和拉马什伯爵签订了一份糟糕的和约。

---

① 换言之，为了接受他的封臣对他的宣誓，封臣承认从他那里获得封地。
② 于格十世（Hugues X），又称勒布伦（le Brun）。
③ 伊莎贝尔·德·昂古莱姆（Isabelle d'Angoulême），无地王约翰（Jean-sans-Terre）的遗孀、亨利三世（Henri Ⅲ）的母亲，她在 1217 年再婚，嫁给了于格十世。

国王从普瓦提埃返回后，没过多长时间，英格兰国王就来到了加斯科涅（Gascogne），准备与法兰西开战。我们的圣徒国王亲率所有军队，骑行前去与英格兰国王作战。英格兰国王和拉马什伯爵为了作战，来到了一个叫作塔耶堡（Taillebourg）的城堡前面，它坐落在一条名为夏朗德（Charente）的凶险河流旁边。人们只能通过一条非常狭小的石桥渡过这条河。国王一到塔耶堡，两军对峙，彼此都能互相看到。我们的人（法兰西人）占据了城堡的另一侧，冒着危险，十分艰难地乘船、过桥，奋力地渡过了这条河，冲向英格兰人（Anglais）。战斗一开始就十分激烈，场面壮观。当国王目睹这一切时，他自己也投身战斗中，与其他人一样把生死置之度外。当国王渡河向英格兰人冲去时，他只有一个人，而英格兰人至少有100人。然而，接下来却发生了这样的一幕，因为上帝的意愿，当英格兰人看到国王渡河时，他们垂头丧气，在圣城里（la cité de Saintes）不知所措。我们中的好几个人进入这座城市，混入英格兰人当中被俘。

那些在圣城被俘的人汇报说，他们听到英格兰国王和拉马什伯爵之间产生了巨大分歧，英王说拉马什伯爵之所以找他联盟是因为伯爵声称他已在法兰西找到强大援助。就在同一天晚上，英王离开圣城，去加斯科涅了。

第23章　拉马什伯爵归顺

拉马什伯爵个人无力挽回局面，只能带着妻儿一同到国王的监狱里去。由此，国王因与拉马什伯爵和解得到大片土地。不过，具体多少土地我并不清楚，因为当时我还不能穿上锁子甲①，并没有参与到这件事里。不过，我听说除了这些土地，圣路易还得到10000利弗尔（巴黎铸币），这笔钱由伯爵按年上交到国王国库里。②

在普瓦提埃的时候，我看到一位名叫若弗鲁瓦·德·朗孔（Geoffroy de Rancon）的骑士。据说他曾遭受拉马什伯爵的巨大羞辱，为此，他把手放在圣物上起誓，在没看到自己或者别人报仇雪恨之前，坚决不像骑士那样剪头发，而是要像女人一样束发。当若弗鲁瓦看到拉马什伯爵和他的妻儿跪在国王面前，祈求国王宽恕时，他让人把条约带来，并让人把束发带摘下，当着国王、拉马什伯爵以及其他人的面把头发剪掉。在这场打击英格兰国王和大贵族的战斗中，国王给予了大量的赠礼，这是那些回来的人告诉我的。不过，不管是为了这次战争中的赠予或开销，抑或是为其他的海内外战争，国王既不命令也绝不向那些会向他抱怨的人寻求授助，包括向贵族、骑士、家臣以及他的好城市索取。然而，（国王）还有更好的（地方），他听取别人的意见，包括陪伴在他身边的好母亲的建议，他主持的议事会提供的建议以及那些在他父亲和祖父在世时就活着的贤人的意见。

第24章　圣路易病倒并于1244年决定发动十字军战争

在上述事情之后，按上帝的意志，国王在巴黎生了一场大病。他

---

① 锁子甲是骑士穿的一种上衣。根据这一段我们可以得出，在1242年，儒安维尔还不到21岁，因为21岁是可以把自己武装成骑士的年龄。

② 这笔年金相当于5000利弗尔（图尔铸币），或101319法郎。（该法郎指1865年前后的币值。——中译者）

病得非常严重，据说有一位照看他的女仆想要用被单盖住他的脸，说他已经死了。而另一位女仆，站在床的另一边，却不愿意这样做，因为她认为国王的灵魂还留在躯体里。当耶稣基督听到这两个女仆的争执时，便医治国王，国王很快就痊愈了。此前他失声，不能说话，这时他让侍从把十字架拿来，于是他们去把十字架拿来了。他的母亲布朗什王后听到他康复的消息后，欣喜若狂。而当得知国王拿着十字架，正如他自己所说的那样，她非常悲伤，如同看到国王死去一样。

　　国王拿起十字架后，他的三个弟弟也拿起了十字架，他们是阿图瓦伯爵、普瓦提埃伯爵阿方松和安茹伯爵查理（Charles），查理后来成为西西里国王（roi de Sicile）。此外，参加十字军战争的还有：勃艮第公爵于格和佛兰德尔伯爵纪尧姆，纪尧姆是佛兰德尔伯爵居伊（comte Gui de Flandre）的哥哥，居伊前不久去世；① 圣-保罗的伯爵好人于格（le bon Hugues comte de Saint-Paul）以及他的侄子戈谢（Gaucher）大人，戈谢大人在海外表现十分优秀，如果还活着的话应该会创造许多价值；拉马什伯爵及其儿子于格·勒布伦（Huges le Brun）；萨尔布吕肯伯爵（comte de Sarrebruck）及其哥哥戈贝尔·德·阿普勒蒙（Gobert d'Apremont），与他们同期参加十字军战争的还有我自己——儒安维尔的领主让。在海外时，由于萨尔布吕肯伯爵和我是表兄弟，我们一起租用了一艘军舰，共有20名骑士到海外（朝圣），他带9名，我带9名。②

---

　　① 居伊·德·当皮埃尔（Gui de Dampierre）死于1305年3月7日。第107章里的"novellement"（新的）应该翻译为"en dernier"（刚刚）。
　　② 这也就是说，萨尔布吕肯伯爵和儒安维尔每人分别负责9名骑士。

第二部分

第 25 章　儒安维尔为十字军战争做准备

基督纪元 1248 年复活节，我把家臣和封臣召集到儒安维尔*，他们在复活节前夕到了。在同一天，我的第一任妻子（格朗普雷伯爵①的姐姐）诞下一名男婴，取名昂塞维尔（Ancerville）。整个星期，我们都在过节、跳舞。我的弟弟沃库勒尔（Vaucouleurs）和一些有钱人也在，从星期一到星期四，大家轮流请客吃饭。

星期五，我对他们说："先生们，我马上要去海外了，不知能否回来。现在，让我们提前（做些事情）。如果我有什么地方对不起（伤害）你们，我想一一补偿，你们可以对我或我的人提出要求，像往常那样。"在我土地上的所有居民的帮助下，我补偿了他们，为此，没施加一丁点压力，只听取建议并毫无异议地接受他们的一切决定。

我在洛林（Lorraine）的梅斯（Metz）留下了一大块土地作为抵押，因为不想错误地拿走一分钱。您要知道，从我离开法兰西到圣地去的那一天起，就没拿走过那 1000 利弗尔的土地年金，②因为我的母亲③当时还活着。我带了 9 名骑士和 3 名旗手④到海外。之所以告诉您这些事情，是因为如果不是上帝从不放弃我和帮助我，我很难熬过留在圣地那 6 年漫长的时光。

---

*　此处指儒安维尔这一地方。——中译者
①　阿利克斯（Alix），格朗普雷伯爵亨利六世（Henri Ⅵ comte de Grandpré）的姐姐。
②　约等于我们今天的 20000 法郎。（这里"今天"指 1865 年前后。——中译者）
③　贝娅特丽克丝（Béatrix）是欧索讷伯爵艾蒂安三世（Étienne Ⅲ comte d'Auxonne）和索恩河畔沙隆女伯爵贝娅特丽克丝（Béatrix comtesse de Chàlon-sur-Saône）的女儿。
④　三分之一的骑士要拿旗帜。

在我为离开作准备的时候，让，阿普勒蒙领主（Jean, sire d'Apremont）和萨尔布吕肯伯爵（comte de Sarrebruck），通过他的妻子送信给我，告诉我包括他在内共10名骑士将要到海外，并询问我是否愿意与他一起租用同一艘军舰。我回复他说：他的人和我的人可在马赛共租一艘军舰。

第26章　一名教士杀死了国王的三个执达吏

国王把大贵族召集到巴黎，并让他们发誓：如果国王在海外期间遭遇不测，他们要坚守信仰并效忠他的孩子们。他也要求我发同样的誓言，然而，我一点也不想，因为我并不是他的人（封臣）。① 在去巴黎的路上，我看到一辆大车上装着三个死人，他们是被一位教士所杀，人们告诉我这些死人正要被送去国王那里。当我听到这些，便派了一个侍从去打听到底发生了何事。侍从回来告诉我，国王离开礼拜堂后就去台阶处看死者了。国王问巴黎的司法长官究竟发生了何事。司法长官告诉国王，死者都是沙特莱（Châtelet）的执达吏，他们生前去偏僻小道，意图偷盗。司法长官说："他们看到一位教士，也就是您眼前的这位，把他的衣服全都偷走。于是，教士只穿着衬衫走回住处，拿起他的弩，并让人把他的大菜刀给了一个孩子。随后，教士找到死者，冲他们喊，说他们死定了，拿起弩射向其中一个人的心

---

① 儒安维尔当时还不是香槟伯爵的封臣，不过，后来他也成为圣路易的封臣（参阅第136章）。无疑，在十字军战争期间，圣路易成为他的担保人（参阅第29章、86章和98章）。

脏，另两个人赶紧逃跑。借着皎洁明亮的月光，教士追击另外两人。当其中的一个人想穿过一个花园的篱笆时，教士用大菜刀砍他，正如您所看到的，教士把他的整个小腿砍断以至于他穿不了长筒靴。接着，教士又去追另一个人，那个人想从一个陌生人的房子（当时，房子里的人还没有睡觉）跳下来。教士用刀向他的头中间砍去，力度大到使其头颅裂开直抵牙齿，正如您看到的这样。陛下，教士随后在邻近的街道向司法长官自首，然后把自己关在您的牢里。我把他带过来了，陛下，他现在就在这里，您看要如何处置？"国王对教士说："阁下，由于英勇您已失去做一名教士的资格了，不过，也正因为您的英勇，我愿做您与我一同到海外去的担保人。我会给您同样的待遇，因为希望我的人看到，我无法忍受他们的任何恶毒言行。"在场的所有人听到这些话后，都向耶稣基督欢呼，并祈祷他可以赐予国王长寿、快乐与健康。

第27章 儒安维尔离开了他的城堡

在这之后，我回到家乡，和萨尔布吕肯伯爵商议，用大车把我们的装备运至欧索讷（Auxonne），然后再从那里沿着索恩河（Saône）运送到罗讷河（Rhône）。

就在离开儒安维尔的那一天，我派人去请舍米农修道院院长（abbé de Cheminon），他被认为是白修道会①中最贤能（le plus prud'homme）的人。有一次，在克莱尔沃（Clairvaux），我听到这样一

---

① 西多会修会。

法国国王圣路易

段证词。那是圣母节（fête de Notre-Dame）当天，圣徒国王（圣路易）也在场，他是被一个修士带到现场的。国王问我是否认识舍米农修道院院长。我回答道："您为何问我这个问题？"国王说："因为我认为他是白修道会所有修士当中最贤能的人。还有，我听一位曾睡在舍米农修道院院长卧室的贤人口述：修道院院长因为热而裸露胸口睡觉，而这位贤人看到圣母（la Mère de Dieu）来到修道院院长的床边，因为担心风会让修道院院长生病，用他的袍子盖住他的胸口。"

当修道院院长把我的肩带和手杖给我之后，我便光着脚，穿着衬衫（没有外套）离开了儒安维尔，在返回之前，再没有踏足过儒安维尔的城堡。在前往布莱考特（Blécourt）、圣－于尔班（Saint-Urbain）修道院以及其他藏有圣物的地方时，担心会因离开美丽的城堡和我的两个孩子心软（不舍），我都没有回头看过儒安维尔。

我和同伴在栋热（Dongeux）前面的拉封丹大主教（la Fontaine-l'Archevêque）驻地吃饭。就是在那里，圣－于尔班修道院院长亚当（abbé Adam de Saint-Urbain）（上帝会感恩他的仁慈）给了我和我的骑士许多金银珠宝。我们由此出发去欧索讷，带上此前已运送至欧索讷的装备后，沿着索恩河前往里昂（Lyon）。我们把高大的马匹安置在船的侧舷。

到了里昂，我们从罗讷河坐船去阿尔－勒－布朗河（Arles-le-Blanc）。沿着罗讷河，我们发现了一座名叫罗什－德－格伦（Roche-de-Glun）的城堡。因为该堡主罗歇（Roger）被控告抢劫朝圣者和商人，国王曾攻打该城堡。

第二部分

第 28 章　1248 年 8 月十字军战士登船

八月，我们从罗什-马赛（Roche-de-Marseille）登船。登船当天，我们打开舱门，引所有带去海外的马上船，然后关闭舱门，像密封酒桶那样牢牢压死舱门。因为当船在海上行驶时，整个舱门都将没于水底。安置好马匹后，船长站在船头对他的船员们喊道："你们（的工作）准备好了吗？"船员们回答道："船长，教士和神父在来的路上。"等教士和神父都到了以后，船长对他们说："以上帝之名，高歌一曲！"于是，他们异口同声唱："来吧，造物主（Veni, creator Spiritus）。"船长对船员们说："以上帝之名，启航！"于是，他们启航。很快，风把帆吹了起来，我们的视线看不到陆地，只能看到天空和海水。每天风都把我们带到离家乡越来越远的地方。向您讲述这些就是为了说明，当一个占据别人财产或是犯下道德罪孽的人把自己置身于危险当中，他是多么的疯狂和有勇无谋！因为晚上睡觉时他都不知道第二天早上醒来会葬身于海底的何处。

在海上，发生了一件令人惊恐的事情。我们看到一座山，它十分圆，坐落在柏柏里（Barbarie）海岸前面。我们大约是在念晚课的时候发现它的，整个夜晚船都在不断航行，航程肯定超过 50 古里。*然而，到了第二天早上，我们发现自己仍在这座山的前面。这样的事情重复了两三遍。船员发现后非常焦虑地跟我们说，我们遇到巨大的危险了，因为我们就在萨拉森人的地盘、柏柏里的前面。于是，有一位

---

* 1 古里约等于 3 英里或 4000 米。——中译者

贤明的教士，莫鲁普特（Maurupt）的教长，告诉我们，在他的教区里，从未遭遇过干旱、洪涝或其他灾祸，只要他连续在三个星期六举行三次宗教游行，上帝和圣母会立刻解救他们。① 于是，在星期六，我们就围着两个船桅进行了第一次游行仪式。我自己也参加了，但因为病得很重，让别人挽着胳膊搀扶着我。在这之后，我们再也看不到那座山了。到了第三个星期六，我们到达塞浦路斯。

第29章　在塞浦路斯逗留；鞑靼人的使者；儒安维尔效忠于国王

当我们到达塞浦路斯时，国王已经在那里了。我们发现国王的物资非常充足，如食物储藏室、金钱和谷物都非常充裕。人们把国王食物储藏室建在营地的中间，沿着海岸，里面有装好酒的木桶堆放在一起，一堆堆的，这些酒是国王到塞浦路斯的前两年开始购买的。酒桶一个个垒起来，从前面看过去，就像是一个巨大的木制谷仓。小麦和大麦被人堆在营地中间，看起来就像一座座山。由于长期降雨，表层粮食已经发芽，看过去就像一片绿草。不过，当我们要带上谷物启航去埃及时，砍掉外面的绿草（芽），发现里面的小麦和大麦还是新鲜的，就像是刚刚收割的那样。

国王非常渴望直抵埃及，中间不要有任何停留。正如我听他说的那样，他并没有听取任何大贵族的意见，停下等待那些还没到达塞浦路斯的人。

---

① 参阅第38章。

第二部分

国王在塞浦路斯逗留期间，鞑靼人的大王（le grand roi des Tartares）派来使者，并带来了非常温和的言语。此外，使者还带来消息说，鞑靼人的大王已准备好帮助国王赢得圣地，并帮助国王从萨拉森人手里解放耶路撒冷。国王非常郑重地接待了鞑靼人的使者，并派遣使者去见鞑靼人的大王。两年后，国王的使者才回来。由使者代劳，国王赠予鞑靼人的大王一个可替代小教堂的帐篷。该帐篷非常昂贵，因为它整个都是非常纯正的鲜红色。为了弄清鞑靼人是否会被吸引而皈依基督信仰，国王命人把小教堂里的圣母领报（Annonciation de Notre-Dame）瞻礼和教义里的其他所有篇章的内容都绘制（绣）出来，[①] 并派遣两名懂鞑靼语的布道会修士把这些图像带去送给鞑靼人，这样修士们就可以教导鞑靼人如何成为一名（基督）信徒。当这两名布道会修士回来时，国王身边的两名修士已经返回了法兰西。他们发现，国王已经离开了阿卡前往他加固的凯撒利亚（Césarée），国王的修士也早已抛弃了阿卡，而国王和萨拉森人既没有建立和平关系也没有任何协议。关于这两名修士带回来的消息，[②] 后面我会告诉您他们都亲口告诉了国王哪些内容。从这些内容当中，我们可以了解到许多故事。不过，现在我不能告诉您，因为我不能打断已经开始的话题，现在继续这一话题。

我的土地年金不足 1000 利弗尔，到海外去时，独自承担了九名骑士以及两名举番旗的骑士的开销。到达塞浦路斯时，我只剩 240 利弗尔（图尔铸币）。这就是为什么在那几年里，我的一些骑士告诉我说如果无法支付开销，他们便会离开我。然而，上帝从未放弃过我，以这样的方式帮助我：在尼科西亚（Nicosie），国王把我找来，把我留下，做我的庇护者，并给我 800 利弗尔，这使我拥有的钱远多于所需的开销。

---

① 参阅第 43 章。
② 参阅第 93 - 95 章。

>> 法国国王圣路易

第30章　君士坦丁堡皇后到达塞浦路斯

当我们在塞浦路斯逗留的时候,君士坦丁堡皇后①派人告诉我说,她已经到达塞浦路斯岛上一个名叫帕福斯(Baffe)的城市,让我和埃拉尔·德·布里耶纳大人去找她。我们到达时发现,曾有一股强劲的风把她船上绑着船锚的绳索吹断,船被吹到了阿卡。她的所有行李当中,只剩下身上穿着的一件斗篷,以及一件用餐时穿的外衣。我们把她带到莱梅索斯(Limisso),正是在那里,国王、王后以及所有大贵族非常隆重地接待了她。第二天,我把一些呢绒和塔夫塔布②送给皇后做衣服。腓力·德·楠特伊(Philippe de Nanteuil)大人,国王身边的一位好骑士,发现我的一位侍从正在去往皇后住处的路上。当他看到后就去跟国王说,我让侍从送衣物给皇后这件事,对其他大贵族而言是莫大的羞辱,因为他们此前并没有察觉到要做这样的事情。皇后此行的目的是请求国王帮助她在君士坦丁堡(Constantinople)的丈夫。她的解决办法是与我们达成如下协议:她从我和其他朋友那里拿到了100多封信件,信里写着我们的誓言,如果国王或教皇特使从海外回到法兰西后派300名骑士去君士坦丁堡,那么我们也会信守誓言去君士坦丁堡。为了履行誓言,当我们返回法兰西的时候,我手上拿着厄伯爵(comte d'Eu)的信,当着厄伯爵的面告诉国王:如果国王

---

① 玛丽,让·德·阿卡或让·德·布里耶纳(Jean d'Acre ou de Brienne)的女儿,博杜安二世(Beaudouin Ⅱ)的妻子。

② 原始文献写的衣料是"Cendal"(纳塔利·德·瓦伊把"Cebdal"改写成"taffetas"(塔夫塔)。——中译者)

想要派300名骑士，我已经做好履行誓言的准备了。国王回答我说，他并没有打算这样做，因为他没有足够的能力，也无法承受倾家荡产。我们到达埃及后，皇后去了法兰西。她带着她的弟弟，让·德·阿卡，让其与蒙福尔女伯爵①成婚。

第31章　关于以歌念苏丹、亚美尼亚国王和巴比伦苏丹

我们到达塞浦路斯的时候，以哥念苏丹（soudan d'Iconium）是所有异教国王中最富有的，他创造了一个奇迹。他让人在一些泥罐里融掉他的一大部分金子，然后把这些泥罐打碎。金碎片散落在城堡的空地上，至少有六七处，非常明显，任何人进入城堡都能看到和摸到。以哥念苏丹的富有还体现在由亚美尼亚国王（roi d'Arménie）送给法兰西国王一顶至少价值500利弗尔的营帐上。亚美尼亚国王告诉法兰西国王，营帐是以哥念苏丹的一位"费雷"（ferrais）赠予他的，而"费雷"只是帮苏丹看管营帐和打扫房屋的人。

亚美尼亚国王为了使自己摆脱被以哥念苏丹奴役的处境，去找了鞑靼人的大王，为得到鞑靼人的帮助甘愿臣服于他们，于是带回了一支非常庞大的军队，这使他能够与以哥念苏丹开战。战争持续了很长一段时间，鞑靼人杀死了苏丹的大量人口，以至于从此以后人们再也

---

① 让·德·阿卡（Jean d'Acre），皇后玛丽（impératrice Marie）的弟弟，于1251年娶蒙福尔伯爵让（Jean comte de Montfort，死于1249年）的寡妇让娜·德·沙托丹（Jeanne de Châteaudun）为妻。他的第一任妻子是苏格兰国王亚历山大二世（Alexandre II roi d'Ecosse）的遗孀、玛丽·德·库西（Marie de Coucy）。

65 没听说过有关他们的消息。由于这场战争在塞浦路斯十分有名，我们当中的一些执达吏去到了亚美尼亚，目的是获利或参战，然而，他们当中无一人生还。

巴比伦苏丹（soudan de Babylone）① 预计国王会在春天到达埃及，想趁机推翻他的敌人霍姆斯苏丹（soudan d'Émesse），将其围困在霍姆斯（Émesse）。② 霍姆斯苏丹不知道巴比伦苏丹会采取怎样的行动，因为他非常清楚，巴比伦苏丹只要活得够久，就一定会打败他。于是，霍姆斯苏丹与以哥念苏丹的一位"费雷"协商："费雷"去给巴比伦苏丹下毒。下毒的经过是这样的，这位"费雷"发现巴比伦苏丹每天饭后都会坐在床脚的席子上下国际象棋。他确定苏丹每天都会坐在这张席子上后，就决定在席子上给苏丹下毒。于是就出现了这一幕，苏丹光着脚坐在席子上，当他翻转有伤口的腿时，毒药迅速地渗入他的身体，立刻夺走了他腰部以下的健康，并很快直抵心脏。两天
66 之后，他不能吃喝，也无法说话。巴比伦苏丹的人与霍姆斯苏丹媾和，把巴比伦苏丹带回了埃及。

第 32 章　1249 年离开塞浦路斯

三月一到，国王下令，大贵族和其他朝圣者把酒和食物装满军

---

① 这里的"巴比伦"在接下来的叙述中经常被提到，指埃及的巴比伦，今天的大开罗（今天指 1865 年前后。——中译者），这里的"苏丹"是有问题的，他的名字是马勒克－赛勒·纳格姆－埃丁·阿尤布（Malek-Saleh Nagem-eddin Ayoub）。

② 马利克－纳赛尔（Malek-Nasser），阿勒颇的君主（prince d'Alep），被霍姆斯苏丹打败。霍姆斯是叙利亚（Syrie）的一个城市，位于奥龙特斯河（Oronte），从属于埃及。

48

舰，准备离开。一切就绪后，在圣灵降临节到来之前的星期五，① 国王和王后登船。国王下令，大贵族的船紧随其后，直驶埃及。星期六，国王扬帆启航，其他所有船只也一样，这是一个非常壮观的场景。目之所及，整个海面都被船帆所覆盖，大大小小的船，共约1800艘。国王的船在一个名叫莱梅索斯的地方抛锚，其他所有船只泊在其周围。在圣灵降临节当天，国王登陆。当我们听完弥撒后，一阵十分强劲的风从埃及袭来，以至于国王只能从带去埃及的2800名骑士当中留下700名骑士在身边。这阵风并没有把国王的随从吹散，而是把他们带到阿卡或其他陌生的地方，此后，他们在很长一段时间内都无法与国王会合。

圣灵降临节的第二天，风变小了。根据上帝的意志，国王和留在其身边的我们重新扬帆启航，并在莫雷（Morée）见到莫雷王子和已停留在莫雷的勃艮第公爵。在圣灵降临节之后的星期四，国王到达达米埃塔。正是在那里，我们看到苏丹的所有军队都驻扎在海岸，穿戴的金纹章在阳光下金光闪闪，看起来实力非常强劲。他们用定音鼓和号角制造出声音，令听者心惊胆战。

国王召集大贵族商讨接下来的计划。许多人都认为国王应该等待，直到余下的人来与国王会合，因为留在国王身边的人只有不到总数的三分之一。但是，国王并没有听取他们的意见。理由是，如果这样做就相当于把心给了敌人，而且，在到达达米埃塔之前的海路中，只有一个海港能让他等待余下的人前来会合，因为担心会再有强劲的风把我们分开或带到其他地方去，就像此前在圣灵降临节发生的事情那样。

---

① 1249年5月21日。

> 法国国王圣路易

第 33 章　准备在埃及登陆

当时所有人一致认为，如果萨拉森人不离开海岸，国王应该在圣三节（la Trinité）前的星期五登陆，去攻打他们。由于战舰很难靠近海岸，国王命令让·德·博蒙（Jean de Beaumont）大人把一艘帆桨战船给埃拉尔·德·布里耶纳和我，让我们和骑士登陆。根据上帝的意志，当我回到战舰时，发现巴鲁特夫人（madame de Baruth）给了我一艘小船，小船上装载了我的八匹马。巴鲁特夫人是蒙贝利亚尔伯爵（comte de Montbéliard）和我们的表姐。到了星期五，我和埃拉尔·德·布里耶纳武装好后去找国王要帆桨战船，就此，让·德·博蒙大人回复我们说没船。

当我们的人看到我们没有拿到战船后，便争先恐后地上了一艘战舰的小艇，人越来越多，船也越来越沉。当中级船员看到小艇一点一点地下沉时，便逃离了大船，留下我的骑士在小艇上。我向一个船长询问，船上的人太多，如果要安全地把我的人带到陆地上，是否要转移不少人。他回答我说："是的。"于是，我便转移他们，把这些人安排到军舰上，也就是我的马匹所在的那艘船上，运了三趟才完成这一任务。就在运送过程中，埃拉尔·德·布里耶纳的一名骑士，名叫普隆凯（Plonquet），想从一艘大军舰下到小艇，结果小艇移动，他掉到海里淹死了。

当我回到军舰上，安排了三名骑士坐到小艇上：一位名叫于格·德·沃库勒尔（Hugues de Vaucouleurs）的侍从，他的骑士身份是我授予的，以及两名渴望成为骑士的非常骁勇的年轻贵族，其中一名叫瓦兰·德·维西（Vallain de Versey），另一名叫纪尧姆·德·达马丁（Guillaume de Dammartin）。二人在莫雷因马匹结下了仇怨，任何人都无法使他们和平相处。我以圣物向他们起誓，如果带着仇恨就不能登陆，让他们原谅彼此、放下仇恨，并拥抱了彼此。我们向陆地航行时，看到国王乘坐在长长的小艇上。因为我们的速度比他们快，国王的人开始在我后面叫喊，他们说我是在圣-德尼的旗帜（enseigne de Saint-Denis）下登陆的，而这面旗帜插在国王前的另一艘船上。然而，我并不相信他们所说的话，相反，我在庞大的土耳其人军队面前登陆了，他们至少有 6000 名骑兵。一看到我们，他们就套上马刺袭来。当看到他们冲过来，我们把盾牌的尖角插入沙子里，手执长矛，矛头冲着他们。他们一看到矛头即将要穿进他们腹部，便在最后时刻掉头，逃跑了。

第 34 章　十字军骑士迎战萨拉森人

博杜安·德·兰斯（Beaudoin de Reims）阁下，一位贤人，着陆后派侍从来告诉我让我等他。我回复说非常愿意等他，因为在这样的情形下，确实应该等待这位贤人。也正因这件事他一生都十分感激我。他带着 1000 名骑士来找我，现在您就清楚，登陆时身边既没有从家乡带来的侍从和骑士，也没有士兵，但上帝从不让我陷入无助境地。

在我们左手边登陆的是雅法伯爵（comte de Jaffa），他是蒙贝利亚特伯爵的表兄弟，属于儒安维尔家族谱系。① 他的登陆是最庄重的，帆桨战船里里外外都涂满军队的盾形纹章，而军队的盾牌是金制的，上面有直纹的红色十字架。战船上至少有300名桨手，每一名桨手都配有一个小盾牌，盾牌上插着一个涂金的三角旗。他们驶来时，桨手们划得飞快，战舰速度快得像飞起来一样。战船上的旗帜、定音鼓、鼓和萨拉森人的号角发出巨响，如同天空中闪电劈下。刚驶进沙滩，他和骑士就跳下战船，穿戴好武装，来到我们旁边。

我忘了告诉您，雅法伯爵一登陆就让人把营帐支起来。萨拉森人看到雅法伯爵的营帐支起来后，马上列阵，套上马刺，准备攻击我们。不过，当看到我们没有逃跑，他们马上又撤回去了。

我们的右手边，约一箭之遥的距离，圣－德尼修道院的旗手乘坐帆桨战船登陆。一名萨拉森人看到战船靠岸，独自冲去，可能是因为没控制好马匹，又或者是以为其他萨拉森人会紧随其后。结果，他一个人被砍成碎片。

第35章　圣路易攻占达米埃塔

当听到圣德尼修道院旗手乘坐的战船靠岸的消息后，国王不愿再逗留，大步横穿所乘坐的战舰，不顾身边教皇使者的反对跳进海里。②

---

① 让·德·伊贝林（Jean d'Ibelin），巴鲁特领主和雅法伯爵，是贝里昂·德·伊贝林（Balian d'Ibelin）和埃希夫·德·蒙贝利亚特（Eschive de Montbéliard）的儿子。据迪康热（Du Gange）所说，让·德·伊贝林娶了儒安维尔家族的一位女性为妻。

② 参阅第2章。

他站在海里，海水已没过他的腋窝，他把盾举到脖子的高度，头戴柱形尖顶头盔，手执长矛，一直走到已在海岸边的军队里。刚上岸，国王就发现了萨拉森人，问他们究竟是何人。对方回答，他们就是萨拉森人。于是，他把长矛夹在腋下，把盾举到脸前。如果不是身边的贤人反对的话，他就去追击萨拉森人了。

萨拉森人通过信鸽向苏丹传递了三次消息，禀明国王已经登陆，然而因为苏丹病倒了，他们一直没有收到苏丹的回复。萨拉森人见此情形，便相信苏丹已经死了，于是抛弃了达米埃塔。对此，国王派一名骑士前去核实。骑士回来告诉国王，他已进入苏丹的宫殿，并说消息属实。于是，国王派人去请教皇使者以及军队里的所有高级教士，高唱《赞美颂》（*Te Deum Laudamus*）。随后，国王上马，我们所有人也都上马，去达米埃塔前安营扎寨。土耳其人在离开达米埃塔时犯了一个大错，他们没有砍掉舟桥，否则，将会给我们带来巨大障碍。不过，他们离开时放火烧了市场，市场里存放着一切商品和重要物品。这件事情就像明天有人放火烧（巴黎的）小桥（Petit-Pont）一样，是上帝禁止我们做的事情！①

不过，现在我们承认，是全能的上帝给了我们伟大的恩典，在登陆时把我们从死亡和危险中解救出来，因为当时我们走路去追击敌人，而敌人却骑着马。全能的上帝把达米埃塔送给了我们，这是他给的另一个伟大恩典。达米埃塔是一座无法攻下的城市，除非发生饥荒，对此我们都非常清楚。在父辈那个年代，国王让②之所以能攻下它就是因为城内发生了饥荒。

73

74

---

① 在巴黎，小桥（Petit-Pont）附近有许多商店。
② 让·德·布里耶纳（Jean de Brienne），耶路撒冷国王，在1219年攻下达米埃塔。

>> 法国国王圣路易

第 36 章　圣路易犯的错误；十字军的骚乱

当耶稣基督对以色列（Israël）的后代说："他们并不珍惜应许之地。"接着，耶稣基督还说了什么呢？他说，他们忘记是上帝拯救了他们。这些话其实也是对我们说的。而我接下来要告诉您的就是我们是如何忘记的。

首先，我要告诉您的事情是与国王有关的。他派人把大贵族、教士和平信徒都召集起来，商议该如何分配在达米埃塔所获得的一切。最先说话的是一位主教，他说："陛下，为了供应城市生活，我认为您要保留小麦、大麦、大米及一切赖以生存的食物。此外，我们应该在营地里大声宣布，所有其他动产都一律运至教皇使者的下榻之处，违者处以绝罚。"现场所有大贵族都同意他的观点。不过，运至教皇使者住处的所有动产加起来不超过 6000 利弗尔。

等这事完成后，国王和大贵族请来了一位贤人名叫让·德·瓦莱里（Jean de Valery），国王对他说："瓦莱里阁下，我们一致认为，教皇使者应该把 6000 利弗尔交由您来分配，您看看如何分配最好。"他回答说："陛下，十分感谢您给我这么大的荣誉，不过，上帝保佑，您给的这份荣誉和任务，我恐难胜任，因为我要尊重圣地的美好传统。圣地的传统是这样的：一旦占领敌人的城市，在里面找到的所有物资，国王应占其三分之一，所有朝圣者应分其三分之二。国王让曾在占领达米埃塔后恪守这一传统，正如先辈们所说的，在国王让之前，耶路撒冷的国王们也都恪守这一传统。现在请您把三分之二的小麦、大麦、大米及其他食物给我，我乐意把它们分给朝圣者。"国王决定不这样做，于是，此事被搁置。许多人都对国王罔顾这一美好的古老传统表示不满。

国王的人应该以温厚的态度重新管理商人，因为大家都说，管理者尽一切办法抬高出售食物的商店的租金。抱怨声都传到了国外，导致许多商人都不来营地了。大贵族应该约束好自己，在时空上充分利用手中资源，而不是放纵自己，胡吃海喝，浪费肉类。老百姓迷恋上了妓女。由此，在我们获释回来后（曾被萨拉森人俘虏），国王把这些大贵族都辞退了。我问国王为何这样做，他告诉我，正是那些被他开除的人开设妓院，地点就在营帐的不远处，如同从营帐扔出一块小石头的距离，因此，他的军队眼下遇到了从未有过的困难。

第37章 萨拉森人攻击营地；戈提埃·德·奥特雷什战死

现在回到叙述的事件里。在攻占达米埃塔后，苏丹的所有骑兵很快就来到我们的营地前，从一侧包围我们。国王和所有骑士都武装自己。我武装好自己后，去找国王，看到国王已全副武装坐在椅子上，还有好几个被称为贤人的骑士也都整装待发，与国王待在一起。我请求国王准许我和我的人到营地外，阻止萨拉森人进入营帐。当让·德·博蒙大人听完我的请求后，在我的身后冲我大声喊到，告诉我除非国王下令否则不能离开自己的帐篷。

我刚向您提及的、那些与国王在一起的贤人共有八名，他们在海内外战争中屡建战功，是杰出的好骑士，如若弗鲁瓦·德·萨尔吉纳（Geoffroy de Sargines）大人、马蒂厄·德·马尔利（Matthieu de Marly）大人、腓力·德·楠特伊大人和法兰西王室总管安贝尔·德·博热大人。总管大人当时不在，他在营地外，和弓弩手的指挥官以及国王军队的绝大多数执达吏，保护营地，以防土耳其人的袭击。

78　　接下来却发生了这一幕，戈提埃·德·奥特雷什（Gautier d'Autrèche）大人在自己的营帐里全副武装好后，骑上马，将盾举到脖子处，头戴柱形尖顶头盔，让人卷起营帐的帘布，套上马刺，准备追击土耳其人。当他单枪匹马离开营帐时，所有人都冲他大喊："沙蒂永！"然而，他还没到土耳其人那里就摔倒了，马踏过他的身体，然后转头，向敌人奔去。因为萨拉森人骑的马绝大多数是母马，戈提埃·德·奥特雷什的马被它们所吸引。目睹这一切的人告诉我们，有四位土耳其人走向已倒地的戈提埃·德·奥特雷什，用大铁锤重击他。法兰西王室总管和国王的几个执达吏随即解救了他，用胳膊把他抬回了营帐。回到营帐后，戈提埃·德·奥特雷什已无法说话。营地里的好几个外科医生都赶来为他治疗，认为戈提埃·德·奥特雷什还能活，所以给他的两条手臂都放了血。到了深夜，奥贝尔·德·纳尔西（Aubert de Narcy）跟我说去看望戈提埃·德·奥特雷什，因为他是一个非常有名望的重要人物，我们却还没去探望他。当我们进入营

79　帐时，戈提埃·德·奥特雷什的一个侍从迎面走来，告诉我们手脚放轻，不要吵醒他的主人。我们看到戈提埃·德·奥特雷什躺在一小块用松鼠皮做的毯子上面，我们轻轻地、非常安静地悄悄靠近他，却发现他已经死了。有人把这个消息告诉国王，国王听后回复道，他不希望有更多的人像戈提埃·德·奥特雷什一样，没有得到命令就擅自行动。

第二部分

第 38 章 萨拉森人的新一轮进攻；国王决定等待普瓦提埃伯爵的到来

每天晚上，萨拉森人的步兵都会进入我们的营地，杀死那些还在睡梦中的人。他们把库特奈领主（seigneur de Courtenay）的哨兵杀死后，将其放在一张桌子上，然后砍下他的头颅带走。他们之所以会这样做是因为只要萨拉森人砍下一个基督徒的头颅，苏丹就赏给他们一个拜占庭金币。这样的迫害之所以会突然发生是因为看管营地的警卫队每晚都会骑马巡逻，而萨拉森人想要进入营地时，他们会等待马匹的噪声响起，在警卫队走了以后，跟在后面溜入营地，然后在天亮之前离开营地。因此，国王下令，原本骑马巡逻的警卫队改为步行，这样一来他们彼此之间靠得很近，能触碰到对方，就能很好地保护整个营地。

在这之后，国王一直没离开达米埃塔，直到其弟弟普瓦提埃伯爵率领法兰西的后卫部队到来。为了不让萨拉森人骑马冲进营地，国王命人在整个营地里挖大沟渠，并命弓弩手和执达吏每晚都在沟渠边和营地的每一个入口处进行警戒。

圣-雷米节（le Saint-Remi）过后，我们没有收到关于普瓦提埃伯爵的任何消息（这让国王和军队的所有人都忧心忡忡，担心他遭遇不测）。于是，我提醒教皇使者，当时莫鲁普特的教长是怎样为我们在外海连着三个星期六举行三次宗教游行的，最后使我们在第三个星

57

期六到来之前到达了塞浦路斯。① 教皇使者同意我的看法，宣布一连三个星期六举行宗教游行。第一次游行从教皇使者的住所开始，去城里的圣母院。这所圣母院曾是萨拉森人的清真寺，而教皇使者却以上帝母亲的名义占有了它。教皇使者在两个星期六进行了布道，国王和军队里的有钱人都出席了，使者大赦了他们。

如果在第三个星期六到来之前，普瓦提埃伯爵提前到达，那就遭殃了。因为在这三个星期期间，达米埃塔前的海面上兴起了猛烈的暴风雨，超过240艘大大小小的战舰被毁，船上的人溺亡了。所以，普瓦提埃伯爵早到的话，他和他的人都会受伤。

普瓦提埃伯爵到达后，国王下令召集军队里的所有大贵族商议行军方向，究竟是要前往亚历山大里亚（Alexandrie）还是前往巴比伦。布列塔尼的好伯爵皮埃尔和军队里的绝大部分贵族都建议国王去围攻亚历山大里亚，因为这座城市前有一个良港，可停泊装载粮食的那些军舰。对此，阿图瓦伯爵反对，认为应该前往巴比伦，因为它是埃及王国的首府。他还说，如果一个人想要杀死一条蛇，首先就是要打它的头部（七寸）。国王不管其他所有贵族的意见，而是采纳了他弟弟（阿图瓦伯爵）的建议。

第39章　军队行进中

基督降临节（Advent）后，国王开拔前往巴比伦，正如阿图瓦伯爵所建议的那样。在非常靠近达米埃塔的地方，我们发现了一条大河

---

① 可参阅第28章。

的支流，于是国王决定让军队原地停留一天，筑坝渡河，因为筑坝可以阻挡大河。这一任务很容易就完成了。就在我们渡河时，苏丹派了最精锐的500名骑兵来骚扰国王的军队，拖延我们行军。

在圣-尼古拉节（la Saint-Nicolas），① 国王下令让大家做好骑行的准备，并禁止任何人冒险追击来袭的萨拉森人。军队骑行，声势浩大。土耳其人发现我们没上当，又从密探那里确定国王已做好防备，于是大胆去突袭圣殿骑士团骑士（Templiers），即我们的先锋部队。一名土耳其人把一名圣殿骑士团骑士打倒在地，恰好倒在雷诺·德·比什耶尔（Renaud de Bichiers）的马蹄前。雷诺·德·比什耶尔是圣殿骑士团的骑兵军官，看到这一幕后大声对其同伴说："冲啊，以上帝的名义，我再也无法忍受这一切了。"他套上马刺，军队所有人都照做，我们的马精神饱满，而萨拉森人的马已经疲惫不堪，最终，我听说萨拉森人全军覆没，无一能逃，其中还有好些人掉到河里淹死了。

第40章　尼罗河

为了让您理解我所记述的几件事情，首先要介绍一条源自埃及和伊甸园（Paradis terrestre）的河流。它不同于其他任何一条河流，其他河流的下游都会分流出很多小河和小溪，但这条河流没有。相反，这条河流自源头起直至流入埃及前都只有一个河道，流入埃及后才分出七个支流。圣-雷米节后，支流泛滥，淹没平原。泛滥结束，农民

---

① 1249年12月6日。

带着没有轮子的犁去翻转田里的土地，种植小麦、大麦、孜然和大米。这一切非常美好，所有人都觉得完美无缺。不过，除了上帝愿意，所有人也不知河水何时再泛滥。若非如此，任何东西都无法在埃及生长，因为太阳的极高温度会灼伤一切，也不再降雨。河水总是浑浊的，埃及人（Égyptiens）想要饮水时会在晚上打水，把4颗巴旦杏或5颗蚕豆捣碎扔进水里，等到第二天，水就变得非常清澈，没有任何杂质，可以饮用。河水流入埃及前，埃及人习惯在晚上把网打开扔进河床里，等到第二天早上，他们会在网兜里发现一些珍宝，如姜、大黄、芦荟树以及肉桂，这些都是按重量出售的，是人们来埃及购买的商品。据说，这些珍宝结在伊甸园的树上，风把这些树吹倒，如同把埃及的那些枯树吹倒一样，珍宝随树掉到河里，然后商人再把它们卖给我们。河水有如下特点：我们像当地人一样，用白土罐装好河水，然后悬挂在营帐里，即使在大热天，水也会变得和泉水一样清凉。埃及人说，巴比伦苏丹好几次派人去探寻河流的源头。苏丹派去的人通常会带着一种被称为饼干的面包，这种面包需要煮两次，他们靠其果腹，直至重新回到苏丹身边。他们汇报说，溯流而上后发现了一座陡峭的岩石高山，那是一座无人能攀登的高山，河水正是自其流下。他们认为山的高处会有一大片茂密树林，往上游走的时候看到了各种各样的猛兽，千奇百态，如狮子、蛇、大象，等等，它们就在河边一直盯着他们看。

现在回到最早叙述的内容上，即当进入埃及后，河流分成几条支流（如上所述）：其中，一条流经达米埃塔，另一条流经亚历山大里亚，第三条流经塔尼斯（Tanis），第四条流经雷西（Rexi）。[①] 法兰西

[①] 尼罗河（Nil）的这一分支从曼苏拉分出，阿拉伯人（Arabes）称之为阿什穆姆-提拿（Aschmoum-Thenah）。

国王和他的军队正驻扎在流经雷西和达米埃塔的两条支流中间。而苏丹的所有军队就驻扎在流经雷西的河流的另一岸边，与我们隔河相对，呈两军对垒之势，以阻止我们渡河。他们很轻易就达到这一目的，因为没有人能在他们面前顺利过河，除非游过去。

第41章　在尼罗河上修建一条河堤

国王决定命人修一条河堤，借此渡河，到萨拉森人那边。为了保护修河堤的人，国王下令让人修了两座塔，我们称之为猫堡（chats-chateaux），① 因为猫眼前面有两座堡，后面有两座房子，目的是保护那些戒备萨拉森人的大炮。当看到萨拉森人的16门大炮就位，国王命人建18门大炮，若瑟兰·德·科诺特（Jocelin de Cornaut）是负责人。我们用武器向萨拉森人进攻，他们也向我们开火。我从未听说我们的武器给对方造成多大伤害。国王的弟弟们白天在猫堡戒备，我们这些骑士则晚上戒备。当时是在圣诞节（Noël）的前一个星期。

猫堡建好后，才开始修河堤，因为国王不希望萨拉森人炮击在过河时毫无遮挡的我们，以及那些正在运送石料的人。对于修河堤，国王和所有贵族都有些盲目，他们已经堵住了一个支流，如上所述（这很容易做到，因为他们堵住了那个可以把河流分开的地方），正因如此，他们相信可以堵住流经雷西的这一支流，它从大河分离出来已有半古里。* 为阻止国王建河堤，萨拉森人在他们驻扎的那一边挖了一

---

① 人们把在走廊上的那些躲避处称为"猫"，把在走廊前建立的堡称为"猫堡"。

* 一古里约等于今天的4公里。——中译者

法国国王圣路易

些洞，一旦河水经过便会流进洞里，从而形成大的水坑。他们只需一天就使我们花费三个星期所做的一切化为乌有，因为我们原本计划阻止水流向我们，而他们则通过挖洞使流向他们的水流变大了。

萨拉森人推举一位酋长的儿子，一个名叫"色西丁"（Scecedin）① 的萨拉森人，替代了在霍姆斯城前因病死去的苏丹。据说，皇帝弗雷德里克曾授予他骑士身份。正是这位新苏丹命令一部分人突袭了我们驻扎在达米埃塔城边的军队，他们确实这样做了，并穿过了雷西河边的一座城市，名叫"沙梅萨"（Sharmesah）。圣诞节当天，② 我、我的骑士和皮埃尔·德·阿瓦隆（Pierre d'Avallon）一起吃饭。正吃着，套着马刺的萨拉森人加速冲进营地，杀死好几个在路上行走的穷人。我们去拿武装，回来找皮埃尔时却发现，他早已在营地外追击萨拉森人了。套上马刺后，我们赶紧追上他，把他解救出来，因为萨拉森人已把他打倒在地。随后，我们把他和他的弟弟勒瓦尔领主（seigneur du Val）带回营地。当警戒声一响，勇猛的精锐后卫部队——圣殿骑士团就赶来了。土耳其人一路骚扰，直到我们回到营地。这就是为何国王下令用沟渠把从达米埃塔一直到雷西河边的营地围起来。

第 42 章　击退萨拉森人的一次进攻

上文提及"色西丁"（土耳其人的首领），是最受人尊重的异教

---

① 这位"色西丁"和埃米尔法克儿-埃丁很可能是同一个人，是酋长萨达尔-埃丁（Sadr-eddin）的儿子。
② 1249 年 12 月 25 日。

徒。他曾服役于德皇①的军队，后来被授予骑士身份。他的旗帜上带有德皇军队的条纹状标识，其中一个条纹是德皇军队的标识，另一条是阿勒颇苏丹（soudan d'Alep）的标识，还有一条是巴比伦苏丹的标识。酋长的儿子"色西丁"，意为"老人的长子"。异教徒如此称呼他是认为他非常重要，因为他们尊崇最年长的人。这一做法始于他们发现，上帝会指责他们的卑鄙行径，直至他们变成老人。据国王的探子所报，英雄"色西丁"曾扬言会在圣塞巴斯蒂安节（saint Sébastien）在国王的营帐里吃饭。

获悉这些消息后，国王对军队做如下部署：他的弟弟——阿图瓦伯爵，负责警戒猫堡和保管武器；国王和安茹伯爵，即后来的西西里国王，负责监管巴比伦这一侧的营地，普瓦提埃伯爵和我们这些来自香槟的人则负责监管达米埃塔一侧的营地。然而，接下来却发生了这样的事情。上述土耳其人的君主派人经过流经达米埃塔和雷西的两条支流之间的一座岛，也就是我们驻扎的岛。接着，他命令军队排开，从这一条支流排到另一条支流。西西里国王发起进攻并击败了他们。他们中的许多人淹死在这两条支流里。尽管如此，仍有一大部分军队是我们不敢进攻的，因为萨拉森人的炮就部署在两河之间。就在西西里国王攻击土耳其人时，福雷伯爵居伊（comte Gui de Forez）骑马横穿土耳其人军队，被萨拉森人的骑兵打倒在地，这是一支由萨拉森人的执达吏组成的骑兵。伯爵的小腿被打断，后来被他的两名骑士用臂膀扛回去了。我们非常艰难地把深陷危险的西西里国王解救出来。因为这一天，西西里国王赢得了很好的名声。

土耳其人来攻击普瓦提埃伯爵和我们，我们追击他们很长一段时间，杀死他们中的一些人，回来时我们并无伤亡。

---

① 弗雷德里克二世（Frédéric Ⅱ）。

>> 法国国王圣路易

第 43 章　投向猫堡的希腊火硝

一天晚上，我们正在猫堡旁警戒，萨拉森人带了一个名叫"投石器"（pierrière）① 的器械，他们此前并没有使用过这种武器，现在却把希腊火硝放在里面。当时我和好骑士戈蒂埃·迪屈雷尔（Gautier du Cureil）在一起，他看到后对我们说："阁下，我们正处于有史以来最危险的境地，他们要烧毁猫堡，我们要是留下就会被烧死，但如果离开这里，又感到羞耻。由此，除了上帝，没人能把我们从这样的危险中解救出来。因此，我建议，每次他们开火，我们都跪下，手肘贴地，向耶稣基督祈祷，祈祷他把我们从危险中解救出来。"于是，他们一开火，我们就跪下，双肘贴地。他们投放的第一轮希腊火硝射到两个猫堡之间，落到我们面前的河堤上，那是我们修来渡河的河堤。负责灭火的人已做好准备。由于国王提前命人搭好营帐的两侧，萨拉森人没法直接向他们投射，只能对着天空开火，然后火直接落到了他们身上。希腊火硝的特点如下：它直接向你袭来，跟装有果汁的木桶一般大，在飞行过程中如同大大的长矛一样。它袭来时伴随非常大的声响，如同天空的雷鸣，就像天空中的飞龙。它发出的光如此强烈，以至于营地里的人能非常清楚地看到它，大量的希腊火硝所发出的巨大光亮，让人仿佛置身于白昼。那一晚，他们用希腊火硝进攻三次，用弩发射希腊火硝打到塔上四次。每一次，只要我们的圣徒国王听到

---

① 这种器械，顾名思义，通常是用来发射石头的器械。不过，萨拉森人却用它来发射希腊火硝。

他们发射希腊火硝，都会从床上起来，伸出手向上帝祈祷，哭着说："亲爱的上帝，请保护我的人！"我十分确信他的祈祷极大地帮助了我们。那天晚上，每当希腊火硝袭来，他都会派侍从去了解我们的处境，弄清楚希腊火硝对我们造成何种伤害。其中有一次，他们投射的希腊火硝打到了由库特奈（Gourtenay）大人的人负责警戒的猫堡附近，落到河水里。于是，有一位名叫奥比戈兹（Aubigoiz）的骑士跑来对我说："阁下，如果您不帮助我们，我们所有人都会被烧死，萨拉森人投射的火硝太多，就像是一个巨大的树篱袭来，要烧毁我们的猫堡。"我们赶紧奔跑过去，一看，发现他所言不虚。于是我们开始灭火，在把火熄灭之前，萨拉森人仍不断集中所有火力，跨过河流向我们投来希腊火硝。

第 44 章 猫堡被希腊火硝烧毁

国王的弟弟们带着弓弩手在猫堡的高处反击，向萨拉森人的营地发射角镞箭。当时，国王安排西西里国王白天在猫堡警戒，晚上则轮到我们当值。有一天，西西里国王白天当值，我们晚上当值，由于萨拉森人完全击毁了猫堡，我们的内心深受重创。那是激战的一天，他们用"投石器"（这是一种只能在晚上使用的武器）向猫堡投射希腊火硝。他们把器械带到离我们修筑河堤如此之近的地方，其发射的巨大石头落在路上，以至于没有人敢靠近猫堡。我们的两个猫堡被烧毁了。西西里国王已经失去理智，想要跳进去灭火。如果说西西里国王已被激怒，而我和我的骑士则赞美上帝，因为如果我们没在晚上当值，所有人都会被烧死。

获悉这一切后，国王派人把所有大贵族都召集起来，要求他们从船身抽出一些木材给他，拿去重新建猫堡，以阻断河流。他向大贵族们明确表明，已没有足够的木材拿来修建猫堡，除非从河流上游那些运送我们行李的船上抽一些出来。大贵族们把能给的木材都给了国王。当猫堡建立后，这些木材价值1万利弗尔，甚至更多。

国王同时也决定，不要推进河堤附近的猫堡（的建设），直到西西里国王负责警戒的那天，目的是修复那些在他警戒期间被烧毁的猫堡。人们听从国王的安排，按计划行事。轮到西西里国王警戒时，他命人推进猫堡的建设，位置就在原来两个被烧毁的猫堡那里。萨拉森人看到以后，把16台"投石器"对准河堤发射，那里是猫堡的所建之处。萨拉森人看到我们因为"投石器"抛出的石头砸到河堤上，也就是猫堡的所建之处，而不敢前往，于是投石头、发射希腊火硝到那里，并将之烧毁。上帝给了我和我的骑士非常大的仁慈：因为那天晚上我们在巨大的危险处境中警戒，如同上文所述的那个危险的夜晚一样。

第 45 章　涉水过河；阿图瓦伯爵去世

看到这一切后，国王召集所有大贵族商议。所有人一致认为，没有人能修一条可以通到萨拉森人那边的河堤，我们无法把水流真正堵住，因为萨拉森人会在另一侧疏通。于是，王室总管安贝尔·德·博热对国王说，一个贝都因人曾告诉他有一个可涉水过河的地方，但要给他 500 个金币。* 国王说可以给钱，但他要兑现承诺。安贝尔·德·博热大人向贝都因人传达了国王的意思，但贝都因人却说，在没拿到所有钱之前不会告诉我们可涉水过河的地方。于是双方达成协议，我们给他钱，然后他把消息告诉我们。

国王决定让勃艮第公爵和那些海外有钱人负责保护营地，而他和三位弟弟则到贝都因人所说的地方去。这一计划在封斋前的星期二①当天就做好了准备，也就是在那天，我们到达贝都因人所说的地方。天刚拂晓，我们全副武装后准备渡河，马泅水而过。直抵河中央，我们才探测到河底，马蹄接触到河底。同时，我们也发现岸边至少有 300 多个骑马的萨拉森人。于是，我对我的人说："各位先生，只需要盯着你们的左边，每一个人都注意那个方向。河堤是湿的，马已经把人踩在脚下，人被淹死了。"确实，很多人在渡河时淹死了。让·德·奥尔良（Jean d'Orléans）大人就被淹死了，他是举旗帜的。于是，我们改变方向，逆着河流的方向行军，找到了一条没有水流的路可通行。感激上帝，所有人安全渡河，无一人落水。当我们一上岸土耳其人就逃跑了。

根据国王的安排，圣殿骑士团是先锋部队，紧随其后的第二梯队是阿图瓦伯爵的军队。但是，却发生了这样的事情，阿图瓦伯爵一过河就和他的人追击正在逃跑的土耳其人。圣殿骑士团的骑士控诉阿图瓦伯爵对他们的严重羞辱，因为他应该跟在他们后面而不是冲在他们前面。圣殿骑士团的骑士纷纷冲阿图瓦伯爵喊，要求走在伯爵军队的前面，就像国王安排的那样。然而，阿图瓦伯爵不敢回答，因为福考·德·梅尔勒（Foucaud du Merle）阁下当时就在旁边为伯爵拿着

---

* 应是拜占庭金币。——中译者
① 1250 年 2 月 8 日。

马衔，阿图瓦伯爵是一位非常出色的骑士，但完全听不懂圣殿骑士团说的话，因为他耳聋了，所以一直在大声喊："追他们！追他们！"圣殿骑士团的骑士看到之后，觉得如果让阿图瓦伯爵跑在他们前面是种耻辱，于是套上马刺，速度越来越快，人也越来越多，策马狂追正在前面逃跑的土耳其人，穿过一座名叫曼苏拉的城市，一直追到巴比伦城附近。当他们想向后撤退时，土耳其人把横梁和树木扔到马路上，使马路变得非常狭窄。正是在马路上，阿图瓦伯爵、拉乌尔·德·库西大人以及大约300名骑士被杀。他们告诉我，同时丧生的圣殿骑士团成员有242人，且全是骑士。

第 46 章　受伤的儒安维尔被萨拉森人阻击，在安茹伯爵帮助下被释放

我和我的骑士决定去追击一些土耳其人，他们正在其营地里装载货物，位置就在我们的左手边。当我们追到他们的营地时，看到一个萨拉森人在上马，一名骑士正拿着他的马衔。就在他双手按着马鞍上马时，我用长矛刺向他的腋窝，将他掀翻致死。他的骑士看到这一幕后，离开主人和马，在我经过的时候用长矛打到我两肩之间，把我打趴在我的马脖子上。他紧紧地抓住我使我无法拔出腰间的剑，而我必须拔出系在马上的剑。当他看到我拔出剑便收回长矛，离我而去。

当我和我的骑士来到萨拉森人营地的外面时，发现他们至少有6000名土耳其人，我们估计他们离开帐篷找地方隐藏起来了。他们看到我们就来追击，杀死了于格·德·特里夏特尔（Hugues de Trichâtel）大人，以及当时和我一起举旗的康弗兰斯领主（seigneur de Conflans）。我和我的骑士套上马刺，去解救和我在一起的、被打倒在地上的拉乌尔·德·瓦努（Raoul de Wanou）大人。正当我要回去解救他的时候，土耳其人用长矛刺向我，我的马在重压之下跪倒在地上，而我则从马的耳朵上方掉了下去。我重新站起来，把盾牌举到脖子的位置，手拿着剑。一旁的埃拉尔·德·西弗雷（Érard de Siverey）（上帝会宽恕的人！）来找我说，我们应该撤退到旁边一所被毁的房子附近，等待国王的到来。我们撤退的时候，有的人徒步，有的人骑马，而土耳其人的大部队人马袭来，他们把我打翻到地上，压制我，并打飞我的盾牌。他们走了以后，埃拉尔·德·西弗雷大人来找我并带我撤退。就这样，我们撤退到那所被毁掉的房子的墙边。于格·德·埃斯科兹（Hugues d'Escoz）大人、弗雷德里克·德·卢佩（Frederic de Loupe）大人和雷诺·德·默农库尔（Renaud de Menoncourt）大人也撤退回来，与我们重聚。就是在这里，土耳其人全面进攻，他们中的一部分人还进入到了这座被毁的房子里，用长矛从上向下刺向我们。我的骑士让我捉住马衔。我抓住了，因为害怕马匹会跑掉。他们对土耳其人进行了强有力的反击，以至于军队里的所有贤人、那些目睹这一切的或者听说这一切的人，都对他们赞不绝口。于格·德·埃斯科兹大人就是在那里受伤的，他的脸被长矛刺中了三回。拉乌尔大人和弗雷德里克·德·卢佩大人的肩部被刺中一回，伤口大到血液从他的身体喷涌而出，如同从木桶的桶孔流出一般。埃拉尔·德·西弗雷大人的脸被砍了一剑，他的鼻子由此掉落到唇边。于是，我想起了圣雅各，并向他祈祷，说："美好的圣雅各，我祈求您帮助我，把我从这困境中解救出来。"我一祈祷完，埃拉尔·德·西弗雷大人就对我说："阁下，如果您认为我和我的继承人都不会遭受谴责的话，我就去安茹伯爵那里寻求帮助，我看到他就在那边的田地里。"我回复他说："埃拉尔大人，如果您为了营救我们而去搬救兵的话，您会因此赢得荣誉，因为您把自己的生命置于危险当中。"我所言不虚，他因此受伤去世。他问了在场的骑士，所有人都赞同我给他提的建议。他听完后，请求我松开他的马衔，我当时正抓着他的马衔以及其他马匹的马衔，于是我松开了。他去找安茹伯爵，请求他解救我和我的骑士。有一位富人当时与安茹伯爵在一起，他劝阻伯爵，不过伯爵回复说会按我的骑士的请求去做：他调转方向，策马来帮助我们，他的好几位执达吏也套上了马刺。萨拉森人一看到他们就抛下我们跑了。在这些执达吏到达之前，皮埃尔·德·欧贝里沃（Pierre d'Auberive）大人已经到了，手握着剑。他们看到萨拉森人已经离开，皮埃尔·德·欧贝里沃便去追赶萨拉森人的大部队，他们找到了拉乌尔·德·瓦努大人，他被救下时已伤痕累累。

第47章 国王的军队进攻萨拉森人

当我受伤并同我的骑士走在路上时，如上所述，国王带着他的军队来了，他们的叫喊声非常响亮，号角声和鼓声震天。国王停在河堤的小路上。我从未见过如此威风的骑士：他显得比所有人都高大，肩膀以上的部位都超过其他人，头戴镀金的柱形尖顶头盔，手执一把日耳曼人风格的剑。国王就停在那里，他的那些好骑士（上文提过的）带着国王军队里的一些英勇骑士，冲向土耳其人。您要知道，这是一场非凡的战争，无人配备弓箭或弩。这是一场混战，土耳其人和我们的人拿着大铁锤和剑厮杀。我的一个侍从拿着我的旗帜走了，过一会又回来，把我平时骑的一匹马牵来给我，随后朝国王方向走去，与他们并肩作战。就在这时，贤人让·德·瓦莱里大人来找国王，建议国王去河的右岸，这样我们就可以得到勃艮第公爵以及那些留下来保卫巡视营地的部队的帮助了，同时也可以让他的士兵喝点水，因为天气炎热。国王命令他的执达吏去把伴随其左右的顾问——好骑士们请来，一一提及这些好骑士的名字。执达吏在混战中去寻找这些骑士，他们当时正在与土耳其人大战。这些骑士回到国王身边时，国王向他们咨询建议。他们说让·德·瓦莱里大人的建议非常好，于是国王下令把圣－德尼的旌旗和那些军旗都拿到河的右岸。当国王的军队开拨时，萨拉森人的喇叭和号角重新发出了巨大声响。当国王收到其弟弟普瓦提埃伯爵、佛兰德尔伯爵以及其他富人的消息时，几乎无法行军，他们都在自己的部队里，请求国王不要转移，因为他们正与土耳其人恶战，所以无法随行。国王再次召集贤人骑士给他意见，所有人都建议等待。一会之后，让·德·瓦莱里大人再次回来，指责国王和他的顾问建议中断行军。随后，国王的所有顾问才按让·德·瓦莱里先前的建议，向河右岸转移。就在那时，王室总管安贝尔·德·博热大人来找国王，对国王说，国王的弟弟阿图瓦伯爵正在曼苏拉的一间房子里抵抗，他应该去营救。国王对他说："总管，带路，我跟您走。"我对总管说我可以做他的骑士，为此他十分感激我。我们抄小路前往曼苏拉。随后，一个拿着大铁锤的执达吏非常惊慌地来找总管，告诉他因为土耳其人横亘在国王和我们之间，国王的行程被迫中断。我们掉头，看到土耳其人超过千人，而我们只有 6 个人。于是我对总管说："阁下，我们无法穿过这些敌人去到国王身边，不过，我们可以到河流的上游去，让眼前的这条溪流把我们和敌人隔开，这样我们就可以回到国王那里。"总管接受我的建议，他明白如果土耳其人察觉到我们的存在，会把我们所有人都杀掉。不过，他们只能想到国王以及其他的大部队，这是因为他们以为我们当时已经在大部队里面了。

> 法国国王圣路易

第48章 河上的基督徒；儒安维尔在桥上防守；布列塔尼伯爵从曼苏拉撤退

当我们沿着河流的下游返回，进入溪流与河流之间时，看到国王已到达河流附近。土耳其人用大铁锤和剑进攻，把国王的一部分人马逼退到河边，沿着河边攻击国王的另一部分军队。我们惨败，以至于一些人开始想要游到勃艮第公爵那边，但他们无法做到，因为马匹已经疲倦不堪，再加上天气炎热。因此，当我们从下游返回的时候，看到河里到处是长矛和盾牌，以及溺亡的人和马。我们来到溪流上的一座桥，告诉总管，我们应该留在那里保卫桥，"因为如果走了，土耳其人就可以从桥这边进攻国王。背腹受敌的情况下，我们很有可能被打败"。于是，我们留下。人们告诉我，如果不是因为国王个人的英勇行为，我们所有人应该会在那天死掉。因为库特奈领主和让·德·赛莱奈（Jean de Saillenay）大人告诉我，有六个土耳其人抓住国王的马衔并控制了他，而国王全凭自己不断挥剑自救。当国王的人看到他本人是如何抵抗时，备受振奋，放弃渡河，掉头奔向国王去帮助他。

布列塔尼伯爵皮埃尔直奔我们而来，他是直接从曼苏拉来的，脸被剑砍伤了，血流到了他的嘴里。他骑着一匹强壮的矮马，扔掉了缰绳，双手抓住马鞍，生怕后面催促他的人不让其过桥一样。很显然，他看不起土耳其人，因为当他吐掉嘴里的血时，说："上帝，您看！您见过这样的随军仆役（乌合之众）吗？"在他军队的末尾，走来的是苏瓦松伯爵（comte de Soissons）和被称为"卡耶尔"（Caier）的皮埃尔·德·纳维尔（Pierre de Neuville）大人，他们在这一天遭受了很多攻击。他们过桥时，土耳其人看到我们正面对着他们守桥，便不再敢追击他们了。我看到苏瓦松伯爵，我娶了他的嫡系堂妹为妻，对他说："阁下，如果您留下来保卫这座桥，我会认为您是非常好的人。因为如果我们抛弃这座桥，您眼前看到的这些土耳其人就会冲过来过桥，这样，国王就会腹背受敌。"他问我如来他留下来的话，我是否也会留下来。我回答他说："会，我十分乐意留下。"总管听到我们的对话，对我说，在他给我们寻求援助回来之前，我不可以离开。

第 49 章　儒安维尔被萨拉森人攻击，但仍坚守桥上

于是，我便留下，骑着马，与我一同留下的有苏瓦松伯爵和皮埃尔·德·纳维尔大人，前者在我右边，后者在我左边。就在这时，一个土耳其人，来自我们身后的国王战场，用大铁锤从后面给了皮埃尔·德·纳维尔大人重重一击，把他打倒在马脖子上，随后快速离开，回到其同伴的队伍中。当土耳其人看到我们保卫这座桥后便跨过溪流，就像我们曾经在下游所做的那样，在溪流和河流之间占领了一个位置。于是，我们向他们的方向移动，做好了随时追击他们的准备，如果他们想要追击国王或者想要过桥的话。

我们的前面是国王的两个执达吏，一个叫纪尧姆·德·布恩（Guillaume de Boon），另一个叫让·德·加马什（Jean de Gamaches），正与溪流和河流之间的土耳其人对抗。土耳其人召集所有的农民充当

步兵，向他们抛射泥块，一直投到我们（的位置）才停止。最后，他们带来了一个农民步兵，向执达吏投射了三回希腊火硝。有一次，（幸运的是）纪尧姆·德·布恩的盾牌被装有希腊火硝的壶砸中，因为如果这些希腊火硝投到他身上，他就会被烧死。那些没射中执达吏的箭矢，射到我们所有人身上。不过，我从一个萨拉森人那里得到了一件由废麻填充的短外套，① 把它裂开的那一面翻过来盖在身上，当做一个盾牌，它很好地保护了我，我只受到五处箭伤，而我的马则被伤到十五处。也就在那个时候，来自我的家乡儒安维尔的一个农民给我带来了旗子和一把铁制长矛。每次看到土耳其人紧逼执达吏时，我们都会发起追击，然后他们就逃跑了。

苏瓦松的好伯爵当时和我们在一起，他和我开玩笑说："邑督，别管这些混蛋，因为上帝的头巾（这是他说的渎神的话），我们仍能在妇女房间里谈论今天发生的事情。"

第 50 章　儒安维尔和国王会合；萨拉森人被打败；他们的营地遭到贝都因人的洗劫

傍晚，太阳下山，总管带来了国王的弓弩步兵，在我们的前面列阵。萨拉森人看到我们把脚放在弓弩手的马镫上后，② 就跑了。于是，总管对我说："邑督，现在好了，您去找国王，不要再离开他直至他

---

① "有填充物的短外套"是对"gamboison"一词的翻译，此处和下文均有出现。
② 有些弓弩手配有一个用脚帮助拉紧弓弩的马镫。

74

去帐篷里休息。"我一到国王身边,让·德·瓦莱里大人就来找国王说:"陛下,沙蒂永大人(monseigneur de Châtillon)请求您把后卫部队调给我们。"国王爽快地答应了,立即上路。在行军过程中,我让他脱下柱形尖顶头盔,把我的铁帽给了他,这样他就可以喘口气。这时,已经过河的修士亨利·德·罗奈(Henri de Ronnay)来找国王,他亲吻了国王穿着盔甲的手。国王问他是否知道有关其弟弟阿图瓦伯爵的消息,他回答道,他非常清楚,并确信国王的弟弟已经在天堂里了。他说:"啊,陛下,您要感到欣慰,因为从未有哪个法兰西国王能得到如此大的荣耀,但您得到了——为了与敌人作战,您游过一条溪流,打败他们,把他们从战争的营地里赶跑,缴获他们的武器,占领他们的营帐并在那里休息。"国王回复说,他崇拜上帝是因为上帝给他的礼物,说着泪水夺眶而出。

到达营地时,我们发现萨拉森人的步兵占领着营帐的一边,且放松了警惕,而我们的人则占领另一边。圣殿骑士团的统帅和我一起追击萨拉森人,他们跑了,于是我们就占领了整个营帐。

在这次战役中,确实有许多人过桥时惊慌逃窜,令人感到羞耻。我们没有办法让他们留下来一起(守桥),我非常清楚他们的名字但不能说出来,因为他们已经死了。

不过,我不得不提居永·德·莫瓦桑大人(Guyon de Mauvoisin),因为他是非常光荣地从曼苏拉来的。所有道路的开辟是由王室总管和我完成的,他负责下游。土耳其人使用进攻布列塔尼伯爵及其军队的方式,进攻居永·德·莫瓦桑大人及其军队,居永·德·莫瓦桑大人和他的军队获得了巨大荣誉。不过,他和他的人在这一天中的杰出表现并不能算是奇迹,因为有人(清楚知道他的部署的人)告诉我说,他的整支军队或者说绝大多数成员来自其家族谱系,以及效忠于他的

110

骑士的家族谱系。

当打败土耳其人并把他们赶出营帐时,我们没有人留在营地里,一大批贝都因人突然来袭。他们把萨拉森人的营帐洗劫一空,什么也没留下。我以前从未听说过贝都因人,他们臣属于萨拉森人,因为抢劫、偷盗、欺凌弱小,通常被认为是更糟糕的人群。

第 51 章　贝都因人

因为贝都因人与我叙述的故事有关,所以有必要告诉您一些他们的事情。他们不相信穆罕默德(Mahomet),而是相信阿里(Ali)的法律,阿里是穆罕默德的叔叔。[1] 他们还相信山中老人,[2] 山中老人培育杀手。杀手们相信,当一个人为了他的主人或一些美好愿望而死,死后灵魂就会进入一个比原来更好、更幸福的躯体里。正是出于这个原因,他们在执行山中老人的命令时一点也不害怕死亡。我们不谈山中老人,[3] 现在回到贝都因人身上。

贝都因人既不住在农村,也不住在城市和城堡里,而是总睡在田野里。每天傍晚,或者天气不好的白天,他们会和妻子、孩子一块搭

---

[1] 阿里不是穆罕默德的叔叔,是穆罕默德的堂弟和女婿。那些认为阿里和有阿里血脉的伊玛目拥有哈里发的合法继承权的人,由于追随德加法尔(Djafar)的儿子伊斯玛依(Ismaël)而被称为伊斯玛依派(Ismaéliens)。伊斯玛依派又分为很多宗派,包括叙利亚的伊斯玛依派和阿萨辛派(Assassins)。

[2] 山中老人是叙利亚的伊斯玛依派的领袖,定居在阿剌模忒堡(Alamout)。阿萨辛派是其臣民的名字,是从"Haschisch"这个单词衍生出来的,意为大麻,是东方人(Orientaux)用来使自己兴奋的一种物质。

[3] 下文会讲述这一内容,可参阅第 89 章和第 90 章。

建晚上休憩的家——把圆桶捆起来，把竹竿绑在圆桶上，像妇女乘坐的四轮畜力车那样。在桶上面，他们会铺上一种被我们称为"大马士革皮肤"的羊皮，准备好明矾。贝都因人有很多皮革，当晚上下雨或者夜间天气不好时，他们就会脱掉马衔，让马匹在旁边吃草，用皮革把身体裹得严严实实，小腿和脚都被包裹住。到了早上，他们就会把皮革摊开晒太阳，并给它上明矾，随后就没有什么要做的了。到了晚上，明矾就会浸湿皮革。他们相信，没有人会在命数将尽之前死去，所以不愿意穿盔甲。当他们责备孩子时会说："如果像法兰克人（Franc）那样因为怕死而穿盔甲的话，你应该被诅咒。"① 在战场上，除了剑和长矛，他们什么也不拿。他们几乎所有人都像教士那样穿宽袖白色衣袍，用布把头包裹起来，布的长度一直到下巴位置。他们的头发和胡子很黑，看起来非常丑。他们从富人牧场所在的平原购买他们牲畜的放牧权，靠饮用牲畜的奶维生。

要估算贝都因人的人数是不可能的，因为他们的足迹遍布埃及王国、耶路撒冷王国以及其他所有萨拉森人和不信教者的国家。他们每年都会向这些国家的统治者进贡。

当我从海外回到家乡后，发现法兰西有些不忠诚的基督徒已经接纳了贝都因人的信仰。他们说任何人只有命数已尽才会死，信仰非常不虔诚，相当于在说上帝无力帮助我们。如果只相信上帝有能力延长寿命，使我们免遭受疾病和意外，那么，那些为上帝服务的人肯定是疯了。我们应该相信上帝不仅具备以上能力，也要相信他是全能的。

---

① 参阅第90章。

> 法国国王圣路易

第 52 章　营地在夜间被偷袭；儒安维尔的神父打跑了八名萨拉森人

现在，回到上文提到的，在国王和我们都参与危险战争的那天晚上，我们把敌人赶跑后就地安营扎寨。我们离开后，留守原来营地的我的那些人，带来了一顶由圣殿骑士团赠予我的帐篷，把它搭建在被我们缴获的萨拉森人的器械前面。国王安排执达吏负责看守。因为白天受伤，我非常需要卧床休息，但却无法如愿。我躺在床上睡觉时，天还没完全亮，就听到有人在营地里喊："拿起武器！拿起武器！"我喊醒了睡在床前的侍从，让他去看看究竟发生了何事。他飞速跑回对我说："主人，现在知道了！现在知道了！萨拉森人来了，有骑兵也有步兵。他们正攻击看守器械的国王的执达吏，把执达吏逼退到我们营帐的绳子那里了。"我起床后穿上一件有填充物的短外套，带上铁帽，对着我的执达吏喊："因为圣尼古拉（saint Nicolas），他们不能在这里停留！"我的骑士遍体鳞伤，但仍前来与我一起击退了没有武器的萨拉森人的执达吏，直到一群土耳其骑兵出现，他们全力向我们缴获的器械所在地进攻。不论是我还是我的骑士都没有能力穿上锁子甲，因为身体已伤痕累累，于是我向国王请求援助。国王派来了戈蒂埃·德·沙蒂永，他就在前面，在土耳其人和我们之间。

萨拉森人的执达吏（步兵）被沙蒂永领主击退后，撤退回到土耳其人的骑兵大部队里，这些骑兵部署在我们的营地前，以阻止我们发现在其身后安营扎寨的萨拉森人的军队。土耳其骑兵的八位长官下马，全副武装，让人用易切石修筑了一座防御工事，以防止我们的弓弩伤害到他们。这八位长官胡乱射箭到我们的营地，使我们好几个人和我们的马受伤。我和我的骑士共同商议后决定，晚上去把他们用来修筑防御工事的易切石拿走。我的一位神父，名叫让·德·瓦塞（Jean de Voysset），不同意这一决定，也不想再等待，只身一人离开营地，向萨拉森人走去。他身穿有填充物的短外套，头带铁帽，为不让萨拉森人发现，将一把长矛夹在腋下（矛的铁枪垂下）。靠近时，萨拉森人因他独自一人而蔑视他，而他则用腋下的长矛追击萨拉森人，这八个人没有任何抵抗能力，拼命逃跑。当萨拉森人的骑兵看到长官拼命逃跑，便赶紧套上马刺前去营救。同时，至少有50名执达吏从我们的营地冲出去。套上马刺的萨拉森人不敢与我们的步兵开战，而是躲开他们。这样的情况出现了两三次，我们的一个执达吏手执长矛的中间，刺向一个土耳其骑兵，刺中了他的肋骨。土耳其人见状，不敢再往前，而是退了回去。于是，我们的执达吏把易切石搬回来了。从此以后，我的神父在营地里广为人知，人们都在传颂他的事迹，说："正是儒安维尔的神父击溃了八个萨拉森人。"

第53章　萨拉森人准备全面进攻我们的营地

以下事情发生在封斋期的第一天，① 就在这一天，一个胆大的萨拉森人被拥护为新首领，取代了色西丁。色西丁是酋长的儿子，在封

---

① 1250年2月9日。

斋前的星期二*的一场战争中丧命。这位新首领在阿图瓦伯爵战死沙场后，拿着阿图瓦伯爵的锁子甲对全体萨拉森人说，那是法兰西国王的锁子甲，法兰西的国王被杀死了。他说："我之所以向你们展示这些，是因为没有头的身体是不会令人感到害怕的，一个民族不能没有国王（国不可一日无君）。所以，如果你们同意，星期六或星期五我们就攻打他们。我认为，你们应该同意这一决定，我们不应该错过把他们所有人杀死的机会，因为他们已经失去自己的国王。"最终，他们所有人都同意在星期五对我们发起猛攻。

从萨拉森人营地回来的密探向国王汇报了此事。于是，国王下令，要求所有统帅命令军队从午夜开始武装，离开营帐到围栏处（用于防御的围绕物）。围栏可以阻止萨拉森人冲进营地，是用长长的木头建成的，被固定在土地上，我们可以步行穿梭其中。国王的命令得到执行。

就在日出之时，上述提及的被萨拉森人推选出的新首领带领至少4000名骑兵向我们袭来。他们列阵，在从流经巴比伦的那条支流和流经我们营地然后奔向雷西这个城市的另一条支流之间，把我们的营地团团包围。随后，他们又带来了一支步兵大部队，如骑兵那样，继续包围我们。为了协助这两个包围圈，以备不时之需，他们把巴比伦苏丹的所有部队都调来了。等完成这些事情之后，他们的首领骑着一匹未经阉割的小马，勘察我们的营地布局。在看到我们军营的实力一个比一个强大后，他继续增派人马，加强兵力，与我们对峙。随后，他派人去两条支流之间的贝都因人那里，贝都因人至少有3000人。之所以这样做，是因为他相信国王应该会派遣一部分人去帮助勃艮第公爵抵抗贝都因人，这样一来，国王军队的势力会比较薄弱。

---

* 即狂欢节的最后一天。——中译者

第二部分

第 54 章　封斋期的第一个星期五[①]之战

直至中午，萨拉森人的首领才完成这些部署，随后，让人击鼓[②]，他的步兵和骑兵开始攻击我们。首先，我要告诉您的是有关西西里国王（当时还是安茹伯爵）的事情，他当时属于巴比伦支流那边的先头部队。萨拉森人以玩国际象棋那样的方式攻击他，先派步兵使用希腊火硝进攻，接着骑兵和步兵同时推进，打败了西西里国王。西西里国王当时就站在他的骑士中间。我们的人来找国王（圣路易）并告知其弟弟正处于危险当中。听到这一消息后，国王套上马刺，穿过其弟弟的军队，握着剑，奔向土耳其人。土耳其人投射的希腊火硝落到了他的马臀上。由于国王行动及时，解救了西西里国王及其军队，随后，他们把土耳其人逐出了营地。

在西西里国王军队后面的是海外的贵族军队，由居伊·德·伊贝林（Gui d'Ibelin）大人及他的弟弟博杜安大人担任统帅。他们后面则是戈蒂埃·德·沙蒂永大人的军队，这支军队里有非常多的贤人和好骑士。两支军队的防御力量非常强大，土耳其人既无法突围，也不能把他们击退。

在戈蒂埃·德·沙蒂永大人的军队之后是圣殿骑士团的统帅，即修士纪尧姆·德·索纳克（Guillaume de Sonnac），以及在星期二战争中留下来的极少教士。纪尧姆·德·索纳克命人正面修建防御工事，

120

---

① 1250 年 2 月 11 日。
② 一种名叫"纳卡里安"（nacaires）的鼓。

81

使用的正是我们此前缴获的那些萨拉森人的器械。萨拉森人看到他的猛攻后，就开始向修士纪尧姆·德·索纳克此前命人建好的防御工事投射希腊火硝，由于圣殿骑士团让人在那里放置了冷杉木制成的木板，火很容易就烧起来了。您要知道，土耳其人不会等火全部烧完，而是在火烧得正旺时就去追击圣殿骑士团。在这场战役中，圣殿骑士团的首领失去一只眼睛，他的另一只眼睛是在封斋前的星期二失去的，最后，他死了，上帝赦免了他。在圣殿骑士团之后，有块地方，大小相当于一个劳动者一天耕作的面积，那里遍布萨拉森人射的箭矢，数量多到找不到一点空隙。

121　　在圣殿骑士团之后是居永·德·莫瓦桑大人的军队，这是一支萨拉森人从未战胜过的军队。即便如此，每次萨拉森人用希腊火硝攻击他，他的军队都非常困难才把火扑灭。

第 55 章　此战后续

　　把我们的营地封起来的围栏，从居永·德·莫瓦桑大人的军队的位置到河流，等同于抛掷一个一般大小的石头的距离。围栏也就是从那里开始，经过佛兰德尔伯爵纪尧姆（comte Guillaume de Flandre）的营地前面，一直延伸到一条汇入大海的河流。与居永·德·莫瓦桑大人的防线相对的是我们的军队，因为佛兰德尔伯爵纪尧姆的军队正对着萨拉森人，萨拉森人不敢前来攻打我们，上帝确实在这给了我们巨大的恩典。因为我和我的骑士在封斋前的星期二的战争中受了重伤，既无法穿锁子甲也无法执剑。

　　萨拉森人出动了步兵和骑兵，非常猛烈地攻击佛兰德尔伯爵。看到这一情形，我下令弓弩手向萨拉森人的骑兵发起进攻。萨拉森人的骑兵受到重挫，便逃跑了。佛兰德尔伯爵的人看到萨拉森人逃跑，便冲出营地，跨过围栏，发起进攻，最后击溃了他们。一些萨拉森人被杀，盾牌也被缴获。阿普勒蒙（Apremont）大人的旗手戈蒂埃·德·拉奥尔涅（Gautier de la Horgne）在这次战争中很好地展现了自己（的能力）。

在佛兰德尔伯爵后面的是国王的弟弟普瓦提埃伯爵的军队，这是一支步兵部队，只有伯爵一人骑马。这支部队被萨拉森人彻底击垮，伯爵被俘。当屠夫、营地里的人以及出售食物的妇女看到这一幕后，便敲响了营地里的警钟。于是，在上帝的帮助下，伯爵获救，土耳其人被赶出了营地。

在普瓦提埃伯爵军队后面的是若斯朗·德·布朗雄（Josserand de Brancion）大人，他与伯爵一起来到埃及，是军队里最好的骑士之一。若斯朗·德·布朗雄下令要求所有骑士步行，而他自己骑马。他也让他的儿子亨利（Henri）和若斯朗·德·南顿（Josserand de Nanton）的儿子骑马，因为他们还是孩子。每次看到土耳其人发起进攻，若斯朗·德·布朗雄就套上马刺追击土耳其人。如此，土耳其人好几次扔下其他人不管，转而去追他。如果不是勃艮第公爵营地里的亨利·德·科恩（Henri de Cône）大人，一位睿智、勇敢和思虑周全的骑士，每次看到土耳其人攻击布朗雄大人时，让国王的弓弩手跨河射击土耳其人，谁也无法阻止土耳其人要在营地里杀死所有人。然而就在这一天，布朗雄大人逃离了危险，但他带来的20名骑士里有12名牺牲了，此外还有其他士兵丧命。布朗雄大人也生了重病，再也无法站起来，最终因此去世，为服务上帝。

我要告诉你关于若斯朗·德·布朗雄大人的事情。他生前参与了36场战役，这些战役为他挣得了勇士荣誉。我在沙隆伯爵的一场战役中见过他，他是沙隆伯爵的堂兄弟。耶稣受难日那天，他来跟我和我的弟弟说："我的外甥，阿勒曼人进入到教堂里了，请你们和你们的人来帮我。"我们和他一起，手执剑，攻打阿勒曼人。这是一场激烈的战斗，我们非常努力才将他们赶出教堂。随后，一位贤人跪在祭坛前，高声向上帝祈祷，说："主，我祈求你可怜我，我长期生活在基督徒之间的斗争中，请把我解救出来吧，让我为你而死，这样我就可以进入您的天堂王国。"我之所以告诉您这些事情，是因为我相信上帝允诺了他，正如前文所述。

在封斋期第一个星期五的战争之后，国王召集所有贵族，对他们说："我们应该感恩上帝，因为他在这一星期里给了我们两次机会取得这样的荣誉，一是封斋期之前的星期二那天，我们把所有萨拉森人都赶跑后原地驻扎下来；紧接着在星期五，我们击退了他们，并且我们是步行，他们是骑马。"国王还讲了许多其他的事情，目的就是振奋贵族们。

第56章　苏丹的守卫士兵或警卫队

为更好地讲述我们的故事，需要增加一些关于苏丹是如何治军和领军的内容。他们是这样做的：最重要的骑兵部队是由萨拉森人从外国商人那里买来的外国人构成的。他们非常愿意出高价购买被商人从东方（Orient）带到埃及的外国人。东方的国王征服一个地方后，会把所征服地区的贫苦人卖给商人。然后商人再把他们带到埃及卖掉。

事情是这样安排的。苏丹会在宫廷里抚养买来的外国小孩，直到他们长出胡子。根据年龄，苏丹会让他们自己用刀制作弓箭。一旦他们变得强壮，就会把弓箭放到苏丹的军工厂里。炮兵长官会给他们一把与之力气相当的、可以拉动的弓箭。苏丹佩戴的纹章是金制的，和这些年轻人的纹章是一样的，这些年轻人被称为"巴哈里"（bahariz）。①

长出胡子后，苏丹就让他们成为骑士。他们佩戴与苏丹一样的纹章，只是镀金的图记有所不同②——玫瑰花、带状的或者鸟类等等图记，他们可以选择自己喜欢的图记。这群人被称为"哈尔卡"（Halca），③ 因为"巴哈里"睡在苏丹的帐篷里。苏丹在营地的时候，"哈尔卡"就住在周围，以保护苏丹的人身安全。苏丹住所的入口处会有一个小帐篷，里面住着的是苏丹的门卫和乐手，他们有萨拉森人的号角、战鼓和定音鼓。在日出和日落的那一瞬间，他们就会制造一种声音，这声音太大使附近的人听不见彼此的声音，而营地里的人却能听得清清楚楚。这些乐手白天并不能随意敲响乐器，除非"哈尔卡"下令。由此，当苏丹想要发布命令时，会派遣"哈尔卡"去传达。"哈尔卡"让乐手敲响乐器，于是全军就会前来听苏丹发号施令。"哈尔卡"宣读苏丹的命令，然后全军执行。

战时，苏丹会提拔那些在战斗中表现优秀的"哈尔卡"骑士为埃米尔，通常会给他们 200 或 300 名骑士，表现得越好，给的骑士就越多。

骑士的财富受限，一旦英勇和富有到无法用言语形容时，苏丹会担心自己被杀死或遭到叛变，就派人逮捕他们，杀死在牢里，夺走他

---

① 即沿海的，源自"bahr"这个词汇，意为大海或河流。他们沿着尼罗河驻扎兵营，在开罗正对面的劳德（Raud）岛上。
② 这里的不同主要指在纹章上添加的那些次要元素。
③ 阿拉伯词汇，意为行政管辖区（cercle），衍生意为守卫（garde）。

们的妻子所拥有的一切。苏丹就是这样对待那些俘虏了蒙福尔伯爵和巴尔伯爵（comte de Bar）①的人，邦多克达（Bondocdar）也是这样对待那些打败了亚美尼亚国王②的人。当苏丹在野外狩猎时，他们以为会得到奖赏就下马走到苏丹面前，向其致敬，苏丹回应道："我不需要向你们致敬"，理由是他们打断了他的狩猎。于是，苏丹就砍下了他们的头。

第57章　埃米尔们反对新苏丹的阴谋③

现在回到我们的故事上，前面提到的那位去世的苏丹有一个25岁的儿子。他聪明、奸诈、思想邪恶。苏丹生前害怕被儿子取代，于是就把一个东方王国交给他治理。苏丹一死，埃米尔们就派人找到苏丹的儿子。而苏丹的儿子一来到埃及，就剥夺了其父亲宫廷总管、陆军统帅和元帅的金权杖，④给了那些陪他从东方到埃及的人。被夺权的人面对这样的遭遇，勃然大怒。那些曾担任苏丹顾问的人也遭到了羞辱，同样十分气愤。由于害怕新苏丹会像他的祖辈那样对待功高的人（如曾俘虏巴尔伯爵和蒙福尔伯爵而建立功绩的那些人），如上所述，他们和"哈尔卡"（地位更高的一群人，负责监管苏丹的军队）商议，并达成协议：后者答应前者的

---

① 1239年，蒙福尔伯爵和巴尔伯爵在加沙的一场战役中被俘。他们离开了由纳瓦尔国王蒂博一世（Thibaut Ⅰ）率领的十字军战争。
② 这场战争很可能就是1265年埃及苏丹比巴尔斯·邦多克达（Bibars Bondocdar）向小亚美尼亚国王海顿（Haiton, roi de la petite Arménie）发动的战争。
③ 可参阅第69章。
④ 军事权和司法审判权的象征。

请求，去谋杀苏丹。

第 58 章　基督徒开始生病并陷入饥荒

上述两场战役之后，军队开始出现灾难，到第九天晚上，那些我们被杀的人的尸体浮出水面（据说是尸体内胆汁腐烂造成的），一直飘到我们两个营地之间的那座桥下，由于桥接触水面，尸体无法穿过桥洞。尸体实在太多，布满整个河面，从河的一边飘到另一边，两岸之间的距离相当于抛出一个小石子那么远。国王雇了 100 个人工作了八天，才把已受割礼的萨拉森人的尸体扔到桥的另一边，任其随河水漂流，至于基督徒的尸体，则放到坑里，一个挨着一个摆好。在那里，我看到阿图瓦伯爵的内侍和许多人都在尸体堆里寻找自己的朋友，却从未听说有谁能如愿。

营地里，在封斋期期间，除了鳗鱼（bourbettes），我们不吃其它鱼。鳗鱼非常贪吃，会啃吃尸体。并且由于这一不幸，也由于这一地区卫生条件差，不再下雨，疾病在军中暴发。这种疾病会让我们的小腿肌肉变干，小腿皮肤如同旧靴子那样长出黑点和泥土颜色的斑点。染上的人牙龈腐烂，最终都会死去，没人能幸免。鼻子出血便是死亡的征兆，人很快就会死去。两个星期之后，为了让我们挨饿（这是令人感到惊讶的地方），土耳其人把停在我们营地上面的好几艘帆桨战船开走，并从陆地上把战船开到我们营地下方一个很好的位置上停泊，也就是我们从达米埃塔来时必经的那条河上。他们的战船泊在那里，我们无人敢从达米埃塔那条河逆流而上去拿补给。对于这些事情我们原本是一无所知，直到佛兰德尔伯爵的一艘小船上的人借助水流逃脱后告诉我们：苏丹的战船已截获我们至少80艘从达米埃塔驶来的帆船，并把船上的人全部杀掉了。

在这之后，营地物价高涨，十分离谱，以至于接下来的复活节，一头牛需要80利弗尔，一只羊30利弗尔，一头猪30利弗尔，一个鸡蛋11第纳尔（deniers），*一桶（muid）**葡萄酒10利弗尔。①

第59章　军队重新过河；儒安维尔的六名骑士因亵渎罪受罚

国王与大贵族们看到这一情形，他们商议，建议国王让人把营帐从巴比伦河岸的这一边搬到勃艮第公爵那边，也就是流经达米埃塔的河流的方向。为了使军队更安全，国王让人在两个营地之间的桥前面建一个内堡（réduit）②，这样一来我们就可以骑马从内堡经过，在河的两岸来回穿梭。内堡建好后，因为土耳其人发起了一次猛烈进攻，国王营地的所有人都武装了起来。尽管如此，营地里没有一个人离开，直到所有的物资都被运到营地外，然后国王才通过内堡离开，其军队随后，再之后是所有贵族，戈蒂埃·德·沙蒂永大人除外，因为他指挥后卫部队。就在通过内堡的时候，埃拉尔·德·瓦莱里（Érard de Valery）大人将其弟弟，此前被土耳其人囚禁的大人让

---

*　旧时法国辅币，相当于12分之一苏。——中译者

**　据国外学者研究，在13—14世纪，巴黎地区的一桶约等于今天的130升。——中译者

①　10利弗尔（图尔铸币）差不多相当于我们今天的202法郎（这里的"今天"指1865年前后。——中译者）。

②　我把"barbacane"（外堡）翻译成"réduit"（内堡），因为"barbacane"（外堡）不具有儒安维尔想要表达的内涵。

(Jean）救了回来。

所有部队渡河后，那些留在内堡的人就陷入巨大的危险当中。内堡不高，大批土耳其骑兵冲向他们，萨拉森人的步兵则把泥块扔到他们脸上。如果不是安茹伯爵（后来成为了西西里国王）的解救，把他们安然无恙地带回来，所有人都将陷入极度危险之中。这一天，荣誉是属于若弗鲁瓦·德·马桑布尔克（Geoffroi de Mussambourc）阁下的，他是留在内堡的一员。

在封斋前的星期二前夕，* 我目睹了一件不可思议的事情。就在那天，和我一同举旗的于格·德·朗德里库尔（Hugues de Landricourt）被埋到了地里。他在我房间喝啤酒时，我的 6 名骑士倚靠在装着小麦的袋子上。他们说话的声音太大，影响到一位神父。我去找他们，告诉他们应该保持安静，对骑士和绅士而言，别人唱弥撒自己却在讲话，这是令人羞耻的事情。然而，他们却笑起来，边笑边对我说，他们可能会娶神父的妻子。我斥责他们，告诉他们这样的话既不准确也不动听，他们竟然这么快就忘记自己的伴侣。对此，上帝报复如下，第二天，也就是封斋前星期二的那场激烈战斗中，他们要么被杀死要么受重伤致死，这就是为何他们六个人的妻子都要再嫁了。

第 60 章　儒安维尔病倒；试图与萨拉森人和解；军队的惨状

由于在封斋前的星期二那天受伤，营地里的疾病侵袭了我的嘴巴和小腿，我反复发烧，伤风感冒非常严重，总是忍不住流鼻涕。由

---

* 狂欢节最后一天的前夕。——中译者

此，我卧病在床，直到过去了半个封斋期。我的神父在营帐里，站在床前给我唱弥撒，他也因此染上了和我一样的病。于是，就发生了接下来的一幕，在一次祝圣活动中，他晕倒了。当看到他将要倒下时，穿着上衣的我从床上跳起来，没穿鞋，双手抱着他，对他说祝圣十分从容和成功，在他把整个祝圣活动完成以前，我无法离开他。他重新站起来，继续祝圣，非常完整地唱完了弥撒，此后，他再也无法唱弥撒了。

在这之后，国王的使者和苏丹的使者在同一天开会，目的是达成如下协议：我们应该把达米埃塔还给苏丹，而苏丹要把耶路撒冷王国还给国王；苏丹要帮国王照看达米埃塔的病人、腌肉（因为他们不吃猪肉）以及国王的武器，直到国王把达米埃塔还给苏丹。他们询问国王的使者要如何保证把达米埃塔还给他们。国王的使者回复说可以把国王的一位弟弟（安如伯爵或者普瓦提埃伯爵）留下作为人质。萨拉森人不同意这一协议，除非国王本人作为人质留下。由此，好骑士若弗鲁瓦·德·萨尔吉纳回复到，与其把国王作为人质留下，不如让萨拉森人把他们统统杀掉。

营地里，疾病开始恶化，太多人的牙龈坏死，只能由理发师①剔除掉烂肉，才能咀嚼和吞咽食物。当听到营地里有人因被剔除腐肉而大喊大叫时，内心是多么难受，因为他们的惨叫声就像是女人生孩子。

第 61 章　军队试图从水、路两线撤退

国王意识到无法再逗留，否则他和他的人都会死掉，于是决定星期二②晚上离开，也就是在复活节之后的那个夜晚，重回达米埃塔。

---

① 过去，理发师确实会做外科手术。
② 1250 年 4 月 5 日。

国王下令，要求若斯兰·德·科诺特（Josselin de Cornaut）、他的弟弟们以及其他的工程师把拴紧桥的绳子砍掉，那些桥是建在我们和萨拉森人之间的。然而，他们几乎没有完成这一任务。星期二下午，晚饭后我们登船，我和陪伴在我身边的两名骑士也上了船。进入午夜一个小时后，我对船员说可以起锚航行，然而他们却说不敢，因为苏丹的帆桨帆船就在我们和达米埃塔的中间，萨拉森人会杀掉我们。为了把岸边上的病人接到船上，船员们弄了很大的火把。当我请船员启航的时候，萨拉森人进入到营地里，借着火光，我看到他们杀死了岸边的病人。起锚时，把病人运上帆桨战船的船员割断了绑住锚和船的绳子，然后乘坐小船前行。他们就围在战船的两边，距离太近，差点把战船弄翻，沉入河底。脱离危险后，我们航行到河流下游。这时，国王患上了军队里的疾病和一种非常严重的痢疾，要是他原来愿意乘坐战船的话，估计现在已经痊愈了。然而，他告诉我，上帝保佑，他不会抛弃他的臣民。① 晚上，国王发了好几次烧，由于痢疾十分严重，总是要起来上厕所，就让人把裤子底部剪开。当我们正航行在河中时，有人喊我们停下来等待国王。但我们不愿停下等待，于是他们就用箭射我们。这是因为在没接到航行命令之前，我们必须等待。

136

137

第 62 章　国王被俘；萨拉森人违背休战协议

现在，我要告诉您国王是如何被俘的，这是他亲口告诉我的。他

---

① 参阅第 2 章。

告诉我，他把自己的军队、他自己以及若弗鲁瓦·德·萨尔吉纳大人留在了负责后卫部队的戈蒂埃·德·沙蒂永大人的军队里。他还说，他骑着一匹矮小的未经阉割的战马，身上穿着绸缎制作的罩布。他把所有的骑士和执达吏都留下，由若弗鲁瓦·德·萨尔吉纳大人一直牵引着他的马来到了一个村子，而他就是在那个村子里被俘的。国王是这样叙述的，他说，若弗鲁瓦·德·萨尔吉纳大人为保护他而与萨拉森人作战的情形，如同一名好仆人为保护主人的浅口酒杯而与苍蝇斗争。每当萨拉森人靠近时，他就拿起放在自己和马鞍绳之间的矛，夹在腋下，开始迅速移动，在国王周围驱逐萨拉森人。就这样，他护送国王走了很远，一直到了一个村子。人们扶国王下马，进到一间屋子，让国王躺在了一件巴黎商人妇女穿的坚形下摆上。当时国王就像将死之人，人们以为他无法熬到晚上。接着，腓力·德·蒙福尔（Philippe de Montfort）前来告诉国王，他见到之前与国王拟定停战协议的埃米尔。如果国王愿意的话，他可以去找那位埃米尔，根据萨拉森人的意思再次拟定停战协议。国王告诉腓力·德·蒙福尔就这么办，他非常愿意。腓力·德·蒙福尔去找埃米尔，埃米尔把他宽大的头巾摘下，并摘下戒指作为担保，表明会尊重停战协议。就在这期间，巨大的不幸降临到我们身上。一个名叫马塞尔（Marcel）的执达吏叛变，大声对我们叫喊道："阁下，骑士们！""你们投降吧，这是国王的命令，不要让国王被杀！"所有人都相信他说的就是国王的命令，把剑交给了萨拉森人。埃米尔看到萨拉森人已经囚禁了我们的人，于是告诉腓力·德·蒙福尔没必要再与我们签订休战协议了，因为他看到我们的人全都成为了阶下囚。于是，腓力·德·蒙福尔面对的事实就是，我们所有人都成了俘虏，而他一人幸免于难，只因他是使者。然而，在异教徒国家里，有一个不好的传统，即当国王向他们的苏丹派信使，或者苏丹向国王派遣使者，如果使者回来之前国王或者苏丹就已经去世的话,信使就会沦为阶下囚或奴隶,不管他身在何处,也不论他是基督徒还是萨拉森人。①

第63章 儒安维尔因逆风被迫停留在河上

当这一不幸降临在我们陆上的部队时,如下文所述,我们水上航行的部队,也同样遭遇了不幸。风从达米埃塔刮来,我们逆流行驶。国王留在轻型海船上保护病人的骑士,逃跑了。由于逆流,船员把我们带到了海湾,朝萨拉森人的方向航行。

就在黎明将要破晓前,走水路的我们准备航行经过苏丹战船停泊的地方,他们之所以在那里是因为要阻止达米埃塔的生还者来找我们。就在那里,爆发了巨响,他们使用希腊火硝非常凶猛地攻击我们以及在河岸边我们的骑兵,威力之大如同天空掉下许多星星一样。

当船员把我们从河流的支流,也就是我们曾经被俘的地方,再带回来时,发现国王给我们用以保护病患的轻型战船已经飞速前往达米埃塔。来自达米埃塔的狂风刮来,使我们逆行。在河的两岸我们有非常多的小型战船,它们已经被萨拉森人截获,无法航行到下游。萨拉森人将我们的人杀死后扔到河里,拿走船上本来要运送给我们的大箱子和行李。由于我们距离萨拉森人比较远,他们的骑兵只能在岸边向我们射箭。因为担心敌人的箭袭击船只,会使我受伤,我的人帮我穿上了锁子甲。就在这时,我的人正乘坐一艘战船,在河流的下游,他

---

① 参阅第71章。

们就在船尾对我喊道："阁下，阁下，您的船员被萨拉森人俘虏，他们要把您带到岸上。"我非常虚弱地用双臂支起身体，拿起剑对着他们，告诉他们，如果要把我带到岸上我就杀掉他们。他们回答我说，我有两个选择，要么他们把我带到岸上，要么把我留在河中央，直到狂风把我的船刮翻。我对他们说，我宁愿抛锚停在河中央，也不愿意被带到岸上。在岸上，我曾目睹我们的人被杀。于是他让我在河中间抛锚。

不一会儿，我们就看到苏丹的四艘战船驶来，船上至少有一千人。于是，我喊来我的骑士和我的人，向他们询问该怎么办，是向苏丹的战船投降，还是向陆上的敌人投降。

我们所有人一致更愿意向苏丹的战船投降，因为他们会把我们一起抓获，要是向陆上的敌人投降，他们会把我们分开然后把我们卖给贝都因人。于是，我的一个出生于杜朗（Doullens）的管窖人说："阁下，我不能同意那个建议。"我问他该如何做，他说："我认为所有人任由他们杀害，这样我们就都可以去天堂了。"但是，所有人都不接受他的意见。

第 64 章　儒安维尔被俘，生命受到威胁，他被误认为是国王的堂兄弟

当意识到我们一定会被俘后，我把我的首饰盒、金银珠宝和珍贵纪念品扔到河里。一位船员对我说："阁下，如果您不让我跟萨拉森人说您是国王的堂兄，您会被杀，我们也会被杀。"我告诉他，我非常愿意，如果他想，他可以这么说。第一艘战船正朝我们驶来，想要

第二部分

横着撞击我们的船,当他们听说我是国王的堂兄弟这件事后,便在我们的船附近抛锚。上帝派来了一位萨拉森人,他生活在德皇①领地上,向我们的船游过来,从侧面抱住我,说:"先生,您现在已陷入危险,除非有挣脱的办法,否则您应该跳船,从这里跳到这艘战船龙骨的顶点上。如果跳船,他们不会注意到您,因为他们的心思都在想办法占有您的船上了。"他扔给我一根绳子,于是按上帝的意志,我跳到了船的龙骨顶上。但是,要告诉您的是,我摇晃不已,如果不是那个萨拉森人扶着我在我后面跳,我应该就掉到水里了。

他把我带到一艘战船上,那里至少有280名萨拉森人,他一直紧紧抱着我。而其他所有萨拉森人则把我推倒,扑在我身上要割我的喉,因为杀死我对他们而言是一种荣誉。不过,一直牢牢抱着我的这位萨拉森人大喊:"这是国王的堂兄弟!"他们把我推倒了两次,一次让我跪着,我感受到喉咙被一把刀顶着。借助这位萨拉森人的帮助,上帝把我从灾难中解救出来,他把我带到一座城堡里,②那是萨拉森人骑士所在的地方。当我们走到中间的时候,他们把我的锁子甲拿走,但由于可怜我,把我母亲赠予的一件用小灰鼠皮制作、有里衬的猩红色毯子扔给我。他们中的一个人给我拿来了一条白色皮带,我把自己裹在毯子下面,在毯子上面弄了一个洞然后把它穿在身上。还有一个人给我拿来了一个兜帽,我戴在头上。由于害怕,也因为生病,我颤抖地非常厉害。于是,我提出要喝水,他们给我拿来一壶水,水一拿来我就张嘴喝,但水却从我的鼻子流出。我察觉到这一点后,把我的人找来,告诉他们我要死了,我的咽喉长了个脓肿。他们问我什么时候发现的,当一见到水从我的喉咙和鼻子流出来时,他们就哭了

---

① 德皇弗雷德里克二世在东方有控制权(参阅第65章)。
② 在战舰的上方有一些小的建筑,是战士用以隐蔽的空间。

95

144 起来。在场的萨拉森骑士看到我们的人哭,就问那个救了我们的萨拉森人为何我们会哭。他回答说,估计是因为我喉咙里长了脓肿,所以水从鼻子流出是无法避免的。于是,一位萨拉森骑士对那个解救我们的人说是他让我们恢复体力,因为他给我水喝,会让我在两天后恢复体力,最终也确实如此。

陪在我身边的拉乌尔·德·瓦努大人,曾在封斋前的星期二那场激烈战争中伤了腿,不能直立行走。我应该告诉您的是,战舰上一位年老的萨拉森人,经常抓着拉乌尔·德·瓦努大人的脖子带他去上厕所。

第 65 章 儒安维尔与战舰首脑见面;屠杀病患;儒安维尔与其他被俘的十字军在曼苏拉会合

这些萨拉森人战舰的领袖埃米尔派人来问我到底是不是国王的堂兄弟。我回答说不是,并解释之前那位萨拉森船员为何以及如何说我是国王的堂兄弟。他说我的做法是明智的,如果不那样做,我们所有人都会被杀掉。他问我与阿勒曼皇帝弗雷德里克是否有亲戚关系,那145 时皇帝还活着。我回答到,我的母亲应该是他的堂姐妹。他说这样一来更喜欢我了。就在吃饭时,他让人带一个巴黎人来我们跟前。巴黎人来到后对我说:"先生,你在干什么呢?""你说我在干什么?"我反问道。他说:"以上帝的名义,你正在星期五这天吃肉。"当听到这话时,我把碗放到身后。埃米尔问看管我的萨拉森人为何我会这样做,他告诉了埃米尔。于是,埃米尔说上帝会知道我这样做不是恶意

96

的，因为我不是故意要这样做的。此外，还需要补充一下的是，教皇使者在我们离开监狱时也说了一样的话。因此，我以后在四旬斋（Lent）的每个星期五斋戒，虽没有禁食，但只吃面包和喝水。这令使者非常生气，因为我是唯一一个能留在国王身边的富人。在接下来的星期天，埃米尔让我和其他所有在河里被俘的俘虏上岸。当他们从货舱把我的好神父让（Jean）拽出来时，他晕倒了，于是他们把他杀死并扔到河里。让的教士，同样也因染上营地里的疾病病倒了，他们曾用臼炮打伤他的头，教士死后也被扔到了河里。就在我们上岸时，战船上那些被俘的病患，倒在已经做好准备的萨拉森人的剑下，死后也被扔到了河里。通过解救我的那位萨拉森人，我告诉他们，他们正在做非常不好的事情。因为这与萨拉丁（Saladin）的教诲相悖。萨拉丁曾说不应该杀死任何一位曾得到我们面包和盐的人。埃米尔回答到，病患已经是没有任何价值的人了，病入膏肓，无法存活。他把我的船员带到我的面前，告诉我他们所有人都放弃原来的信仰了。我告诉他不要相信他们。因为只要有机会他们就会像抛弃我们的信仰那样抛弃他们的信仰。埃米尔回答说他同意我的观点，因为萨拉丁曾说，一个好的基督徒是不会从一个好的萨拉森人变过来的，同样的，好的萨拉森人也不会是从好的基督徒变过来的。随后，埃米尔让我骑着一匹马，跟在他身边。我们经过了一座用船搭建的桥去曼苏拉。国王和他的人被俘后就关在那里。我们进入一座非常大的营帐，苏丹的司书都在里面。也就是在那里，他们让人写下我的名字。于是，照看我的萨拉森人对我说："阁下，我不再跟随您了，再也不能。不过，我恳求您，一定要把这位小孩一直带在身边，我担心萨拉森人会把他从您身边夺走。"这个小孩名叫巴泰勒米（Barthélémy），是蒙福孔领主[①]

[①] 参阅第80章。

的私生子。名字被记下来后，埃米尔把我带到一个营帐，营帐里是我们的贵族，那里足足超过一万人。当我进到那里时，他们所有人都非常高兴，我们听不到任何声音，他们感谢耶稣基督，说以为已经失去我了。

第66章　被萨拉森人恐吓的俘虏 得知国王缔结条约

我们几乎没有在那里停留，他们把我们中最富有的那个人带走，然后把我们带到另一个营帐。萨拉森人把许多骑士及其他囚犯关押在一个院子里，院子的围墙是用泥土砌成的。随后，他们一个接一个地被带去问话，萨拉森人问："你想改变信仰吗？"那些回答说不想改宗的人会被带到一边，被砍头。而回答说要改宗的人则被带到另一边。就在这时，苏丹派人来与我们讲话，问应该向谁传达苏丹的命令。我们回答说他们可以告诉好伯爵布列塔尼的皮埃尔（comte Pierre de Bretagne）。当时有既懂萨拉森人语言也懂法语的人在场，我们把他们称为译员。译员把萨拉森人的语言翻译成法语，告诉皮埃尔，是这样说的："阁下，苏丹派我们找你们，就是为了弄清楚你们是否想要自由。"伯爵回答道："想要。"他们接着问："给你们自由的话，你们会给苏丹什么？"伯爵回答道："我们会合理地做能做的任何事或给与能给与的东西。"他们接着问："如果释放你们，你们愿意把一座由贵族管辖的海外城堡给苏丹吗？"伯爵回答到，他们是以阿勒曼皇帝的名义管辖城堡，阿勒曼皇帝还活着，他没有权力处理海外城堡。① 他们问我们是否会为了自由而把属于圣殿骑士团或医院骑士团（Hôpital）的任一城堡给苏丹。伯爵回答到，那是不可能的，人们选择堡主时，要堡主对着圣物发誓，不会为了肉体上的自由而交出任一城堡。于是，他们说我们一点都不想要自由，在要走的时候给我们派了一些耍剑的人，就像对其他人那样，然后就走了。

他们一走，就有一大群年轻的萨拉森人提着剑冲进我们的营帐，同时还带来了一位非常年迈、满头白发的老人。正是这位老人让人问我们：是否相信上帝为了我们而被抓、自己受伤赴死，然后在第三天复活。我们回答道："是的。"于是，老人说到，如果我们还没有为上帝而承受这些迫害就不能气馁，他说："因为你们还没有像上帝为你们而死那样为上帝而死，如果上帝有能力复活的话，你们要确信当上帝感到高兴时就会拯救你们。"说完后他便离开，那些年轻的萨拉森人紧随其后。对此，我感到十分满意，因为我十分确信萨拉森人是来砍我们头的。不一会儿，苏丹的人来告诉我们，国王把解救我们的事情，协商解决好了。

就在这位鼓励我们的老人离开之后，苏丹又派人来和我们说，国王已经协商解决办法，他们释放我们了，并要从我们中带四个人去听听事情要怎么处理。于是，我们就派了贤人让·德·瓦莱里、腓力·德·蒙福尔大人、博杜安·德·伊贝林（Baudouin d'Ibelin）大人、塞浦路斯邑督（sénéchal de Chypre）和塞浦路斯陆军统帅（connétable de Chypre）居伊·德·伊贝林大人。居伊·德·伊贝林大人是我见过的最有天赋的骑士之一，也是最爱法兰西人民的人。这四位大人给我们带回了消息：国王把解救我们的事情，协商好了。事情就这

---

① 参阅第64章。

么发生了。

第 67 章　圣路易遭受酷刑的威胁；
　　　　他与萨拉森人谈判

苏丹的使者用试探我们的方式来试探国王，看国王是否愿意把圣殿骑士团或医院骑士团的任一城堡，或当地贵族的某一城堡给他们。就像上帝希望的那样，国王的回答和我们的一模一样。他们威胁国王说，既然国王不愿意的话，他们就让人给国王施以"贝尔尼克斯"（"bernicles"）之刑。这是最残酷的刑罚，刑具由两段折叠木头构成，末端有锯齿，这些锯齿由牛皮做的皮带紧紧地一颗颗地绑好。当萨拉森人给人上刑时，让人躺在一侧，然后给受刑人小腿两个脚踝之间套上"贝尔尼克斯"。然后，他们让一个人坐在木块上面，受刑人的骨头就会被压碎，连一整块半法尺（约半英尺）的骨头都不再可能有。为尽可能使受刑人受更多刑罚，在三天后的末尾，当受刑人的大腿还肿胀的时候，他们会再次给受刑人套上"贝尔尼克斯"，压碎他们的小腿。面对这样的威胁，国王回答说，他已是囚犯了，他们可以对他做想做的事情。

看到恐吓无法对好国王起作用，他们再次问国王愿意给苏丹多少赎金，同时也表明，要把达米埃塔归还给他们。国王回答到，如果苏丹愿意开一个合理的价格，他可以通知王后送钱来赎。他们问国王："您都不敢保证说您能解决这些事情，这到底是为什么呢？"国王回答到，他不知道王后是否愿意送钱来赎人，因为她是他的妻子。苏丹的使者回去禀告苏丹，然后回来告诉国王，如果王后能付 100 万拜占庭金币的赎金，相当于 50 万利弗尔，① 苏丹就放了国王。于是，国王要求他们发誓，如果王后交赎金，苏丹真的会释放他们。他们又回去向苏丹请示。再回来时，他们向国王发誓，只要达到他们条件就会释放国王。他们发完誓，国王就承诺会给埃米尔 50 万利弗尔以换取他的人的自由，而把归还达米埃塔作为释放他自己的条件，因为不应该以金钱赎他自己。苏丹听到之后说："根据我的信仰，这么一大笔赎金他却没有讨价还价，现在去告诉他，我送给他 10 万利弗尔作为赎金。"

第 68 章　俘虏在苏丹的营地下船

苏丹让人把有钱人带到四艘战船上，准备把他们送往达米埃塔。在我乘坐的那艘战船上，有布列塔尼的好伯爵皮埃尔、佛兰德尔伯爵纪尧姆、苏瓦松的好伯爵让、法兰西王室总管安贝尔·德·博热，好骑士让·德·伊贝林（Jean d'Ibelin）及其弟弟居伊（monseigneur Gui）大人。他们把我们安排在战船上，并让我们到一个营地登陆，这个营地是苏丹早已命人在河岸安置好的，下文会讲述。在这个营地前，有一座高耸的杉木塔楼，入口处，被彩色幕布封住。那里就是营地的门。门里面，有一顶已经支好的帐篷，每当埃米尔们要和苏丹说话时，就会把他们的剑和武器留在帐篷里。营地后面有一扇门，是人们进入一个大的营帐的通道，也就是进入苏丹的客厅的通道。客厅的

---

① 差不多相当于我们今天的 10132000 法郎，设想一下，如果这有可能的话，那用的应该是图尔铸币（这里的"今天"指 1865 年前后。——中译者）。

后面，有一座塔楼，通过塔楼，便可以进入苏丹的寝室。寝室的后面，有一个院子，院子中间有一座比所有塔楼都要高的塔楼，苏丹正是在这座塔楼上俯瞰整个国家和巡视军营。一条林荫道从院子一直通向一条河流，苏丹为了到那里洗澡，让人在河中支起一顶帐篷。整个营地都是用木栅栏围起来的，为了不让外面的人看到营地里面的情况，栅栏外挂满了蓝色的布，塔楼四周也挂满了布。

在耶稣升天节（Ascension）的星期一，① 我们来到了营地。那四艘战船，即我们被俘后的所在之处，在苏丹的帐篷前抛锚了。在一个离苏丹的营地非常近的帐篷里，他们让国王下船。因为苏丹已经规定：在升天节之前的星期六，我们把达米埃塔还给他，他送国王返回。

第 69 章　埃米尔们谋反；② 苏丹被杀

为了给他从国外带来的亲信腾位置，苏丹把许多埃米尔逐出议事会（conseil）。这些埃米尔聚集在一起商议对策，其中的一名萨拉森人这样说道："各位大人，当苏丹剥夺其父亲给我们的荣誉时，你们就已经清楚那是苏丹在羞辱我们，他所做之事令我们蒙羞。我们应该清楚，一旦他掌控了达米埃塔的堡垒，就会逮捕我们，把我们杀死在牢中，就像他的父亲对待曾打败巴尔伯爵和蒙福尔伯爵③的埃米尔那样。所以我认为，在他还没有逃出我们手掌心之前先把他杀了。"

---

① 1250 年 4 月 28 日。
② 参阅第 57 章。
③ 参阅第 57 章。

他们去请"哈尔卡"的骑士刺杀苏丹,并密谋,一旦苏丹请埃米尔们吃饭,用餐结束后马上动手。于是,在他们吃完饭后,正当苏丹让埃米尔们离开,准备回自己的房间时,"哈尔卡"的一名骑士,夺走苏丹的剑,并刺向苏丹的手的中间,也就是四个手指之间,把苏丹的手和手臂都刺伤了。苏丹向密谋这一切的埃米尔们跑去,对他们说:"大人们,我要告诉你们,'哈尔卡'的骑士想要杀死我,正如你们看到的那样。"然而,"哈尔卡"的骑士异口同声对苏丹说:"既然你说我们要杀你,那么更好的办法便是我们杀死你而不是被你所杀。"

随后,"哈尔卡"的骑士用盔顶制造声音,整个军队都跑来听苏丹号令。他们回禀苏丹说,达米埃塔已被拿下,于是苏丹动身前往达米埃塔,并命令他们跟随其后。所有人全副武装,套上马刺朝达米埃塔出发。当看到他们前往达米埃塔时,我们内心非常不安,因为我们相信达米埃塔已经陷落。这位苏丹年轻、轻率,带着此前与他一起进餐的三位主教①,逃到一座他们此前就建好的塔楼,塔楼就在他房间的后面,正如上文所述。"哈尔卡"的骑兵有500人,他们攻占苏丹的营帐,并团团围住,进入塔楼,对苏丹说让他与三位教士下来。苏丹回答说,如果能保证他的安全他就会下来。然而,"哈尔卡"的骑士告诉他会通过武力把他弄下来,这样他就不在达米埃塔了。他们用希腊火硝攻击苏丹,希腊火硝落在用冷衫木和棉布建成的塔楼上。塔楼迅速烧起来了,这是我从未见过的熊熊大火。苏丹看到这个情形,急忙下塔楼,沿着上文提及的那条河流的方向逃走。"哈尔卡"的骑士用剑去刺杀苏丹,就在苏丹经过他们往河流方向逃走时,他们中的一个人用矛刺中了苏丹,苏丹硬拖着矛一直逃亡。一直到河边要游泳

---

① 指伊玛目。

时,"哈尔卡"的骑兵才下马,把苏丹杀死在河中,地点就在我们当时乘坐的战船旁。"哈尔卡"的骑兵中有一个名叫法雷斯-埃丁·奥克塔伊(Faress-Eddin Octay)的骑士,用剑剖开苏丹的身体,把苏丹的心脏取出后来见国王,当时他的手还沾满鲜血,他对国王说:"我已经把你的敌人杀死了,一个如果还活着会杀掉你的敌人,你要给我什么?"然而,国王什么话也没说。

第 70 章 俘虏的生命仍受威胁;
　　　　　与埃米尔们的新协议

有 30 个人登上我们的战船,他们拿着剑和丹麦斧头。在萨拉森人和精通萨拉森人语言的博杜安·德·伊贝林大人说完话后,我问他说了什么,他告诉我,这些人是来砍我们头的。我们中许多人向圣三一(la Trinité)修院的修士忏悔,他是佛兰德尔伯爵纪尧姆的教士。于我而言,我想不起来自己曾犯下的任何罪孽,不过,我想越是想要为自己辩护或为自己开脱,结果只会更糟。于是,我画十字架,在他们当中的一个人的脚边跪下,那个人拿着丹麦木匠制作的一把斧头,我说:"就像圣阿涅丝那样死去。"跪在我旁边的塞浦路斯王室总管居伊·德·伊贝林大人,向我忏悔,我对他说:"我以上帝赐予我的权力,宽恕您。"然而,当我站起来的时候,不再记得他和我说过的任何事情。

他们让人从战船舱水阱里把被囚禁的我们带出来,我们许多人都相信他们不想一次性杀死我们,而是一个接一个杀掉我们。晚上,我们在那里遭了不少罪,躺在一个非常狭小的空间里,我的脚紧挨着布列塔尼的好伯爵皮埃尔，他的手紧挨着我的脸。第二天，埃米尔们派人把我们从监狱里带走，他们的信使告诉我们，为了更新苏丹曾经和我们签订的协议，我们将被带去与埃米尔们谈话。他们告诉我们，我们应该相信，如果苏丹还活着的话就一定会把国王和我们都杀死。那些能去商议的人去了，布列塔尼伯爵、法兰西王室总管和我当时都已经病得非常重，只能留下来。佛兰尔德伯爵、苏瓦松伯爵让（comte Jean de Soissons）、伊贝林（Ibelin）家族的两兄弟，以及其他还有体力能支撑得住的人都去了。

他们和埃米尔们达成如下的协议：只要我们把达米埃塔给他们，他们就会释放被囚禁的国王以及其他被囚的有钱人，因为除了被杀掉的人外，平民百姓已经被苏丹下令逮到巴比伦了。他做的这件事违背了此前与国王签订的协议，因为一旦他占有达米埃塔，就十分有可能会杀死我们。国王本来已经向他们起誓，在离开河流之前愿意给他们20万利弗尔，到阿卡再给20万利弗尔。根据此前萨拉森人和国王签订的协议，他们应该看管留在达米埃塔的病患、弓弩手、军械师、腌肉，直到国王找到他们。

第 71 章　埃米尔们宣誓；国王的顾虑与抗争

埃米尔们向国王宣誓的内容被记录下来：如果不履行与国王签订的协议，他们同意被羞辱，如同一个人因犯下罪孽去朝觐穆罕默德和去麦加（Mecque）朝圣时裸露头部，也如同那些一开始抛弃妻子后来又重新与妻子在一起的人一样。就第二点而言，没有人能够抛弃自己的妻子，因为根据穆罕默德的法律，一个人无法在抛弃妻子后，还能与妻子重归于好，除非他看到另外一个男人在他面前与他的妻子发生性关系。第三个誓言：如果不履行与国王签订的协议，他们同意被羞辱，吃猪肉。国王清楚上述埃米尔们的这些誓言，因为尼科尔·德·阿卡（Nicole d'Acre）大人懂萨拉森人的语言，他告诉国王，根据萨拉森人的法律，没有比这更重的誓言了。

埃米尔们发誓后，他们也让人把国王起誓的内容写下来，根据在场的那些背弃宗教的神职人员的建议，国王起誓的内容如下：如果没有履行与埃米尔们签订的协议，国王也要遭受羞辱，就像一个否定上帝和圣母的基督徒那样感到羞愧，不再崇拜12门徒以及一切圣徒。对此，国王表示同意。最后一条誓言：如果国王没能遵守与埃米尔们的协议，他就像一个否定上帝和上帝的法律的基督徒那样感到羞愧，就像在十字架上吐口水或把它踩在脚下那样蔑视上帝。当国王听到这一点时，他说："上帝保佑，我不会发这样的誓言。"埃米尔们向国王派来了懂萨拉森人语言的尼科尔·德·阿卡，他和国王说："埃米尔们已经按您的要求起了誓，而您不按他们的要求起誓，他们已经充满怨恨了，您要清楚，如果您不这么起誓的话，他们就会把您和您的所有人都杀掉。"国王回答，他们可以按意愿行事。因为他更愿意以一名好基督徒的身份死去，而不是怀揣对上帝和圣母的憎恨而活。

耶路撒冷的主教（patriarche de Jérusalem）是一位80岁的老人，他获得萨拉森人的安全通行证，来到国王身边，协助国王签订这一协议。不过，在基督徒和萨拉森人之间存在这样的惯例，每当国王或苏丹去世时，那些使者，不论是异教徒还是基督徒，都会被囚禁和奴役。因为颁发给这位主教安全通行证的苏丹死了，所以主教和我们一样，也被囚禁了。① 当国王给出回复时，其中的一位埃米尔说耶路撒冷主教已经给了建议，主教对异教徒说："如果你们相信我的话，我可以让国王起誓。因为我会从他怀里把主教的头抢过来。"其他埃米尔都不相信他的话，他们把主教抓起来，从国王身边带走，绑在帐篷的一根杆上，主教的手被绑在背后，绑得非常紧以致于他的双手肿胀，变得和头一样大，血液从他的手掌喷涌而出。主教向国王呼救："陛下，您一定要起誓啊，我会用我的灵魂去承受您起誓所犯的罪孽，您十分希望履行协议。"我不知道最终是如何调整誓言的，不过，埃米尔们对国王和有钱人的誓言感到满意。

第72章　履行协议：把达米埃塔归还给萨拉森人

苏丹被杀，埃米尔们让人把苏丹的乐器带到国王的帐篷前，告诉国王，他们非常坚决地请国王担任巴比伦的苏丹。国王问我是否相信他会接受埃米尔们给他的巴比伦王国。我告诉他，埃米尔们的行为非常疯狂，他们杀死了自己的统治者。但国王告诉我，他不会拒绝。现在您要知道的是，这件事并没有往另一个方向发展，因为他们说国王是他们遇到的最坚定的基督徒。他们举了下面这个例子加以说明。他们说，当国王离开帐篷时，他会拿上十字架，然后躺在地上，用自己的身体画十字架。埃米尔们也说，如果穆罕默德遭受人们给予他们同样多的磨难的话，他们不会再相信他。他们还说，如果萨拉森人让国王成为他们的苏

---

① 参阅第62章。

法国国王圣路易

丹，国王要么把他们统统杀掉，要么会把他们变成基督徒。

就在国王和埃米尔们签订协议和起誓后，埃米尔们同意在升天节的第二天释放我们。一旦达米埃塔交还给他们，他们就要如上文所述，解禁国王以及和国王在一起的有钱人。星期四①晚上，四艘战船的掌舵人在河中抛锚，在达米埃塔前的一座桥前，他们让人支起了帐篷，国王便在那里下船。

日出时，若弗鲁瓦·德·萨尔吉纳大人去城里，把城市交给埃米尔们。苏丹的旗帜已经插在塔上。萨拉森人的骑士已进城，他们开始喝酒并很快就醉了。他们中的一个人来到我们的战船上，他手上的剑沾满鲜血，告诉我们他自己就杀死了六个我们的人。在交出达米埃塔之前，他们让王后以及除了病人以外留在达米埃塔的所有人登上了战船。根据萨拉森人的宣誓，他们要照看病患，但他们把病患全杀掉了。国王的器械，他们应该保管好，但他们毁坏了。那些咸猪肉，也应该保管好，但也没做到，因为他们不吃猪肉。然而，他们弄了两大堆东西，一堆是咸肉，一堆是尸体，然后放火烧掉。火势非常大，连着烧了三天，从星期五到星期天。

第73章 屠杀俘虏提上议程

他们原本应该在日出之时就释放国王和我们，但到了日落，我们还被囚禁着。我们没有吃任何东西，埃米尔们也是，他们一整天都在争论。其中一个代表说："大人们，如果你们愿意相信我以及我所在

---

① 耶稣升天节，1250年5月5日。

的这一阵营的话，就在这里把国王和有钱人都杀死，这样接下来的四十年我们是安全的，他们的孩子很小，而且达米埃塔在我们手里，因此这么做我们会更安全。"另一个萨拉森人，名叫赛布勒奇（Sebreci），出生于毛里塔尼亚（Mauritanie），反对这一做法，他说："如果我们在杀了苏丹之后再杀掉国王，人们就会说埃及人是世界上最糟糕和最背信弃义之人了。"那个希望杀掉我们的萨拉森人反击道："我们确实是非常恶毒地对待苏丹，把他杀了，我们违背了穆罕默德的戒律，穆罕默德告诉我们要像保护眼珠那样保卫统治者，关于这一点，在这本书上写得清清楚楚。""不过"，他说："在这之后，书中也有另一条穆罕默德戒律，你们听听"，他翻到书的某一页，那上面记载了穆罕默德的另一条戒律："为了保护戒律，杀死'戒律'的敌人。"他说："现在，看看我们到底是怎么违背穆罕默德戒律的，主要是我们杀死了苏丹，不过，如果我们不杀死国王，反而保障他的安全，那我们会变得更坏，因为国王才是最大的敌人，他拥有异教徒的法律。"死亡马上就要降临到我们身上，突然，一个对我们充满敌意、主张要杀掉我们所有人的埃米尔来到河边，对战船上掌舵的萨拉森人呼喊，并把自己的头巾取下，用头巾向掌舵的萨拉森人示意。掌舵的萨拉森人即时起锚，带我们向后行驶前往巴比伦。于是，我们所有人都在想自己就要死了，个个泪流满面。

第74章　释放俘虏；儒安维尔登上国王的帆桨战船；十字军返回法兰西

正因为从未忘记子民的上帝愿意，就在日落之时，萨拉森人协商的结果是释放我们。萨拉森人把我们带回，把我们的四艘战船停泊在河岸边。我们要求他们让我们离开，但他们告诉我们，在我们吃过饭之前，他们不会离开，他们说："如果你们饿着肚子从我们的手上离开，对埃米尔们而言便是羞耻。"于是，我们说他们应该给我们食物，我们要吃饭。他们告诉我们，食物已派送到营地。他们给的食物是奶酪炸糕和一些四五天前就煮熟的鸡蛋。奶酪炸糕是一种在阳光下烤制的食物，避免蠕虫滋长，鸡蛋外壳上涂了各种各样的颜色，以示对我们的尊重。

上岸后，我们就去与国王会合。他们在营帐里抓住国王把他带到河里，那里至少有两万萨拉森人，他们腰间都别着剑，站在国王身边。河里有一艘迎风艍三角帆（Génois），正停泊在国王前面，帆船上只有一个人。他一看到国王出现在河边，就吹一声口哨，口哨响起后，至少有80名武装好的弓箭手从船舱冲出来，他们的弩已经准备就绪，立马用角镞箭瞄准。萨拉森人一看到他，就像羊一样逃窜，只剩下两三个人和国王一起。他们在地上铺了一块木板，让国王、国王的弟弟安茹伯爵、若弗鲁瓦·德·萨尔吉纳大人，腓力·德·内穆尔（Philippe de Nemours）大人，法兰西骑兵军官迪梅（du Mez），圣三一修院院长和我登船。而普瓦提埃伯爵则被扣下作为人质，直到国王离开前交付已经商议好的20万利弗尔赎金。

在升天节之后的星期六①，也就是我们被释放的第二天，佛兰德尔伯爵②、苏瓦松伯爵以及其他曾被囚禁在战船上的有钱人要离开国王。国王告诉他们，如果他们能等他的弟弟普瓦提埃伯爵被释放后再离开，他会更满意。然而，伯爵们说他们无法这么做，因为战船即将

---

① 1250年5月7日。
② 儒安维尔弄错了，因为他在下文写道：陪伴国王在阿卡的是佛兰德尔伯爵（参阅第82章和第83章）。

启航。他们登上自己的战船返回法兰西，一同的还有布列塔尼好伯爵皮埃尔，他已经病得非常重，三个星期后，他死在了海外。

第 75 章　缴付赎金；儒安维尔把钱交给圣殿骑士团

我们从星期六上午开始筹集赎金，一直到星期天夜晚，整整两天时间，从早到晚。我们使用磅秤来交付赎金，每一磅秤是 1 万利弗尔。到了星期天晚上，负责筹集赎金的人告诉国王，还缺 3 万利弗尔。当时其他人都在准备赎金，与国王在一起的只有西西里国王、法兰西骑兵军官、圣三一修道院院长和我。于是，我对国王说，有一种好办法，即派人去找圣殿骑士团有封地的骑士（commandeur）或骑兵军官（maréchal）（因为他们的统帅已经死了），借 3 万利弗尔来赎他的弟弟。国王便派人出发，让我作为信使。当我向圣殿骑士团骑士传达国王意愿时，圣殿骑士团的一名骑士，即修士艾蒂安·德·奥特里库尔（Étienne d'Otricourt）对我说："儒安维尔先生，您给的建议既不好也不合理，因为您知道我们接受存款的方式，根据誓言，我们不能把存款给除了存款主人以外的其他人。"我和他的对话中还有很多令人难受和骂人的话语。于是，圣殿骑士团的骑兵军官修士雷诺·德·维什耶尔（Renaud de Vichiers）接过话题，说："阁下，您不要再让儒安维尔和我们的骑士争论了，我们的骑士说了，无法把存款借出去，如果借出去我们就违背誓言了。至于邑督您的建议，如果我们不愿意借给您钱，这也不是什么特别奇怪的事情，而您也只是做了您愿意的事情而已。如果您能从我们这里借到钱，那么我们需要从阿卡那里获得足够多的好处，以作为您对我们的补偿。"我将这些对话告诉国王，如果国王愿意的话，我就去借钱。国王命令我去。于是，我前往圣殿骑士团统帅的战船。当我到达船边想要上船的时候，财物都聚集在这艘船上，我告诉那名骑士让他来看看我都拿到了什么，他不屑来看。骑兵军官则说要来看看我究竟能如何使用武力（拿到钱）。一登上那艘装载财物的船，我就请求看守圣殿骑士团财物的官员把打开我前面大木箱的钥匙给我。他看到我瘦骨嶙峋，病恹恹的样子，还穿着被囚禁时的衣服，于是说他不会把钥匙给我。我看到地上有一把斧头，捡起来对他说，我会把斧头当作国王的钥匙。骑兵军官看到这一幕，用拳头把我制服，对我说："阁下，我们非常清楚地看到您想对我们使用暴力，我们会把钥匙借给您。"于是，他命令财务官把钥匙借给我。而当骑兵军官向财务官说我是谁的时候，财务官感到十分惊讶。我发现打开的这个大箱子是尼古拉·德·苏瓦西（Nicolas de Choisi）的，他是国王的一名执达吏。我把箱子里的钱全都翻出来了。他们让我把钱带到了送我来的那艘船的船首。我让法兰西的骑兵军官拿着钱，然后让圣三一修道院院长上船。骑兵军官把钱递给院长，院长再把钱给已经在船上的我。当向国王的战船驶去时，我开始大声向国王喊道："陛下，陛下，看，我拿到了什么！"圣徒（国王）非常希望看到我，他是那么的兴高采烈。我把带回来的钱交给了称赎金的人。

第 76 章　国王在执行协议中所体现的诚信

赎金准备好后，负责这件事的议事会成员回禀国王说，在拿到钱之前，萨拉森人不愿意释放他的弟弟。议事会中没人赞同在国王的弟弟被释放之前就交付赎金。国王回答说他会支付，因为他许诺了，至于萨拉森人，如果他们相信这是对的，那也会信守承诺。于是，腓力·德·内穆尔（Philippe de Nemours）大人告诉国王，我们已经算计了萨拉森人 1 万利弗尔。然而，国王勃然大怒，说他愿意把 1 万利弗尔还给萨拉森人，因为他承诺过在离开河流之前要给他们 20 万利弗尔。于是，我踩了一下腓力·德·内穆尔大人的脚，对国王说不要相信腓力·德·内穆尔大人说的话，他说的不是事实，萨拉森人是世界上最精于计谋的。腓力·德·内穆尔大人附和，说我说得对，他只是开玩笑。然而，国王说不能开这样的玩笑，并对腓力·德·内穆尔大人说道："我现在命令你，根据诺言，您是我的人，如果这 1 万利弗尔并没有交付，就由您来付。"①

许多人都建议国王被释后乘坐自己的战舰，战舰已经停泊在海上，以便摆脱萨拉森人的控制。但国王不再相信任何人，说因为他承诺过，在给萨拉森人 20 万利弗尔之前，不会离开河流。没有任何人再提建议，赎金完全交付后，国王告诉我们他兑现了誓言，要离开河流，去乘坐停泊在海上的战船。接着，战船开始航行，大概走了一古里，* 期间我们谁也不说话，因为大家都担心普瓦提埃伯爵。突然，乘坐荷兰圆帆船的腓力·德·蒙福尔大声对国王喊道："陛下，陛下，和您的弟弟普瓦提埃伯爵说说话，他就在这艘船上。"于是，国王大声说道："点火！点火！"紧接着，人们点火。巨大的喜悦在我们当中油然而生。

国王登上他的战舰，我们也登上战船。一位贫穷的渔民跑来和普瓦提埃伯爵夫人（comtesse de Poitiers）说，他看到伯爵被释放了。于是，伯爵夫人给了他 20 利弗尔（巴黎铸币）。

---

① 参阅第 3 章。
* 一古里约等于今天的 4 公里。——中译者

> 法国国王圣路易

第77章 关于苏瓦松主教戈谢·德·沙蒂永，一名殉道者；一个叛徒

我不会忘记在埃及发生的一些事情。首先，我要告诉您的是有关戈谢·德·沙蒂永（Gaucher de Châtillon）大人的事情。他的一名骑士，名叫让·德·蒙森（Jean de Monson），告诉我他在国王占领的一个乡村的街上看见沙蒂永大人。这条街直穿村庄，从街上可以看到一块挨着一块的田地。戈谢·德·沙蒂永就走在街上，手握着出鞘的剑。当他看到土耳其人出现在街上，便执剑追击，要把他们赶出村庄。土耳其人逃跑，但他们向后射箭的技术和向前射箭一样好，把所有的箭都射向戈谢·德·沙蒂永。当戈谢·德·沙蒂永把土耳其人赶出村庄后，他拔掉插在身上的箭矢，重新穿上锁子甲，竖起马镫，执剑张开双臂，大声喊道："沙蒂永，骑士！我的贤人都在哪里？"返回时，他发现土耳其人又从另一头进入村庄，于是又开始执剑追击他们，要把他们赶出去。这样的过程大致经过了三回。当埃米尔的战船把我带到陆地上被囚禁的人群当中时，我向他身边的人打听，却没人能告诉我沙蒂永是如何被俘的，除了好骑士让·弗吕蒙（Jean Frumons）大人。他告诉我，当他被囚禁在曼苏拉时，看到一个土耳其人爬上了戈谢·德·沙蒂永的马，马的后鞘布满鲜血。于是，他问土耳其人到底对马的主人做了什么，土耳其人回答说，他把马的主人的喉咙给割了，所以马的后鞘全是鲜血。

军队里有一位非常勇敢的人，名叫雅克·德·卡斯特尔（Jacques de Castel），是苏瓦松主教。当看到我们的人都返回达米埃塔时，十分

渴望追随上帝的他不愿意回到自己出生的地方，而是为了赶快追随上帝，套上马刺，单枪匹马出击土耳其人。最后，土耳其人用剑把他杀死，使他成为上帝的伙伴，成为一名殉道者。

当国王等待他的人把其弟弟普瓦提埃伯爵的赎金交付给土耳其人时，一个非常勇猛、表面看起来却十分忠诚的萨拉森人，以巴比伦古老苏丹的"纳扎克"（nazac）①的孩童的名义来找国王，他带了一罐牛奶和各式各样的花。当他把礼物给国王的时候说的是法语，国王问他在哪里学的法语。他告诉国王他曾经是一名基督徒。国王对他说："您走吧！我不再和您说话。"我把他拉到一边，并询问他现在的情况。他告诉我说，他出生在普罗旺斯，跟随国王让来到埃及，后来在埃及结婚，现已是高官。我对他说："难道您一点都不清楚，如果死在这个国家里，是要去地狱的吗？"他回答道："是的，（因为他清楚没有任何一种宗教能和基督教一样好），不过，如果跟你回去（信仰基督），我害怕将要承受贫穷和责备，每天都会有人和我说，这就是那个叛教者。而且，我能预见到，与其让自己身陷这般处境，不如选择富裕又安定的生活。"我告诉他，到了审判的那一天，每个人都会看到自己的罪孽，责备的话会比他告诉我的还要严厉。我和他说了许多好话，但都是徒劳。就这样，他离开了我，从此我再也没见过他。

175

176

第78章　王后在达米埃塔遭受的苦难

现在，您已经听到了国王和我们所遭受的巨大苦难，如上述所

---

① 很可能是苏丹的官员或者拥有承租权的人。可以猜想，"nazac"可能是阿拉伯词汇"nazer"的变体，意为监察员。

说。这些苦难，王后也没能逃离，下文将会讲述。就在王后分娩的前三天，她得到国王被俘的消息。这让她十分惊恐，每次躺在床上睡觉时，都感觉房间里全是萨拉森人，于是大喊："救命！救命！"由于害怕肚子里的孩子会流产，她让一位年过 80 的老骑士睡在床前，牵着她的手。每次王后大喊救命时，他都会说："王后，别怕，我就在这里。"睡觉前王后让所有人离开房间，除了这位老骑士。她会跪在老骑士面前请求一个恩赐。老骑士向王后发誓保证做到。王后对他说："我请求您，根据信仰，您要向我保证，如果萨拉森人夺取了这座城池，要赶在他们之前砍下我的头颅。"老骑士回答："请相信我愿意这么做，我已经想得非常清楚，会在他们杀死我们之前先砍下您的头颅。"

王后生了一个男孩，取名为让。不过，人们都叫他特里斯坦（Tristan），因为他出生那天我们无比悲伤。就在她分娩当天，有人告诉她比萨（Pise）、热那亚（Gênes）以及其他城镇的人想要弃城。分娩后的第二天，她把所有人召集到床前，房间里挤满了人。她说："各位大人，为了上帝的爱，你们不要放弃这座城市。如果这座城市丢了，国王以及所有被俘的人都将失去性命。如果这无法令你们改变心意，至少怜惜我这个仍卧床的软弱女子吧！至少等我能够起床。"他们回答道："王后，那我们能怎么办呢？留在这座城里，我们都会被饿死。"王后说，饥饿不会成为他们要离开的理由，她说："我会把这座城市的所有食物都买下来，从现在开始，用国王的钱把你们留下来。"他们思考之后回到王后那里，告诉王后他们愿意留下。王后（上帝赐予仁慈之人！）让人把城里的所有食物都买下来，花了她 36 万利弗尔。由于要把这座城市还给萨拉森人，在分娩后的休息期还没结束之前，她就得离开床，去阿卡等国王。

第二部分

第79章　国王推迟反抗萨拉森人的请求；横渡的故事

国王在等待其弟被释期间，派一名布道会修士拉乌尔去找一位名叫法雷斯－埃丁·奥克塔伊的埃米尔。这名埃米尔是我见过的最虔诚的萨拉森人。国王告诉埃米尔说，对他和其他埃米尔违背协议的卑鄙行为感到震惊。他们杀死了本该看管好的病人，毁坏了国王的武器，把病人的尸体和腌制的咸猪肉烧掉。法雷斯－埃丁·奥克塔伊对修士拉乌尔说道："拉乌尔修士，告诉国王，根据我的法律，我无法做出改变，这令我苦恼。以我的名义告诉他，一旦落入我们的人手里不要为此而表露出痛苦，否则他会死。"此外，他还建议国王，一旦到了阿卡就能想起他的这些话。

当国王到达他的战船时，发现没有人为他做任何准备，那里没有床也没有衣服。在我们到达阿卡之前，他都是睡在此前苏丹给的床垫上，穿的也是此前苏丹让人给他裁剪的用黑色缎子①、松鼠和小松鼠皮制作的衣服，上面有大量金纽扣。

我们在海上待了6天，其间我病了，总是坐在国王身边。他就是在这个时候告诉了我，他是如何被俘，以及如何在上帝的帮助下与萨拉森人协商他自己以及我们的赎金。国王让我告诉他我是如何在河里被俘的。听完之后，他告诉我要对耶稣基督心存感激，是耶稣基督把我从如此巨大的危险中解救了出来。国王为他的弟弟阿图瓦伯爵的死

---

① 原始文本写的是"Samit"。

感到十分悲伤，说他的弟弟不顾他的意愿，阻止国王去见他，就像普瓦提埃伯爵一样，不让国王在帆桨战船上看他。

他也向我抱怨安茹伯爵在战船上没有陪伴他。有一天，他问安茹伯爵在做什么，有人告诉他安茹伯爵正和戈蒂埃·德·内穆尔（Gautier de Nemours）大人在桌子上玩棋。生病中的国王颤巍巍地来到桌边，把骰子、桌子和掷物都扔到海里，因他的弟弟这么快就在玩骰子而大发雷霆。不过，戈蒂埃·德·内穆尔大人是最大赢家，他把桌上的所有钱都放在衣服下摆里（桌面有好大一堆钱），然后把这些钱都带走了。

第 80 章　儒安维尔在阿卡遭受的苦难

下文要告诉您，我在阿卡遭受到的许多迫害和苦难，正是我过去和现在一直信任的上帝把我从这些困苦中解救出来。我要把这些写下来，写给那些遭受迫害和苦难但仍相信上帝的人，上帝会像解救我那样去解救他们。

现在，要说的是当国王到达阿卡时，为了见到国王，阿卡的所有仪仗队都到了海边，欣喜若狂。人们把我扶上一匹国王的马。我坐到马上，因为害怕摔倒，心跳都快停止了，于是告诉扶我上马的人抓牢我。人们非常困难地扶我上国王房间的阶梯。我自己坐在窗边，一个小孩坐在我身边，他大约 10 岁，名叫巴泰勒米，是蒙福孔领主[①]阿米·德·蒙贝利亚尔（Ami de Montbéliard）大人的私生子。我坐在那

---

① 参阅第 65 章。

里，没有任何人注意到我，只有一位身穿红底黄条纹衣服的仆人①来到我跟前，他向我打招呼，问我是否认得他。我说不认识。他告诉我，他来自我舅舅的城堡——瓦斯莱（Oiselay）。我问他现在属于谁的人。*他说他目前不属于任何人，如果我愿意的话他可以留下来陪我。我说我非常乐意。于是，他马上给我找来一顶白色帽子，并帮我梳好头发。接着，国王派人让我去和他一起吃饭。去找国王时，我穿着一件紧身衣，那是被俘时萨拉森人让人用我衣服的边料做的。我把在牢里时，别人出于对上帝的爱而赠予我的一些衣服和四古尺亚麻荠②，都留给了巴泰勒米这个孩子。吉耶曼（Guillemin），我的新仆人，在我面前切肉，且在我们吃饭期间给这个孩子安排了食物。

　　吉耶曼告诉我，他为我找到了一个离浴室非常近的住所，这样我就可以洗掉身上那些在监狱里沾染上的污垢和汗水。到了晚上，我洗澡时心跳突然停止，昏倒了，他们很艰难才把我从浴室扶到床上去。第二天，一位名叫皮埃尔·德·波旁（Pierre de Bourbonne）的老骑士来看我，我挽留他，想把他留在我身边：他可以在城里照顾我，帮我穿衣和武装。当被安顿好后，那已经是会合后的第四天了，我才去看国王。他抱怨说我这么迟才去看他太不好了，并对我说，他对我的爱同样是非常珍贵的。他让我每天与他一起吃饭，从早到晚，直到他安排好我们是返回法兰西还是留下的事宜。我告诉国王，皮埃尔·德·库特奈（Pierre de Courtenai）大人欠我400利弗尔不愿意支付。国王回答我说，他会把应该给皮埃尔·德·库特奈大人的钱给我，在皮埃尔·德·波旁阁下的建议下，他确实也这样做。我们拿出40利弗尔

182

---

①　儒安维尔在下文说是骑兵（参见第81章）。有一种侍从在成为一名骑士前会担任一些职务，专门为主人提供服务。
*　"属于谁的人"，这里指附庸于谁的封臣。——中译者
②　羊毛织物。

119

作为开销，然后把剩下的钱委托给圣殿骑士团宫殿的骑士帮忙保管。我花光那40利弗尔后，便派一位名叫让·卡伊姆·德·圣-梅内乌尔德（Jean Caym de Sainte-Menehould）的神父去圣殿骑士团那里再取40利弗尔，这位神父是我在海外雇佣的。但圣殿骑士团有封地的骑士回答说，他那里没有我的钱，也不认识我。于是，我去找修士雷诺·德·维什耶尔，他是在国王的帮助下成为圣殿骑士团的统帅，曾在我们被俘期间礼遇我们，此前与您提过的。我向他抱怨圣殿骑士团的有封地骑士不愿意把我之前存在他那里的钱还给我。这位统帅听完之后，非常激动地对我说："儒安维尔阁下，我非常爱您，不过，您应该非常清楚，如果您不愿意撤回这个诉求的话，我不会再爱您了，因为您想要让人们知道我们修士是小偷。"我告诉他，我不会撤回这个诉讼，上帝保佑。此后四天里，我得了心病，就像是一个不再有钱可花的人一样。四天过后，圣殿骑士团的统帅满脸笑容来找我，对我说他已经找到我的钱了。之所以能找到这些钱，是因为统帅把有封地的那名骑士换了，把他送去一个名叫塞普胡里（Séphouri）的城镇，于是这位统帅把钱还给我了。

第81章 儒安维尔生病；安茹伯爵的慷慨

就在那时，阿卡的主教（évêque d'Acre）（出生于普罗旺斯）把圣-米歇尔（Saint-Michel）教堂的神父的房子借给我使用，我雇佣了让·卡伊姆·德·圣-梅内乌尔德，他在接下来两年给我提供了非常好的服务，比我身边的任何一个人都做得好。当时，他在我的床边发现了一个小门，通过这个门可以进入教堂。有一次，我持续发高烧，只能躺在床上，所有我的人也和我一样。在这期间，没有人帮助我起床，只能等死。我听到周围有一种信号，每天至少有20名甚至更多死者被带到教堂里。每一次只要他们把死人带进教堂里，躺在床上的我都听到他们唱："拯救我，主"！（Libéra me, Domine）。于是，我哭泣，开始感谢上帝，向上帝倾诉："上帝，我崇拜你，你给我带来的这一苦难，我已经深陷其中，因为我需要让人帮我穿衣和扶我起床。上帝，我祈求你帮帮我，把我和我的人从这一疾病中解救出来。"

做完这些以后，我让新侍把账本拿来，他拿来后，我发现他偷了至少10利弗尔（图尔奈铸币）。我质问他的时候，他对我说，他有能力还给我的时候会把钱还给我。我解雇了他，告诉他我做的一切都是他应该承受的。我从来自勃艮第的被俘的骑士那里听说，他们带着我的新侍一起活动时，就知道我的新侍是他们见过最殷勤的小偷：当一名骑士缺一把骑士刀或者一条皮带、手套或马刺，或者是别的物品，我的新侍会去偷来送给他。

国王在阿卡的时候，他的弟弟们玩骰子。普瓦提埃伯爵非常慷慨，他赢钱后会让人打开大门，把在场的所有妇女和绅士喊来，把从他的兄弟安茹伯爵和其他人那里赢来的钱发给他们。

第82章　商议国王的返法旅程

我们在阿卡期间，一个星期天，国王派人把他的弟弟们和佛兰德尔伯爵以及其他的有钱人喊来，对他们说："先生们，我的母亲，

>> 法国国王圣路易

王后*写信给我，通知并尽所能地请求我，希望我回法兰西。因为我与英格兰国王既没有休战也没有建立和平关系，王国正陷入巨大的危险之中。阿卡的人告诉我，如果我离开，就会丢掉阿卡。因为阿卡的所有人会想跟随我一起离开，没有人敢留下来与这么少的人在一起。我也请求你们想想，这是一件非常重要的事情。我给你们时间，八天后告诉我你们的好主意。"① 教皇使者来和我说，他不理解国王怎么能够留下，并非常恳切地邀请我乘坐他的船返回法兰西。我回答到，这于我而言是不可能的，正如他所了解的，我一无所有，我在水上被俘后已经一无所有。我是这样回答他的，不是我不情愿和他一起回法兰西，而是当初去海外时，我的堂兄弟布兰库尔（Boulaincourt）（上帝赦罪之人！）对我说："您就要去海外了，请多保重。任何一名骑士，无论其贫穷还是富有，作为上帝的子民，如果在与萨拉森人的战斗中被俘的话，是没有荣誉的，是不可以回家的。"教皇使者很生气，说我不应该拒绝他。

第83章　国王议事会中的异议；儒安维尔反对返回法兰西

到了下一个星期日，我们来到国王跟前，关于他是要回法国还是留下，国王询问他的弟弟们、佛兰德尔伯爵还有其他贵族的意见。他们让居伊·德·莫瓦桑（Gui de Mauvoisin）大人把意见告诉国王。国

---

* 指布朗什王后。——中译者

① 在手稿里，此处有缺字。"教皇使者"这个单词也缺失了，但能根据意思（上下文）把缺的字补回来。

王便询问居伊·德·莫瓦桑他们都有什么意见,他回答道:"陛下,您的弟弟们以及所有在场的有钱人都重视您的国家,都认为为了您和您的王国的荣誉,您不能再留在这里,因为您带到海外的骑士,在塞浦路斯时有2000人,而现在只剩下不到100人了。所以,他们建议您在阿卡迅速搜集武器和钱财,然后带着这些武器和钱财回法兰西,向曾俘虏您的上帝的敌人报仇。"国王不愿意采纳居伊·德·莫瓦桑的建议,于是问了他身边的安茹伯爵、普瓦提埃伯爵、佛兰德尔伯爵以及其他有钱人,而他们都同意居伊的看法。教皇使者问了当时就在旁边的雅法伯爵是否与他们的想法一样,伯爵恳请教皇使者不要接受这一建议,他说:"因为我的城堡都在海边,如果我建议国王留下,他们一定会认为我是出于私利。"听到这话,国王马上问他有什么想法。雅法伯爵说,如果国王能够让十字军战争持续一年时间,如果国王留下的话将会给自己带来巨大荣誉。教皇使者询问坐在雅法伯爵周围的人,他们都同意居伊·德·莫瓦桑的意见。我当时正坐在第14个位置上,与使者面对面。他问我有何想法。我回答到,我十分同意雅法伯爵的看法。接着,使者非常恼火地对我说:"国王怎么可能凭着他手中这么点人再维持一年呢?"由于我认为他之所以这么说就是为了刺激我,于是我也生气地回复他说:"大人,既然您想知道,那我就告诉您。据说(我不知道是否属实)在此之前国王并没有花他自己一分钱,而只是花教士的钱。因此,国王可以花他自己的钱,让人去找在莫雷或者海外的骑士,当听到国王会给骑士大笔钱时,各地骑士都会愿意来到他身边,由此国王就可以再坚持一年多,上帝保佑。如果留下,他就可以解救那些为了服务上帝和他而被俘的穷人,而如果他离开,这些人不可能有机会脱离苦海。"在监狱里,任何人都不会有亲密朋友,也没有人可以让我重新获得健康。他们所有人开始哭泣。在我之后,使者询问纪尧姆·德·博蒙(Guillaume de Beaumont），他后来成为法兰西的骑兵军官，他重复了我前面说的内容，然后补充道："我想跟您说一下理由。"他的伯伯，好骑士让·德·博蒙大人非常渴望回法兰西，生气地辱骂他道："胡说八道，你想说什么？你坐下，闭嘴！"国王对他说："让阁下，您疯了，让他说，当然，阁下，我不会这么做。"骑兵军官不作声了，没有人同意我的意见，除了沙特奈（Chatenai）老爷。

于是，国王对我们说："各位，我在八天后的今天听到你们的想法了，这让我感到开心。"

第 84 章　儒安维尔遭到责备；他和国王的密谈

当我们离开那里时，针对我的挞伐从四面八方涌来。"儒安维尔老爷，如果国王相信您而不相信法兰西议事会的建议，那他是疯了。"吃饭的时候，国王让我坐在他的旁边，只要他的弟弟们不在的时候国王都会让我坐这个位置。整个用餐的过程中，国王没有和我说一个字，这不是他的一贯做法，他一直在不停吃饭，而不是像往常那般在吃饭时总会留意到我。事实上，我确信他生我的气了，因为我说他到目前为止都没有花自己的钱，而是花了教士大量的钱。就在国王听谢恩祷告时，我走到一个有栏条的窗户前，它对着国王的床头边，我伸出手臂，穿过栏条。我当时在想，我应该在另一次十字军战争降临之前，去找安条克王子[①]（他视我为亲属，并派人来找我），直到另一

[①] 博埃蒙德五世（Boémond V）（参阅第 101 章）。

次十字军战争降临到这个国家，由此那些被囚禁的人就会被释放，这些都是布兰库尔老爷给我的建议。我站在那里时，国王走过来靠着我的肩膀，双手放在我的头上。我以为是腓力·德·内穆尔大人，那天他对我的敌意十分大，只因我给了国王那个建议。于是，我说："让我静静，腓力大人！"突然，就在我转头时，国王的一只手刚好落在我脸的中间，我才意识到这是国王，因为他手上戴着一个祖母绿戒指。国王对我说："您先别说话，我有问题想问您，您一个年轻人怎么如此胆大，敢反对法兰西所有贵族和贤人的建议，反对我回国。"我回答道："陛下，我心怀错误想法才会建议您付出如此大的代价（留下）。"他说："您说，如果我回去的话就做错了。"我说："是的，陛下，上帝会帮助我的。"接着，他对我说："如果我留下来，您会留下吗？"我回答道："是的，如果可以的话，要么用我自己的钱，要么用别人的钱。"他说："您且放宽心吧，您的建议十分合我意，但在这一星期内先不要告诉任何人。"听到这话，我更舒心了，于是更加坚定地反对那些攻击我的人。人们把这个国家的人称作"普兰"（poulains），皮埃尔·德·阿瓦隆大人叮嘱我，反对我的那些人也把我称为"普兰"。我对他们说，与其和他们一样，像是精疲力尽的未经阉割的战马，我更愿意成为一名"普兰"。

第85章　国王宣布留在圣地

又到了星期天，所有人来到国王面前。当看到我们都到了，他画了一个十字（我想，他应该是向圣灵求助了，因为我的母亲告诉我，每次我想要向圣灵求助时都会说些什么，然后画十字），然后说道：

法国国王圣路易

"非常感激所有建议我回法兰西的人,同样也感谢那些建议我留下的人。不过,我认为,如果我留下,我的王国也不会陷入任何危险,因为我的母亲有足够的人保护好它。我同样在想,这里的贵族说如果我回去,耶路撒冷王国就危险了,因为我走了以后没有人敢留下。因此,我认为,无论付出任何代价,我都不可以扔下耶路撒冷不管,我来这里就是为了保护它和占领它的。因此,我的解决办法就是,留在这里。我也想和你们这些有钱人以及所有骑士说,谁愿意和我一起留下请坚定地告诉我。我同样要对你们说的是,如果不愿意留下,你们也没有错。"现场许多人听到这话后惊讶得目瞪口呆,也有很多人流泪。

第86章 圣路易决定让修士先出发;他把儒安维尔留下

按所说的那样,国王下令,他的弟弟们要返回法兰西。我不清楚这到底是他们的请求还是国王的意愿。大约在圣让节(saint Jean)前后,国王宣布留下。在圣雅各节当天,① 我朝拜圣雅各,圣雅各给了我许多永福(宗教)。国王参加完弥撒回到他的房间后,把留下来陪伴他的议事会成员召集过来,即内侍皮埃尔(Pierre),他是我在国王宫廷里见到的最忠诚和最正直的人,好骑士和贤人若弗鲁瓦·德·萨尔吉纳大人,好骑士和贤人吉勒·勒布伦大人。吉勒·勒布伦大人是在贤人安贝尔·德·博热大人去世后,由国王任命为法兰西王室总管。国王非常恼火,大声地对他们说:"各位大人,我们已经留下来

---

① 1250年7月25日。

一个多月了，但仍没有听说你们有给我带来一名骑士。"他们回答道："陛下，没有办法，雇佣一名骑士太贵了，并且他们更愿意回到自己的家乡，我们都不敢满足他们的要求。"于是，国王说："你们谁能找到更便宜的骑士？"他们回答道："事实上，香槟的邑督可以，但我们也不敢答应他的要求。"我当时就在国王房间里，听到了这些对话。于是，国王说："把邑督叫来。"我走过去，跪在国王面前，国王让我坐下，对我说："邑督，您知道我非常爱您，我的人说您难以应付，怎么会这样呢？"我说："陛下，没有办法，您知道我在水上被俘时，就一无所有了，我失去了一切。"国王问我的要求是什么。我告诉他，说到逾越节①之前，大概有一年中的三分之二那么长的时间，我要2000利弗尔。国王问我："您有和其他骑士议价吗？"我回答道："是的，皮埃尔·德·庞特莫兰（Pierre de Pontmolain），他的三个方旗爵士，到逾越节前每人400利弗尔。"国王用手指算了一下，说："你的新骑士要1200利弗尔。"我说："不过，陛下，您想，我需要800利弗尔养活我、我的军队和骑士，您不会想让我们都在您的住所吃饭的。"然后，他对着他的人说："确实，我没有想到超出的部分，我雇佣你们。"然后对我说，雇佣我和我的骑士。

第 87 章　国王的修士上船；皇帝弗雷德里克二世和大马士革苏丹的使者

在这之后，国王的弟弟和其他有钱人在阿卡开始准备船只。当他

---

① 直至1252年的逾越节（参阅第93章）。

196 们离开阿卡城时，普瓦提埃伯爵从要返回法兰西的人手里借了金银珠宝，慷慨地把大部分给了我们，也就是留下的人。国王的弟弟们逐个恳请我照顾好国王，他们告诉我，在留下的人当中没有人比我更能让他们寄予希望的了。即将登上战船时，安茹伯爵无比悲伤，悲伤的程度震惊了我们所有人，但最终他还是回法兰西了。

就在国王的弟弟们离开阿卡不久，皇帝弗雷德里克派信使来见国王，并带来了国书。信使告诉国王，德皇派他们来帮助我们获释并向国王展示了德皇写给死去的苏丹的信（德皇没料想到苏丹已经死了）。在信里，德皇告诉苏丹，他相信信使可以解救国王。许多人都说，信使如果找到被俘的我们，会对我们不利。因为大家都认为德皇派他们来，与其说是要帮助我们获释，不如说是来妨碍我们获释的。他的信使发现我们被释放后便回去了。

国王在阿卡时，大马士革苏丹（soudan de Damas）向国王派信使，抱怨埃及的埃米尔们杀死了他的堂弟。他向国王许诺，如果国王

197 愿意帮助他，他就把手中的耶路撒冷王国交给国王。国王决定派自己的信使回复大马士革苏丹，和信使一同被派遣的有布道会修士布列塔尼人伊夫（Yves le Breton），他懂得萨拉森人的语言。当国王的使团从住所前往大马士革苏丹的宫殿时，修士伊夫看到了一名老妇正横穿马路，她的右手拿着一盆满满的火，左手拿着一盆满满的水。修士伊夫问她："你拿着这些是要做什么呢？"她回答道："我想要用火烧了天堂，用水淹没地狱，这样天堂和地狱将不复存在。"修士接着问："你为何想这样做呢？"老妇回答道："我不想有人因为想得到天堂的奖励或者是因为害怕地狱而行善，而是希望人们行善纯粹出于对上帝的爱，他是如此珍贵，能把所有可能的永福都给我们。"

第二部分

第88章　关于国王的炮兵让·勒尔曼

让·勒尔曼（Jean l'Ermin），国王的炮兵，为了购买动物的角和胶来做弩，也去了大马士革。他看到一位十分年迈的老人（萨拉森人），坐在大马士革的集市里。老人叫住他，问他是不是基督徒。他回答说是。于是，老人问："你们基督徒之间应该十分憎恨彼此，因为我有一次看到耶路撒冷的国王博杜安（roi Baudouin de Jérusalem），他患有麻风病，他的军队只有300人，却打败了萨拉丁，而萨拉丁则有3000人。现在，你们的罪孽把你带到这样的一条路上，我们就像赶牛那样把你们赶到这些土地上。"于是，让·勒尔曼告诉老人，他不应该说基督徒的罪孽，因为萨拉森人犯下的罪孽更重。老人回应说他的回答是愚蠢的。让·勒尔曼问为何。这位老人说会告诉他，但有个问题要先问让·勒尔曼。萨拉森人问让·勒尔曼是否有小孩。让·勒尔曼回答道："有，一个男孩。"萨拉森人接着问他，如果别人和他的儿子使他受到侮辱，哪一个会令他最生气。让·勒尔曼回答到，如果他的儿子要设置陷阱反对他，会更令他恼火。他说："现在，我要告诉你我的答案，这就是你们基督徒，你们都是基督的儿子，都因他的名字而被称为基督徒。基督给了你们恩典，给了你们律法，有了恩典和律法你们就可以知道什么时候做的是善举，什么时候在做坏事。这就是为何当你们犯下了一个小小的罪孽，而无知和盲目使我们犯下深重罪孽，上帝对你们会更生气。因为我们相信穆罕默德告诉我们的话，如果死之前能在水里洗澡，所有罪孽将会被洗涤。临死的时候，我们可以通过水得救。"

法国国王圣路易

从海外回来后,让·勒尔曼与我做伴。有一次,去巴黎,我们在一个亭子里正吃饭时,一大帮穷人恳请我们为了上帝的爱施舍他们。他们制造出很大噪音,我们当中的一个人命令一名侍从说:"你,起来,把这些穷人赶走。"

让·勒尔曼说:"噢!您这么说真是大错特错了。如果法兰西国王派差使来赠予我们每人100银马克,我们不会把差使赶出去。然而,您现在要赶走这些恳求您为了上帝的爱而施舍的他们,他们是能带给您最好礼物的差使。换言之,如果您施舍钱财,他们就会把上帝给您。上帝曾亲口说过,他们能够把他的礼物赠予我们。圣徒们也说,穷人可以把我们带给上帝,正如水可以灭火,施舍可以消灭罪孽。您不要再做驱赶穷人的事情,施舍他们吧,上帝也会给予您他的爱。"

第89章 山中老人的使者;回应他们的威胁

国王留在阿卡期间,山中老人①派来使者。国王参加完弥撒回来后让人把使者带来,让他们按如下的方式坐下:坐在前面的是一名埃米尔,穿着十分得体,装备精良;埃米尔后面是一个武装得十分好的年轻贵族,手握三把刀,每一把都插在另一把的刀柄上,如果埃米尔的要求被拒,他就拔刀(三把刀)相向,以示反抗。年轻贵族的后面,是另一个贵族,手中抱着缠得特别紧的硬挺的布,同样是,一旦

---

① 参阅第51章。

国王拒绝山中老人，他就把裹尸布送给国王。

国王让埃米尔说明来意。埃米尔把国书递给国王，说："我的主人派我来询问您是否认识他。"国王回答说不认识，没见过，但有听说过他。"既然听说过，我非常吃惊的是，您没有把我的主人视作支持者向他缴纳贡金，就像德意志皇帝、匈牙利国王（roi de Hongrie）、巴比伦苏丹以及其他人每年所做的那样，他们非常清楚，他们的命取决于主人（心情）的愉悦程度。但是，如果您不愿意这样做，那么就替我的主人偿清要给医院骑士团和圣殿骑士团的贡金，这样，他也会对你感到满意。"那时，他把贡金交给圣殿骑士团和医院骑士团，因为他们并不害怕（山中老人领导的）阿萨辛派（杀手），也因为如果杀掉圣殿骑士团或医院骑士团的统帅，山中老人什么东西也得不到，他非常清楚，如果杀掉一个，他们就会推举另一个一样好的统帅。由此，山中老人不愿意让阿萨辛派陷入危险之中，这样他什么也得不到。国王回复让埃米尔下午回来。

当埃米尔再次面见国王时，发现国王的身边，一边坐着医院骑士团的统帅，另一边坐着圣殿骑士团的统帅。于是，国王让埃米尔重复一遍上午对他说过的话，埃米尔说并非不想重复，除非是面对上午的那些人。两位统帅对他说："我们命令您说。"于是，他回答到，既然他们下令那他就说。于是，两位统帅让他第二天去圣殿骑士团那里，用萨拉森人的语言说，他照做了。

后来，两位统帅告诉他，他的主人胆大妄为，竟敢派使者对国王说如此令人讨厌的话。他们说，如果不是出于对国王的爱，他们会把使者扔到阿卡的海里，羞辱他们的主人。他们说道："我们现在命令您回去告诉你们的主人，14 天以后您再回来见国王，以您主人的名义，带上可以令国王高兴和能让国王感受到您主人好意的信件和金银财宝来。"

>> 法国国王圣路易

第90章 山中老人的使者带来和平的保证；来自修士布列塔尼人伊夫的信息

两个星期之后，山中老人的使者们回到阿卡，给国王带来了山中老人的一件内衣。他们告诉国王，这件内衣是贴身之物，比任何衣服都更贴近身体，象征着山中老人愿意把国王放在离心脏最近的地方，比任何其他国王都近。此外，他还把刻有山中老人名字的金戒指带来，山中老人想通过这枚戒指告诉国王，他拥护国王，希望今后与国王成为一个整体。在他送给国王的珠宝里，有一件非常精美的水晶大象、一件水晶长颈鹿、水晶苹果以及其他各式各样的水晶珠宝，如水晶牌桌和棋子。所有珠宝在制作时都使用龙涎香，通过非常精美的装饰图案把龙涎香与珠宝结合起来。您知道，使者一打开匣子时，整个房间都充满香气，这些珠宝太香了。

国王派使者回复山中老人，并带去大量珠宝、鲜红色呢绒、金酒杯和银制马衔。与使者一同前往的还有修士布列塔尼人伊夫，他懂萨拉森人的语言。修士伊夫发现山中老人并不相信穆罕默德，而是相信穆罕默德的叔叔*阿里的法律。正是阿里把穆罕默德扶上高位，不过，当穆罕默德获取统治人们的权力之后却攻击他的叔叔并踢他出局。见状，阿里便团结身边能团结的一切人，教给他们一套不同于穆罕默德

---

* 儒安维尔写错，应该是堂弟。——中译者

的信仰。最终便出现下面的结果，信仰阿里的人把信仰穆罕默德的人视为异教徒，同样的，信仰穆罕默德的人把信仰阿里的人称为异教徒。

阿里律法中有一条这样写到，当一个人听从主人的命令行刺，他躯体里的灵魂就会变得比原来更加崇高。因此，阿萨辛派在执行任务时不会动摇，因为他们坚信一旦牺牲，灵魂会更崇高。①

阿里律法还有这样一条：他们相信，任何人的死期是早就定好的，在这一天到来之前人是不会死的。我们没人会相信它，因为上帝有能力延长或缩短我们的生命。不过，贝都因人也信奉这一条，由此，他们作战时拒绝穿盔甲，相信如果穿上盔甲就是违背他们的律法。他们在教养孩子时会说："是的，你要知道，法兰克人之所以穿盔甲是因为他们害怕死亡。"②

修士伊夫发现山中老人的床头有一本书，书中记载了圣彼得出生时上帝和他说的话。修士伊夫对山中老人说："啊，为了上帝，大人，您经常在床上看这本书，因为这本书记载了非常好的上帝的道。"山中老人说他经常看，他说："我非常喜欢圣彼得，因为在世界之初，当亚伯（Abel）被谋杀后他的灵魂进入到了诺亚（Noé）身上；诺亚死时，灵魂又进入到亚伯拉罕（Abraham）身体里；亚伯拉罕去世后，灵魂又进入圣－皮埃尔（Saint-Pierre）身上，正在这个时候上帝来人世间。"当听到这些，修士伊夫指出对方的信仰是错误的，并教给他许多好的道，但山中老人并不相信。修士伊夫回来后把这件事告诉了国王。山中老人骑马的时候，一个小贩在他面前，拿着一把银制的长柄丹麦斧头，长柄上插满小刀。于是山中老人大声喊

---

① 参阅第51章。
② 参见第113页。

> 法国国王圣路易

道:"在他面前改道,他的双手夺走了许多国王的命!"①

第91章 回复大马士革苏丹;让·德·瓦朗西安纳出使埃及;许多被俘十字军被释放

我忘记告诉您国王给大马士革苏丹的回答。国王的回答如下:他是不会派人去和大马士革苏丹建立联系的,除非他知道埃及的埃米尔们为他们破坏之前双方拟定的协议的行为,而给他一个公正的交代。如果他们不愿意恢复之间的协议,那他会为大马士革苏丹的堂兄,即被埃米尔们杀死的巴比伦苏丹报仇。

留在阿卡期间,国王派让·德·瓦朗西安纳(Jean de Valenciennes)大人去埃及,要求埃及的埃米尔们对曾给国王带来的羞辱和伤害进行补偿。埃米尔们对国王说,他们当然非常乐意做这件事,并提供一个能与国王共同反抗大马士革苏丹的机会。让·德·瓦朗西安纳大人谴责他们给国王带来了太多的耻辱(正如我更早之前讲过的),建议他们,为使国王报仇的心变得柔和些,好的做法就是把关在牢里

---

① 可以看出,在叙利亚的伊斯玛依派和阿萨辛派里,杀人就是一项义务。由此,法语中表达这一意思的词汇有"assassin""asssinat"和"assassiner"。在伊斯玛依派的其他分支里,道德意识并不意味着更少的堕落。西尔韦斯特·德·萨西(Silvestre de Sacy)先生将之归因于接受伊斯玛依派教义的人在不少数,并指出该教义"用对待信仰的理性态度和在权威启示那里人拥有的无限自由,取代了宗教里的哲学。这一自由,或者更确切地说,是一种放纵,它不会长时间地停留在某一朴素的精神上,它经过心,对道德的不良影响不会马上被感觉到。此外,伊斯玛依派教徒把教义提出的一切放纵的基石都实现了,他们通过对大众信仰和大众崇拜套上枷锁,从而使符合情理的和最神圣的律法受损"(《铭文协会回忆录》第四卷第1页)。

的骑士都送回给国王。他们这样做了，并且把放在圣地的布里耶纳伯爵的骨头也送给国王。让·德·瓦朗西安纳大人带着被释放的 200 名骑士回到阿卡，此外还有戈蒂埃伯爵的堂姐萨耶特（Sayette）夫人、[①] 雷内（Resnel）* 领主戈蒂埃的妹妹，儒安维尔从海外回来后娶了雷内领主戈蒂埃的女儿[②]为妻。萨耶特夫人带回戈蒂埃伯爵的骨头，把他埋在阿卡的医院骑士团的医院里。她是这样安排的，每一名骑士都捐赠一根蜡烛和一便士，国王则是一根蜡烛和一个拜占庭金币，所有的一切都由她出钱。我们感到非常惊讶的是，国王居然也做这样的事情，我们从未见他用自己的钱作祭献品的，但他却非常谦恭地做了这件事。

第92章　国王接受了来自香槟的四十名骑士； [208] 国王答复埃及派来的使者

在让·德·瓦朗西安纳大人带回的这些骑士中，我发现有 40 名来自香槟伯爵的宫廷（la cour de Champagne）。我让人用绿色呢绒给他们做上衣和外衣[③]，带他们到国王跟前，恳求国王收留他们。国王听完他们的要求后沉默了。议事会的一名骑士说我不应该向国王提出这样的建议，因为这需要 7000 利弗尔的开销。我对这名骑士说，他能说出这样的话肯定是已经疯了，我们已经损失了 35 名来自香槟伯

---

① 指玛格丽特·德·雷内（Marguerite de Resnel）。
* 原著为"Resnel"，但今天法语写作"Reynel"，因此翻译采用"Reynel"，今马恩省。——中译者
② 阿利克斯·德·雷内（Alix de Resnel），玛格丽特·德·雷内的侄女。
③ 是一种穿在上衣（cotte）外面的衣服。

135

爵宫廷的骑士了，他们都是举军旗的。我说："如果国王相信您的话，对他是不利的，因为他需要骑士。"说完，我开始大哭。国王让我安静，说会按我的要求给他们提供一切。国王根据我的建议收留了他们，把他们安置在我的军队里。

国王如此回复埃及的使者：他不会和他们签订任何协议，除非他们把在巴尔伯爵和蒙福尔伯爵被俘后，被吊死在开罗（Cairo）城墙上的所有基督徒的头颅送回来；除非他们把所有的孩子，在非常年幼时就被俘虏并已经改变信仰的孩子送回来；除非他们撤销国王应付的2000利弗尔欠款。国王派遣让·德·瓦朗西安纳，一个智谋双全的人，与埃及的埃米尔信使一同前往。

在大斋期即将来临之际，① 国王和他的所有部队都在加固被萨拉森人摧毁的凯撒利亚的防御工事，这些防御工事距离耶路撒冷12古里。* 在阿卡病倒的拉乌尔·德·苏瓦松（Raoul de Soissons）大人也和国王一起加固凯撒利亚防御工事。除非是上帝的意愿，我不知道那一整年当中怎么会发生这样的事情——萨拉森人没给我们造成任何损失。正当国王在加固凯撒利亚的防御工事时，鞑靼人的使者又来了。我将告诉您他们带回的消息。

第93章　鞑靼人如何选举自己的首领，以摆脱牧师让和波斯皇帝

正如我前面说过的，② 国王在塞浦路斯逗留期间，鞑靼人的使者

---

① 1251年的大斋期始于3月1日。
* 一古里约等于今天的4公里。——中译者
② 参阅第29章。

来见国王，说他们愿意帮助国王从萨拉森人手里夺得耶路撒冷王国。国王派使者回复鞑靼人，同时让使者带去一个鲜红色的小礼拜堂（帐篷）。为了吸引他们皈依我们的信仰，国王让人在小礼拜堂制作了很多图象（与我们信仰有关的），如天使报喜（Annonciation de l'ange）、耶稣诞生（la Nativité）、受洗（le baptême dont Dieu fut baptisé）、受难（la Passion）以及圣灵降临（l'avénement du Saint-Esprit）。此外，为了在鞑靼人面前唱弥撒，国王让使者把圣杯、书籍以及所有唱弥撒的所需物品带去，还派了两位布道会修士。国王的使者先到达安条克（Antioche）港口，然后再从安条克出发去找鞑靼人的皇帝，每天骑行10古里，这一过程至少花费他们12个月的时间。一路上，他们经过的地区都臣属于鞑靼人，其中许多城市被毁，有大量尸骨。他们向人打听，鞑靼人是如何拥有如此大的能力，可以杀死和征服这么多的人。后来，他们把打听到的内容禀告国王：鞑靼人最初来自寸草不生的广袤沙漠。这一沙漠始于世界的东端，那里有非常巨大和奇迹般的岩石，鞑靼人证明，从未有人能跨越过这些岩石。他们说，歌革（Gog）和玛各（Magog）的人被关押在里面，他们应该是要去往世界的尽头，然而这一切被反基督者破坏了。在这片土地上生活的鞑靼人臣服于牧师让①和波斯皇帝（empereur de Perse）②，之后又臣服于许多异教国王的统治。为了饲养牲畜的草原，即他们生存的唯一来源，每年都要向这些统治者进贡和为这些统治者服役。牧师让、波斯皇帝以

---

① 牧师让，亚洲的一位君主，基督—景教徒（chrétïennestorlen），被成吉思汗（Gengis-Khan）废黜。

② 这位王子被称为波斯（Perse）皇帝的穆罕默德（Mohammed），是哈里斯姆（Kharism）的国王，在他之后，他的儿子全被成吉思汗打败。在这些战争之后，花剌子模（les Kharismins 或 Corasmins）从波斯出发，进军叙利亚，于1214年再次大败基督徒（参阅第102章）。

及其他的国王用这样的方式羞辱鞑靼人：鞑靼人交纳贡赋时，他们不愿意面对面接收，而是背对他们。他们当中有一位贤人，曾游历四方，足迹遍布各地，与不同地区的贤人交谈，描述他们所处的奴役处境，并极力恳请他们思考如何才能摆脱牧师让的奴役。后来他把所有贤人都聚集起来，就在与牧师治下疆域相对的另一端，与他们分析时局。鞑靼人响应他所说的并要执行。不过，他对他们说，如果没有一个国王或者君主来统治他们，是不会成功的。他教导他们：应该有一个国王。他们相信了。于是，事情如此演进，一共52个部族，每个部族都给这位贤人拿了刻有部落名字的箭。他与所有人达成协议，约定如下：他们把刻有部族名字的箭放在一个5岁的小孩面前，让小孩抓取。小孩首先拿到的箭属于哪个部族，国王便从哪个部族选出。当小孩从中拿出一支箭时，这位贤人就把其他部落的箭放在后面。接着，他从国王候选人所在的部族中选出比较贤明和比较好的52个人。选出以后，52个人每人拿出一支刻有自己名字的箭，然后安排小孩去抓取，抓到谁的箭谁就是国王。当小孩抓到了那个给他们建议的贤人的箭时，所有人都非常幸福，每个人都表露出巨大的喜悦。贤人让他们安静，对他们说："各位大人，如果想让我当你们的国王，你们要对着创造了天和地的神发誓，发誓会听从我的命令。"于是，他们向贤人发誓。

为了带给民众和平，他拟定了法律：任何人不应该偷东西；任何人如果不想失去手就不要攻击别人；任何人如果不想失去手或生命的话，就不应该与另一个人的妻子或女儿有男女关系。为了和平，他为民众制定许多好法律。

第94章　鞑靼人战胜牧师让；他们其中一位王公的观点及其皈依

在颁布法令和制订好计划后，这位贤人对他们说："各位大人，我们的最大敌人是牧师让，我命令你们所有人做好明天攻打他的准备，如果他击溃我们（上帝会照看我们！），每个人都要尽可能做到最好。如果我们打败他，我下令，三天内任何人不能把手伸向战利品，只能屠杀敌人。赢得胜利之后，我会非常正确且公正地分发战利品，让每个人都满意。"对于这一命令他们所有人都同意。

第二天，他们进攻敌人，正如上帝希望的那样，他们赢了。那些有武装且有能力反抗的人都被他们杀死了。他们不杀穿着宗教服饰的人，例如牧师或其他宗教人士。其余生活在牧师管辖的领土上的、且没有参与战争的人都臣服于他们。

在一个名气更大的部落中，一位王子三个月杳无音讯。然而，当他回来时既不饿也不渴，认为自己顶多只离开了一个晚上。他告诉部落里的人，他发现一座非常高的山，山上有一群他见过的最漂亮的人，他们的穿衣打扮都是最漂亮的。在山顶，他看到一个穿衣打扮比其他任何人还要华丽的国王，坐在黄金制成的御座上。左右两边，分别坐着六位戴王冠的国王，王冠上有宝石点缀，十分贵重。国王的右手边，跪着一位王后，她请求国王可怜她的子民。在这位王后的左边，有一个非常漂亮的男人，他有一双如太阳般闪耀的翅膀。国王的

>> 法国国王圣路易

周围有一群人,他们都有漂亮的翅膀。国王传唤这位王子,问:"你是从鞑靼人的军队而来?"王子回答道:"阁下,我确实是从那里来。"国王说:"去和你们的军队说你已经见过我了,我是天空和大地之主,告诉你们的军队,他们应该感谢我,因为是我让他们战胜了牧师让和他的子民。也要告诉你们的军队,是我给了他们权力统治牧师让的领土。"王子问:"陛下,他们怎么相信我说的话?"国王说:"你这样说,他们就会相信你,你说你带着比波斯皇帝要少的三百人与他作战,这样,你伟大的国王就会相信我有权力做一切事情,我会给你军队去打败波斯皇帝,他将带 300 多人应战。在出征前,你请求国王,让他给你他在战争中会带上的牧师和宗教人士,他们会教导你和你的所有子民都坚定地相信他。"王子说:"陛下,如果没有你的指导,我真不知道如何去找国王。"国王转身,面向一大批武装非常精良(精良程度简直就是奇迹!)的骑士部队,说:"乔治(Georges),上前来。"乔治前来并跪在国王跟前,国王对他说:"起来,把这个人完好无损地带到军营。"很快,乔治就照做了。当王子的人看到他回来时,他们以及整个军营的人都沉浸在无法描述的巨大喜悦之中。他向伟大的国王请求赐予他牧师,国王答应了。于是,王子和他的所有子民接受了牧师宽容的教诲,都受洗了。完成这些事情之后,他带着 300 人忏悔,准备去攻击波斯皇帝,结果打败并追击波斯皇帝,直到他逃到耶路撒冷王国。正是这位波斯皇帝打败了我们的人,并俘虏了戈蒂埃·德·布里耶纳,正如你接下来会听到的那样。①

216

---

① 参见第 102 章。

第 95 章 鞑靼人的风俗习惯；他们傲慢的国王；圣路易后悔派遣使者

国王的使者回来后告诉我们，这位基督教王子的百姓非常多，他们的营地，有 800 个建在战车上的小教堂。他们不吃面包，而是靠吃肉和喝牛奶活着。他们最喜欢的肉是马肉，用盐水涂抹然后再弄干，直到可以像切黑面包那样切马肉。他们最喜欢也最浓烈的饮料是用草本植物加糖煮的马奶。人们献给鞑靼人的大王一匹驮着面粉的马，这匹马至少行走了三个月。他把这匹马赠予了国王的使者。

他们当中有相当多的基督徒信奉的是我们所说的希腊（Grecs）宗教，包括我们提到的那些人及其他人。当鞑靼人想要与萨拉森人作战时，就会派这些人去战斗。而当他们与基督徒作战时派出的是萨拉森人。所有没有孩子的女人也跟着他们一起参与战斗。他们给妇女的薪水和给男人的一样多，因为妇女更加勇猛。国王的使者还叙述到，被雇佣的男人和妇女被安排住在雇主的家里。这些男人不敢碰这些女人，因为他们最高权威的国王颁布的法律严令禁止这种行为。他们把营地里所有的肉带走并吃光。有孩子的女人则负责管教孩子，并为要上战场的人准备食物。他们把生肉放在马鞍和马鞍布之间的位置，等到肉里的血流干，便吃这些全生的肉。还不能吃时，他们就会把肉扔进皮包，等饿了的时候就打开皮包，通常先吃更老一些的肉。我看到波斯皇帝军队里的一名花剌子模（Corasmin），负责看守我们的牢房，他打开皮包时，我们无法忍受飘出来的臭味，都堵住鼻孔。

现在，回到我们的故事里。当鞑靼人的大王接待使者和接受礼物

219 后，他派人带着安全通行证去找那些还没有臣服于他的国王，让他们拉紧小教堂，说："各位君主，法兰西国王已经成为我们的臣属，这就是他送的贡品。如果你们不愿意臣服于我，我就派他去击败你们。"他们中有人因为害怕法兰西国王而纷纷归顺于鞑靼人的大王。

鞑靼人的使者和国王的使者一同回来，带来了他们的伟大国王写给法兰西国王的信，信这样写道："和平是一件好事，因为在和平的土地上，四条腿的动物能安稳吃草，而两条腿的人也可以非常安心地耕作。我们告诉你这件事就是为了提醒你，如果你不和我们和平共处的话，就无法拥有这份安宁。不能与我们和平共处的国王和类似的人物（称为国王的有很多），都被我们用剑刺死了。因此，我们通知你，每年都要送足够多的黄金和钱来，以巩固我们的友谊，一旦你没有做到，我们会像对待不能和平相处的国王那样，摧毁你和你的人。"现在，您知道圣徒国王非常后悔派遣使者去鞑靼了。

第 96 章　从挪威来的骑士到达

220 现在，再次回到我们的故事上来，当国王正在加固凯撒利亚城的军事防御时，阿莱纳斯·德·塞纳因安（Alenars de Senaingan）来到营地，告诉我们他是在挪威（Norvége）王国造他的船。挪威是在世界尽头的最西端（Occident）。在寻找国王的旅程中，他绕过了整个西班牙并通过了摩洛哥（Maroc）海峡。见到我们之前他经历了巨大危险。国王把他留下，作为 10 名骑士中的一员。他还告诉我们，在挪威，夏天的夜晚非常短，人们无法从夜晚中区分一天的结束和开始。他和他的人在捕猎狮子时冒着巨大风险，在走向狮子时尽可能用马刺刺它。走近时，狮子会扑向他们，一旦被狮子抓到，如果没有扔下一些旧衣物碎片迷惑狮子，让它以为自己抓住了一个人，而停下撕咬、吞下衣物，就会被狮子活生生吞掉。当狮子撕咬衣服的时候，另一个人就开始射击狮子。狮子便会扔掉衣服开始攻击另一个人。猎人再次扔下衣物，狮子再次撕咬衣物。正是通过这种办法，他们用箭杀死了狮子。

第 97 章　腓力·德·图西被国王任用；库曼人的风俗

当国王正在加固凯撒利亚的防御工事时，腓力·德·图西（Philippe de Toucy）大人来找国王。国王说他是他的堂兄弟，因为腓力·德·图西大人是国王腓力（roi Philippe）的妹妹①的后代，她嫁给了君士坦丁堡的皇帝②。国王雇佣他一年，成为国王的十名骑士之一。之后，腓力·德·图西大人回到了家乡君士坦丁堡。他告诉国王，为了对抗当时的希腊皇帝瓦塔斯（Vataces），君士坦丁堡的皇帝和君士坦丁堡的有钱人与一个叫作库曼（Comans）的民族缔结同盟。为了双方互助的坚定诺言，君士坦丁堡的皇帝和他的有钱人歃血为盟。库曼人（Commains）的国王和他的有钱人也这么做。双方的血混合在一起倒入酒水中，然后喝掉。于是，他们说他们是血亲兄弟。此外，他们

---

① 腓力·德·图西是腓力–奥古斯都（Philippe-Auguste）的妹妹阿涅丝（Agnès）和希腊领主布拉纳斯（Branàs）或弗拉纳斯（Vranas）的孙子，她第二次结婚时嫁给了君士坦丁堡的皇帝安德罗尼克（Andronic），后来成为了寡妇。

② 博杜安二世（Beaudouin Ⅱ），法兰西人，君士坦丁堡的皇帝。

让一条狗跑在双方之间，然后用剑把狗切成一片片。誓言说，双方无论谁背叛，就像狗一样被对方切成片。

他还告诉我们另一件令人震惊的事，他在营地时，一个富有的骑士死后，他们在地上挖了一个很大很深的坑埋葬他，被埋的骑士穿着非常贵重的衣物坐在一把椅子上，陪葬的有他生前最好的马和最好的执达吏，马和执达吏都被活埋。执达吏在陪葬之前去跟库曼人的国王和其他贵族告别。告别时，他们会在执达吏的绶带那里挂很多金银，并对他说："当我到另一个世界时，你要把这些都还给我。"他回答道："我十分愿意这么做。"库曼人的伟大国王给了他一封信，让他带给第一国王（主人），信里写到这位贤人非常好，为他提供了非常好的服务，请求第一国王对他的服务给予奖赏。做完这些后，他们把活着的执达吏和马放在主人的葬坑里，接着用木板严密封死，然后整个军队开始用石头和泥土填埋。在睡觉之前，他们会在墓上面封一个大大的土堆，以缅怀被埋葬的人。

第 98 章　儒安维尔的新契约；他是如何在海外生活的

当国王正在加固凯撒利亚的防御工事时，我去营帐看他。当时他正在和教皇使者说话，一看到我进入房间，便起来把我带到一边，跟我说："您知道我只雇佣您到复活节，[①] 所以我请您告诉我，从复活节开始再雇您一年要给您多少钱。"我告诉他，我不想他付给我更多的

---

① 雇佣儒安维尔的合同的截止日期是 1251 年的复活节（参阅第 86 章）。

钱，但确实希望可以跟他签订另一个契约。我说："因为当我们向您要东西时您会恼火，我希望在这一整年里如果我要东西您会同意，不要动怒。如果您拒绝，我也不会生气。"他听到这，突然大笑，对我说，他会以这一条件把我留下。由此，他接受我的条件雇我，把我带到教皇使者以及议事会那里，对那里的人重复了一遍我们缔结的协议。他们听后非常开心，因为我成为了营地里最有钱的人。

下面要告诉您的是，在国王的弟弟们返回法兰西后的4年里，留在海外的我是如何安排自己的事务的。有两个神父与我在一起，他们给我诵读经文，一个是在破晓时给我唱弥撒，另一个则等我的骑士和军队里的其他骑士起床后再唱弥撒。听完弥撒后我会去找国王。如果他想骑行，我便陪着他。有好几次，刚好有信息来，我们需要为此工作一上午。

我把营帐里的床安在了一个任何人都进不去的地方，这样，人们都看不到在床上睡觉的我。之所以这样做是为了避免一切与女人有不正当关系的虚假猜测。在海外，冬天的物价会比夏天高出很多，因为冬天的大海比夏天时要更危险。临近圣-雷米节（Saint-Remi）时，我让人购买了许多猪和羊，塞满了猪圈和羊棚，以及度过整个冬天需要储备的面粉和酒。我买了一百桶酒，且我通常是第一个喝酒的人。我让人在佣人的酒里兑水，侍从的酒兑的水会更少些。我餐桌上，侍从会在我的骑士面前放一大瓶酒和一大瓶水，这样他们就可以按照自己的喜好来兑水了。

国王把50名骑士拨到我的军队。每次吃饭，我的10名骑士与这50名骑士中的10人坐在我的餐桌上。他们按照当地习俗，面对面坐在地上的席子上面。每当军号吹响，我就会派54名骑士前去集合，他们被称为十人队长（dizeniers），因为每次我们全副武装去骑马时，他们每人负责指挥9人。50名骑士回来时都在我的住处吃饭。每年所有的节日，我都邀请营地里所有有钱人吃饭，正是因为这个原因，国王有时会向我借客人。

第 99 章　关于在凯撒利亚的一些判决

下面，您将听到的是，我在凯撒利亚看到的一些判决，当时国王也在凯撒利亚。

首先，我们要告诉你的是，一名骑士在污秽之地（妓院）染病。按家乡做法，他只能这么选择：要么穿着衬衫，被绳子绑着，然后由妓女牵着在营地里耻辱地游街示众；要么他的马和武器被没收，他被赶出营地。骑士选择把马和武器留给国王，离开了营地。我请求国王把这名骑士的马给我，好拿去给营地里的一位穷绅士。国王说我的请求不合理，这匹马值 80 利弗尔。我回答道："您怎么可以违反我们的协议，对我的要求如此生气呢？"国王笑着回答说："您说的都是您的想法，我并没有生气。"尽管如此，我还是不能拥有这匹马，然后把它送给穷绅士。

第二个判决是这样的，我们营地的一些骑士追逐一个叫瞪羚（gazelle）的野兽，它长得很像麂。医院骑士团的修士们攻击骑士们，驱逐他们。我向医院骑士团的统帅抱怨这件事，他回复我说会根据圣地的惯例给我主持公正，即，他让使骑士感到羞辱的修士们坐在自己的大衣上吃饭，席地而坐，直到曾被羞辱的骑士让他们起来为止。统帅说到做到。好几次看到修士们坐在大衣上吃饭后，我去找统帅，发现他正在吃饭，我请求他让那些在他面前、坐在大衣上的修士们起来。那些曾被羞辱的骑士也请求统帅。然而，统帅不答应，因为他不希望修士们恶劣地对待那些来圣地朝圣的人。听到这后，我自己也坐到地上，跟那些修士们一起用餐。我对统帅说，除非他让那些修士们起来，否则我不会起来。统帅说我在威胁他，只能同意我的请求。他让我和我的骑士与他一块吃饭，让那些在地上吃饭的修士们回到饭桌上，与其他修士一起用餐。

第三个判决如下。国王的一个名叫古卢（Goulu）的执达吏对我军队里的一名骑士动手。为此，我去找国王告状。国王说，他认为我可以撤销这个控诉，因为执达吏只是推了一下骑士。我跟国王说，我无法撤诉，如果他无法为我主持公正，那我就不再为他提供服务，因为他的执达吏打了我的骑士。最终，国王为我主持了公正，方式如下：根据当地的惯例，执达吏光着脚来到我的营帐，只穿着短衬裤，手上拿着一把出鞘的剑，跪在那名骑士面前，说："阁下，我要为跟您动手的事情向您谢罪，我带来了这把剑，如果您愿意，您可以用这把剑砍我。"我请求骑士原谅他的冒犯，骑士答应了。

第四个判决如下。为了一大片土地的管辖权，修士于格·德·茹伊（Hugues de Jouy）被圣殿骑士团的统帅派去与大马士革苏丹进行协商。这片土地过去为圣殿骑士团所有，而苏丹希望和圣殿骑士团平分管辖权。协议就此达成，如果国王同意的话。于是，修士于格带回一名代表大马士革苏丹的埃米尔，以及一份正式协议。圣殿骑士团的统帅把这些事情告诉国王，国王非常诧异，对统帅说，在没经过他的允许的前提下就与他人签订协议简直胆大妄为。国王希望统帅谢罪。谢罪的方式如下：国王让人把三顶营帐的吊帘挂起，军队里的人都可以去围观。圣殿骑士团的统帅和他的所有骑士都光着脚，从他们在营地外的帐篷走过来，穿过营地，来到现场。国王让圣殿骑士团的统帅和苏丹的使者坐在他的前面，非常大声地对统帅说："统帅，您告诉苏丹的使者，您和苏丹缔结的协议没得到我的允许。因为您并没有得到我的同意，所以您要终止和他签订的一切协议，并将之归还给他。"统帅拿出协议，给了埃米尔。国王让统帅以及所有修士都起来。他们起来后，国王对统帅说："现在，您跪下，为违背我的意愿所做的一切向我谢罪。"统帅跪下，为了谢罪，他把大衣的一端呈给国王，并把他们所拥有的一切都给了国王，任凭国王处置。国王说："首先，拟定协议的修士于格被驱逐出耶路撒冷王国。"统帅、一位名叫雨果的修士（国王的代父，如同出生在沙泰尔–佩尔兰的阿朗松伯爵的代父的身份一样）、王后以及其他所有人，都不敢帮修士于格·德·茹伊求情，也不敢阻止其离开圣地和耶路撒冷王国。

230

第100章 与埃及埃米尔们的协议；圣路易巩固雅法

当国王在加固凯撒利亚的防御工事时，埃及的使者带着协议再次来见国王，上文已述，国王修改了协议。国王与他们达成如下协议：为把耶路撒冷王国交付给国王，国王到达雅法（Jaffa）；埃及的埃米尔们发誓在同一天到达加沙（Gaza）。国王和军队中的有钱人对着埃及使者带来的协议发誓，发誓会帮助他们对抗大马士革苏丹。

当大马士革苏丹知道我们与埃及的埃米尔们结盟，便派遣至少4000名武装好的土耳其人到达加沙，即埃及的埃米尔们要去的地方，因为他非常清楚，如果埃及的埃米尔们加入到我们当中，他就输定了。尽管如此，国王并没有停止前往雅法的行动。① 当雅法伯爵看到国王到来，便把他的城堡部署成一个能防御的工事。在每一个雉堞（至少有500个）上都有一个军队所用的小盾牌和长矛，这些都是非常容易辨认的器械，都是金色的，上面有一个呈直纹的红色十字架图记。我们的营地就驻扎在周边的田地里，围绕着城堡。城堡是沿着海岸修建的，延伸到另一边。国王到达之后马上修建一个新堡，围着旧城堡，向海岸的另一边延伸。很多次，我看到国王为了赢得宽恕，自己在壕沟里提着篮筐。

埃及的埃米尔们并没有履行此前与我们定下的协议，他们不敢到加沙，原因是大马士革苏丹的军队已经到达加沙。不过，他们兑现了此前的承诺：把所有挂在开罗城墙上的基督徒的头颅，都送到国王那里，这些头颅是巴尔伯爵和蒙特福伯爵被俘后就被砍下的。国王让人把这些头颅埋了。此外，他们还把之前在国王被俘期间被俘虏的儿童也送回来了。这是他们不情愿做的事，因为这些小孩已经改宗。与此同时，他们还送给国王一头大象，后来国王把这头大象运回了法兰西。

我们逗留雅法期间，属于大马士革苏丹阵营的一位埃米尔来到距离我们营地3古里的村子里砍谷物。根据协议，我们追击他。他一看到我们来追他，便开始逃跑。在逃跑期间，一个年轻、勇敢的仆人追击他，在没有弄坏长矛的情况下击倒了这位埃米尔的两名骑士，并用剑刺进埃米尔的身体，袭击了他。

埃及的埃米尔们派来的使者恳请国王给他们一天的时间，这样埃米尔们就能来与国王会合，他们应该可以做到。国王决定不拒

---

① 这大约发生于1252年3月，圣路易离开凯撒利亚，前往雅法。1253年6月29日，圣路易离开雅法。

绝,给他们一天的时间。他们起誓,向国王承诺,保证一天之内到达加沙。

第101章　关于厄伯爵;安条克王子;四个亚美尼亚乡村乐师

就在我们等待埃及的埃米尔们的那一天,也就是国王给予他们一日宽限的当天,当时还不是骑士的厄伯爵,[①] 带着好骑士阿努尔·德·吉纳(Arnoul de Guines)大人以及他的两个兄弟来到了营地。阿努尔·德·吉纳大人手下有九名骑士。厄伯爵为国王服务,后来国王封他为骑士。

正是在这一时期,安条克王子和他的母亲安条克公主,[②] 返回营地。国王给了他巨大的荣誉,并为他举行了非常隆重的骑士授封仪式。他当时还不到16岁,却是我见过最聪敏的孩子。他请求国王在他母亲出席时听他说话,国王答应了。当着他母亲的面,他是这样请求国王的,他说:"陛下,我的母亲确实会在接下来的4年里继续行使监管权力,但这并不意味着她能够合理地使我丢失土地或降低地位。陛下,我之所以说这些是因为安条克正在她手里衰败。所以,陛下,我请求您让她给我钱,这样我就能用钱去救在安条克的我的人,

---

[①] 让(Jean),阿方松·德·布里耶纳(Alfonse de Brienne)和厄女伯爵玛丽(Marie, comtesse d'Eu)的儿子,后来成为儒安维尔的朋友(参阅第113章)。

[②] 博埃蒙德六世(Boémond Ⅵ),安条克君主、特里波利(的黎波里)伯爵,博埃蒙德五世和露西(Lucie)之子,死于1251年。路西是罗马伯爵保罗(comte Paul de Rome)的女儿。儒安维尔此前提过博埃蒙德五世(参阅第34章),会在下文再次谈到博埃蒙德六世(参阅第114章)。

去帮助他们。而陛下，这一点她完全可以做到，如果我与她一起待在特里波利（的黎波里）（Tripoli）里的话，只会花费大量金钱，而这些花费虽多却什么也干不成。"国王听完他的话，非常高兴，于是尽力与他的母亲商榷，让他的母亲尽可能地多给他钱。离开国王之后，王子马上去了安条克，他在那里发展得特别好。因为他是被国王册封为骑士的，所以国王准许他把自己军队的红色纹章做成法兰西样式。

与王子一同前来的还有三名来自大亚美尼亚的乡村乐师。这三位乐师是修士，正要去耶路撒冷朝圣。他们带着三个号角，声音从号角的一侧发出。当他们开始演奏时，您感觉那声音就像天鹅离开湖面时的歌唱。他们能演奏出最柔和、最悦耳的声音，听起来太美妙了。这三位乐师擅长跳跃，人们会在他们脚下放一块布，他们竖着翻跟斗，反过来后脚又能站回布上面。其中有两个人是头向后翻，最年长的那个也是。当人们让他们头朝前翻跟头的时候，他们会画十字，因为担心在翻转的过程中脖子会折断。

第 102 章 关于布里耶纳和雅法的伯爵戈蒂埃，他是如何被波斯皇帝俘虏

讲述布里耶纳伯爵的事迹是非常好的事情，他做了好几年雅法伯爵，用自己的力量保护雅法很长时间，很大程度上是靠从萨拉森人那里赢得的东西和征服敌人的信仰而活。有一次，他战胜了一大群萨拉森人，这群萨拉森人带着大批的金线锦缎和金丝斜纹硬绸，他把这些东西全部抢过来，带回雅法，分发给他的骑士，自己一点不留。他的

行事风格如下：当离开骑士时，他会把自己关在礼拜堂，晚上与妻子睡觉之前他会花很长的时间祈祷。他的妻子非常好且有智慧，是塞浦路斯国王的姐姐。①

波斯皇帝巴巴肯（Barbaquan）② 被一个鞑靼王子打败，正如上文所述，波斯皇帝巴巴肯带着军队去耶路撒冷王国，并占领了太巴列城堡（château de Tabarie）。这个城堡原来是由厄德·德·蒙贝利亚尔（Eudes de Montbéliard）大人修筑的。厄德·德·蒙贝利亚尔大人是法兰西王室总管，是因为他的妻子成为城堡的领主。波斯皇帝给我们带来了巨大损失，他把沙泰尔-佩尔兰里面、阿卡外面、采法特（Sefed）和雅法外面的一切都摧毁了。在毁掉这一切后，他转战加沙，在那里遇到巴比伦苏丹。而巴比伦苏丹来到加沙就是为了伤害我们。加沙的贵族和主教决定在巴比伦苏丹到来之前与波斯皇帝开战。为了寻求帮助，他们派人去找拉夏梅尔（la Chamelle）苏丹，那是异教国家中最好的骑士之一。他们在阿卡非常尊崇这名骑士，铺设金线锦缎和金丝斜纹硬绸的地毯，让他从地毯上面走过来。他们来到雅法，我们和苏丹与他们一起。主教开除戈蒂埃伯爵的教籍，因为他不愿意把在雅法占有的一座据说是主教所有的塔楼归还给主教。我们请求戈蒂埃伯爵共同对抗波斯皇帝，他回答说他非常愿意，但愿回去之后主教就能赦免他。然而，主教却一点也不愿意，尽管如此，戈蒂埃伯爵还是一起出征了。此次出征共由三部分军队构成，戈蒂埃伯爵的军队，拉夏梅尔苏丹的军队，第三部分是主教和当地人。布里耶纳伯爵的军队是医院骑士团。他们一直骑行直到敌人出现在眼前。一看到敌人，我们就停下来了，敌人的军队同样由三部分构成。就在花剌子

---

① 玛丽（Marie），塞浦路斯国王亨利一世（Henri I , roi de Chypre）的姐姐。

② 波斯皇帝巴巴肯在穆罕默德（Mohammed）的儿子去世后，成为指挥花剌子模残余势力的领袖。

152

模调配他们的军队时，戈蒂埃伯爵跑到我们这边喊："战士们，为了上帝，冲啊！因为我们停下来，已经给了敌人时间。"然而，没有一个人愿意听他的。戈蒂埃伯爵见状，便跑去找主教，恳请他赦免自己。然而，主教无动于衷。与布里耶纳伯爵在一起的是一名骁勇的教士，他是拉姆斯（Rames）的主教，曾在伯爵的战争中创下许多功绩，他对戈蒂埃伯爵说："不要因为主教不愿意赦免您而使自己内心不安，他有过错而您有道理。现在，我以圣父、圣子以及圣灵的名义赦免您。我们冲啊！"于是，他们套上马刺，开始攻击波斯皇帝的后殿部队。大批人马进入战斗，双方厮杀。就在这过程中，戈蒂埃伯爵被俘。我们的人逃跑的样子十分丑陋，有些人绝望地被淹死在海里。[①] 238 他们之所以感到绝望，是因为波斯皇帝的一支军队攻击了拉夏梅尔苏丹，苏丹带领 2000 土耳其人对抗，等到放弃战斗时只剩下 280 人。

第 103 章　拉夏梅尔苏丹是如何摧毁波斯皇帝的军队的；雅法伯爵之死；埃及的埃米尔们和大马士革苏丹的联盟

波斯皇帝决定围攻拉夏梅尔城堡里的苏丹，他认为，苏丹失去了如此多的人马，不会坚守太久。苏丹见状，就对他的人说要去迎战，因为一旦被包围就必输无疑。他的部署如下：让装备不好的士兵在山谷里埋伏，一旦听到苏丹的鼓声，就从后面突袭波斯皇帝的营地并屠

[①] 加沙的这场战争发生于 1244 年。

杀妇孺。离开营地到达平地的波斯皇帝正准备与苏丹开战，却听到他
239 的人的叫喊声，便马上掉头回去营救妇孺。于是，苏丹便带领士兵追
击他们，最终这场战斗的结果是，超过 25000 人的波斯皇帝军队全军
覆没，没有一个男人或妇女能活命。

在去拉夏梅尔城堡之前，波斯皇帝把戈蒂埃伯爵带到雅法城前。
他们绑住伯爵的双手，把他吊在长柄叉上，并告诉他，直到攻下雅法
城堡才会放他下来。伯爵被吊起来之后，却对着城堡里的人喊道，不
论波斯人怎么虐待他，都不能交出城堡，谁交他就杀谁。

看到如此情形，波斯皇帝只好把伯爵戈蒂埃送到巴比伦，作为礼
物送给苏丹，就像被虏的医院骑士团的统帅和其他俘虏那样。押送伯
爵戈蒂埃到巴比伦的部队至少有 300 人，当波斯皇帝在拉夏梅尔城前
死去时，押送伯爵戈蒂埃的这批人逃过一劫（没有被杀）。花剌子模
人在星期五①攻打我们，他们的步兵发起猛攻。他们的旗帜是鲜红色
240 的，举起来对着矛的方向。在矛的上面绑着头发，看起来就像魔鬼
的头。

巴比伦的一些商人请求苏丹为他们从伯爵戈蒂埃那里讨回公道，
因为伯爵戈蒂埃曾给他们造成巨大损失。苏丹允许商人们报复。于
是，他们便去牢里把伯爵戈蒂埃杀死。由此，我们确信伯爵戈蒂埃是
和那些殉道者在一起了。

大马士革苏丹带着原本驻扎在加沙的军队入侵埃及。埃及的埃米
尔们迎战大马士革苏丹，但被打败了。不过，大马士革苏丹的后殿部
队被埃米尔们的另一支军队打败。大马士革苏丹返回加沙时，手和头
受伤了。就在他要离开加沙时，埃及的埃米尔们派来使者，想要与他

---

① 参阅第 64 章。花剌子模是土耳其人的一个部落，在横穿波斯后，被鞑靼人追击，
后来进入叙利亚（参阅第 93 章）。

建立和平关系，这违背了与我们签订的所有协议。从此以后，我们既没有与大马士革也没有和巴比伦签订休战或和平协议。而您要知道，我们拥有武装的人数最多也从未超过1400人。

第104章　圣-拉扎尔首领被萨拉森人击败

国王在雅法前扎营时，圣-拉扎尔（Saint-Lazare）的首领发现，在距离大约三古里的拉姆斯（Rames）附近，有牛和其他东西可以劫掠。他是一个不遵守营地纪律，只按自己意愿行事的人，没有征询国王的意见就去了拉姆斯。当他收集掠获物时，萨拉森人追击并打垮了他：所有与他一起去拉姆斯的人，只逃走了四个。他一跑进营地，就大喊。我武装好后，请示国王让我去找他。国王允许了，并让我把圣殿骑士团和医院骑士团都带走。我们到达时发现，另一波萨拉森人已经进入山谷里了，圣-拉扎尔的首领就是在山谷被击败的。当这波萨拉森人检查尸体时，国王的弓弩手首领袭击他们，并在我们到达之前打败了他们，杀死了他们中的一些人。

国王的一个执达吏和一个萨拉森人正拿着矛打斗。另一个执达吏看到后，牵着他们的马（共两匹），想要偷马。为了不被发现，他走在拉姆斯的高墙之间。就在他经过一个旧蓄水池时，旧蓄水池突然坍塌了，踩在上面的他和三匹马都掉到蓄水池的底部。这些事情是别人告诉我的。后来我去现场看了，他和马仍在坍塌的蓄水池下面，几乎被掩埋。就这样，我们回来时基本没有什么损失，除了圣-拉扎尔的首领。

> 法国国王圣路易

第 105 章 在雅法附近，弓弩手的首领和大马士革苏丹军队之间的战斗

大马士革苏丹与埃及的埃米尔们建立和平关系后，就命令他的人从加沙返回，他们照做了。返回的路距离我们营地只有不到 2 古里的距离。尽管他们有超过 20000 的萨拉森人和 10000 的贝都因人，也不敢袭击我们。在他们来到我们营地的正前方之前，国王的弓箭手首领及其部队已监视了三天三夜，因为担心他们会出其不意地袭击我们的营地。

复活节之后的圣-让节①当天，国王在听布道。其间，国王的弓弩手的首领的一位执达吏全副武装进入国王的小礼拜堂，告诉国王萨拉森人已经包围了弓弩手的首领的部队。我请求国王让我前去支援，国王同意了，让我至少带四五百有武装的人一同前往。我听从命令，带四五百武装好的士兵前往。我们一出营地，已经横亘在弓弩手和营地之间的萨拉森人就跑去一名埃米尔那里，这名埃米尔就在一个小山坡上，带着至少 1000 名武装好的人，与弓弩手的首领对峙。于是，一场战争就在萨拉森人和弓弩手的首领的执达吏们之间爆发了，弓弩手这边至少有 280 人。当埃米尔看到他的人被对方紧逼时，便派兵增援。援兵人数众多，击退了我们的执达吏，使他们一直后退到首领的军队那里。弓弩手的首领看到自己的人被逼退，便派出 100 或 120 名武装好的人，把埃米尔的援兵逼回到埃米尔的军队中。

---

① 1253 年 3 月 6 日是圣让节，当时圣路易就在旧拉丁城门前。

我们到达时，教皇使者和留在国王身边的贵族告诉国王，让我去冒险是一件荒唐事。于是，根据他们的建议，国王派人来把我和弓弩手的首领叫去。土耳其人撤退后我们回到了营地。

许多人都惊讶于萨拉森人没有袭击我们，一些人说他们之所以不袭击我们是因为他们和他们的马在加沙的战斗中已经精疲力尽了，他们已经在那里待了将近一年的时间。

第 106 章　苏丹的军队经过阿卡；让·勒格朗的军事胜利

从雅法离开之后，萨拉森人来到阿卡城前，并派人带话给耶路撒冷王国的王室总管大人阿舒尔领主（seigneur d'Assur），通知他给萨拉森人送 50000 个拜占庭金币①，否则就摧毁阿卡城的富饶之地。阿舒尔领主派人回复说不会给他们任何东西。于是，萨拉森人整顿军队，沿着阿卡城的沙滩行军，这里距离阿卡城非常近，萨拉森人在塔楼上架着一把弓弩就占领了这座城市。为了保卫富饶之地，阿舒尔领主离开阿卡，前往圣让的山上，那是圣尼古拉（Saint-Nicolas）的墓地。我们的执达吏步行离开阿卡，其间用弓箭和弩制造骚乱。

阿舒尔领主叫来一位名叫让·勒格朗（Jean le Grand）的骑士，命令他把离开阿卡城的轻装兵带回来，使他们免遭危险。

当让·勒格朗正带领轻装兵返回的时候，一个萨拉森人向他喊道，如果让·勒格朗愿意，他想和让·勒格朗比武。让·勒格朗说很

---

① 约等于 506600 法郎（指 1865 年前后的 506600 法郎。——中译者）。

法国国王圣路易

愿意接受这场挑战。然而，当让·勒格朗骑着马冲向萨拉森人准备与之比武时，看到萨拉森人的左边有一小群土耳其人，至少有 8 个人，正停在那里看比武。他放弃了原本与萨拉森人决斗的计划，而是冲向那群正安静观看比武的土耳其人，用手中的长矛直穿其中一人，将其杀死。其他萨拉森人看到这一幕，便开始追击他，在他返回我们身边之前，一位土耳其人给了他重重的一击，打到了他的铁帽上，而让·勒格朗在经过土耳其人身边时用剑挥向他那紧紧包着头巾的头部，将其头巾打飞在地上。土耳其人要在战斗前先包好头巾，因为他们可能承受剑的重击。另一个土耳其人套上马刺冲向让·勒格朗，想用长矛刺向让·勒格朗的两肩之间。让·勒格朗看到刺过来的长矛赶紧躲闪，在萨拉森人冲过来的一瞬间，让·勒格朗双手用剑刺向对方的后背，十分精准地把萨拉森人的长矛打落，掉在地上。随后，让·勒格朗返回，带着他的人步行回来了。就这样，让·勒格朗在阿舒尔领主、阿卡城里的有钱人，以及所有在城墙上看他们打斗的妇人面前，开展了三次精彩的战斗。

第 107 章　萨耶特的困境

数量庞大的萨拉森人来到雅法前，他们不敢攻击我们，正如您已了解的那样，也不敢与阿卡的人作战。他们听说国王让人加固了萨耶特的防御工事（这是事实），便携带着极少的好武器，向那个方向移动。当国王的弓弩手首领和萨耶特军队的统帅西蒙·德·蒙赛利亚德（Simon de Montceliard）大人听说他们要来的时候，便撤回萨耶特城堡（château de Sayette）。萨耶特城堡四面环海，是一座非常坚固的城堡。

西蒙·德·蒙赛利亚德之所以撤退是因为他清楚自己没有足够的力量对抗萨拉森人。他尽可能地带人到城堡里躲避，但可带的人数非常少，因为城堡太小，只能容纳很少的人。萨拉森人冲进城镇，发现并没有遇到抵抗，城门并没有完全关闭。他们杀了我们的人，至少有2000人，并劫掠了一切，然后带回大马士革。

国王听到这一消息后，非常生气，努力寻找一切可补救的办法，当地的贵族十分赞同。国王想修建一座小山岗，选址就在一座古老城堡的位置上，据说那是马加比（Machabées）时代就修建的古堡。这座城堡坐落在从雅法到耶路撒冷的路上。海外的贵族不赞成重建城堡的城墙，因为它距离大海有5古里之遥，我们很难通过海上进行食物补给，除非是萨拉森人，他们比我们强壮得多，可以攻克这一困难。当萨耶特城堡被毁的消息从萨耶特传到营地时，法兰西贵族来找国王，对国王说，与其重建一个新的防御工事，还不如去加固被萨拉森人摧毁的萨耶特城堡。国王同意了他们的建议。

第108章　国王拒绝去耶路撒冷的原因

在雅法时，人们告诉国王，大马士革的苏丹允许国王拿着一个有效的安全通行证去耶路撒冷。国王召开了一次大规模的议事会。会议的结果是，没有人赞成他去，因为他应该离开萨拉森人掌控的城市。

他们给国王举了这样一个例子，当伟大的国王腓力[*]离开阿卡返

---

[*] 法兰西国王腓力·奥古斯都，圣路易的祖父。——中译者

> 法国国王圣路易

回法兰西时,把所有军队都留在营地里,同时留下的还有勃艮第公爵于格(le duc Hugues de Bourgogne),他是最近去世的勃艮第公爵的祖父。① 当公爵和英格兰国王理查德留在阿卡时,有消息传来说如果他们愿意的话,可以在第二天占领耶路撒冷,因为大马士革苏丹的所有骑士已经回到他身边,他们要去与另一位苏丹开战。于是,勃艮第公爵和英王理查德部署军队,英王率领先头部队,勃艮第公爵和法王的军队则紧随其后。就在英王想拿下这座城池时,公爵营地里的人对英王说不能再前进了,因为公爵已经打道回府了,不为别的,就是因为公爵不想别人说耶路撒冷是被英格兰人占领的。正当他们说着的时候,英王的一名骑士说,"陛下,陛下,您来这里,我给您展示耶路撒冷。"当英王听到后把盔甲脱掉,流着泪向上帝祈祷说:"亲爱的好上帝,我恳请你不要允许我看到你神圣的城市,因为我没有能力从你的敌人手里解放它。"

他们给圣路易举这个例子,是因为作为基督教世界最伟大的国王,连他在朝圣过程中都不能把耶路撒冷从上帝的敌人手里夺过来,那么,在他之后的其他所有国王和朝圣者去朝圣时,都会跟法王(他)一样,满足现状,不为无法解放耶路撒冷而担忧。

由于英王理查德在海外创下了许多战绩,当萨拉森人的马害怕灌木丛时,马的主人就会对马说:"你以为它是英王理查德吗?"当他们的孩子哭闹时,孩子的妈妈就会说:"安静,安静,否则我去找国王

---

① 儒安维尔用的词汇是"nouvellement"。然而,这个词在拉丁语里是"novissime"的意思,即"最近"(en dernier)。事实上,1193 年死在推罗的是格三世(Hugues Ⅲ),即于格四世(Hugues Ⅳ)的祖父。于格四世死于 1272 年。儒安维尔是在居伊·德·当皮埃尔去世之后开始撰写本书,即 1305 年 3 月 7 日(参阅第 24 章),在提到 33 年前就去世的勃艮第公爵时却使用了"nouvellement"这个词汇(参阅第 24 章)。然而,儒安维尔却说于格四世最近去世,因为于格四世的儿子和继任者罗贝尔二世(Robert Ⅱ)一直活到 1306 年 3 月。由此,把这一段话与第 24 章结合以来,可以证明儒安维尔是在 1305 年 3 月以后、1306 年 3 月之前开始撰写本书。

理查德把你杀掉。"①

第109章　关于勃艮第公爵于格三世；圣路易在雅法的开销

上文和您提到的勃艮第公爵，是一位非常优秀的骑士，但他从未被认为是贤人，无论是在关于上帝信仰方面还是就尘世而言，上文所述就是很好的证明。也正因此，当人们和伟大的国王腓力说，沙隆伯爵让（le comte Jean de Chalon）有一个儿子名叫于格，名字源自勃艮第公爵，国王说他希望上帝可以让其儿子成为和公爵于格一样勇敢的人。他们问国王腓力为何不说勃艮第公爵是贤人。国王说："因为勇敢的人和贤人有巨大区别。在基督徒和萨拉森人生活的土地上，有许多勇敢的骑士，但他们不相信上帝和圣母。这就是我和你们说的，上帝会把巨大的天赋和恩典给如下骑士：武力上非常英勇，在服务上帝的同时，不会让自己犯下道德罪孽。这样的人是自律的，他们的功勋源自上帝所赋予的天赋，我们会称他为贤人。而我在前面提及的那些人可称之为勇敢的人，他们非常勇敢，但既不害怕上帝也不害怕罪孽。"

关于国王在加固雅法上花了多少钱，因为缺乏数字记载，没人知道。他修建了一座城镇，从海岸的一边延续到另一边，城镇里共有24座塔，沟渠里里外外都被清理干净。城镇有三座城门，其中一座是教皇使者建的，城墙的一部分也是他建的。为了向您说明国王在这上面

---

① 参阅第17章。

的花费，可以让您知道的是，我曾问过教皇使者为了修城门和城墙一共花了多少钱。他反问我认为需要花费多少，我估算一座城门应该至少需要花费 500 利弗尔，而城墙部分需要 300 利弗尔。他告诉我说（上帝可鉴），那一座城门和一部分城墙足足花了他 30000 利弗尔。

第 110 章　圣路易出发去萨耶特；大亚美尼亚的朝圣者；儒安维尔赶走了他自己的一名骑士

国王完成雅法城镇的防御工事后，决定重建被萨拉森人摧毁的萨耶特城。国王在使徒圣皮埃尔与圣保罗的节日（la fête des apôtres saint Pierre et saint Paul）动身前往萨耶特，① 他和他的军队驻扎在非常坚固的阿舒尔城堡前。就是在那天晚上，国王把他的人召集过来，问他们是否同意攻打萨拉森人一个名叫纳布卢斯（Naplouse）的城市，在古老的《圣经》里，这座城市叫撒马利亚（Samarie）。圣殿骑士团和医院骑士团一致认为，如果可以拿下那座城池固然是好，但是他们不赞同国王亲自去，因为一旦他发生不测，整个圣地就会陷入危险。国王说，如果不和他们一起去，他是不会让他们去的。于是，这件事就此搁置了，因为法兰西的这些大人们都不愿意让国王亲自前去。长时间的行军后，我们来到了阿卡的沙滩，国王和军队在此扎营。就在那里，一大群前往耶路撒冷朝圣的大亚美尼亚人来找我，他们向奴役他们的萨拉森人进贡大量的金钱，与他们同行的还有一个翻译，他懂大

---

① 1253 年 6 月 29 日。

亚美尼亚人的语言和法语。他们请求我带他们去见圣徒国王。我去找国王时，他正坐在一个营帐里，倚靠着帐篷的一根桅杆。当时，他就直接坐在沙子上，没有垫子也没有其他任何东西垫着。我对国王说："陛下，外面有一群大亚美尼亚人，他们正去耶路撒冷朝圣，请求我带他们来见您，但是，我仍不想亲吻您的骨头。"国王大笑，让我带他们来见他。我照做了。见到国王时，大亚美尼亚人赞美上帝，国王也赞美上帝。第二天，军队驻扎在一个名叫帕斯－普兰（Passe-Poulain）的地方，那里有一片漂亮的湖水，人们在湖边种植一些能制糖的植物。扎营期间，一名骑士对我说："大人，我给你选的这个位置比昨天的要好。"另一名骑士，也就是之前给我选位置的骑士，非常恼怒地扑到他身上，大喊："您竟敢把我所做的事情贬得一文不值。"然后，他跳到对方身上，抓着他的头发。我向他扑过去，用拳头打他两肩之间的部位，他才放开了另一名骑士。我对他说："滚出我的住所，上帝会帮助我，您不再是我的人了。"骑士非常伤心地走了。后来，他带来了法兰西王室总管吉勒·勒布伦大人。勒布伦大人了解那名骑士所做的癫狂之事后深感懊悔，他请求我，非常急切地恳请我，让那名骑士回到我的住所。我回答到，如果教皇使者能把我的誓言解除，那就让他回来。于是，他们去找使者，告诉他事情经过。使者回复他们说，他没有能力清除我的誓言，因为誓言是合理的，骑士应受惩罚。现在，我之所以叙说这些事情，就是想要让您知道，要避免立下不合理的誓言，正如使者所说的："想要立誓的人，通常也会立伪誓。"

法国国王圣路易

第 111 章 远征巴尼亚斯

翌日，国王去苏尔城（Sur）前扎营，也就是《圣经》提到的城市推罗。在那里，他召集军队里的有钱人，问他们，如果在去萨耶特之前攻占贝利纳（Bélinas）的城市是否可行。所有人都赞同国王派人去，但没有人赞同他亲自前往，他们花了好大力气才劝国王留下。商议的结果为：厄伯爵、腓力·德·蒙福尔（Philippe de Montfort）大人、苏尔领主、法兰西王室总管吉勒·勒布伦大人、侍从皮埃尔、圣殿骑士团统帅及其成员、医院骑士团统帅及其成员，这些人去。在夜幕降临前，我们武装好自己，天刚亮就到达一座叫巴尼亚斯的城市前，古老《圣经》称之为凯撒利亚·腓立比（Césarée de Philippe）。城市里有一个泉眼，名叫茹（Jour）。城市前的平地中间，有另一个漂亮的泉眼，名叫丹（Dan）。两个泉眼流出来的水汇集到一处形成了一条河流，人称约旦河（Jourdain），上帝就是在那里受洗的。

圣殿骑士团、厄伯爵、医院骑士团以及其他在场的当地贵族，他们达成如下共识：国王的军队（当时我就在国王的军队里，国王留了我军队里的四十名骑士在身边，同时还有若弗鲁瓦·德·萨尔吉纳）前往的地方就在城堡和这座城市之间；而当地贵族则进入这座城市的左边，医院骑士团则在右边；圣殿骑士团通过我们来时的路进入城市的右边。当我们分头行军来到这座城市附近，发现城里的萨拉森人已经把国王的执达吏打败，并将之逐出城市。当我看到这一幕后，去找与厄伯爵一起的贤人，对他们说："大人们，如果你们不去之前约定好的地方，也就是在城市和城堡之间的地方的话，那么萨拉森人就会把已经到城里的我们的人杀掉。"去那里是非常危险的,要经过三面干燥的墙,而旁边的路非常硬,对马匹而言是非常痛苦的。我们本来应该要去的那个地方已经成为最危险的地方了,全是土耳其骑兵在把守。我正和他们说话时,就看到了执达吏在拆城墙。见状,我便和他们说,按计划,国王的军队要去土耳其人所在的地方,既然是既定的安排,那我就去。我和两名骑士朝着拆城墙的执达吏走去,一个骑马的执达吏以为可以跨过墙,然而他的马却摔倒了,踩在他身上。我看到后赶紧下马,牵着马走。土耳其人看到我们过来,因为上帝保佑,把我们本来计划要去的地方留给我们了。从这个地方开始,也就是土耳其人原本所在之处,延伸到这座城市里,都是悬崖。我们到达那里时,土耳其人已经离开了,城市里的萨拉森人被击败,这座城市毫无争议地留给了我们。我到达时,圣殿骑士团的骑兵长官听说我陷入危险,于是便来高处寻我。当时我就在高处,厄伯爵军队里的阿勒曼人在我身后。他们看到土耳其人的骑兵正向城堡逃去,在后面追击他们。我对他们说:"大人们,你们错了,这是我们听令要来的地方,而你们正在违反命令。"

第112章　儒安维尔遭遇生命危险

俯瞰整个城市的城堡名叫苏贝特(Subeite),修建在黎巴嫩(Liban)山上,至少有半古里高。城堡所在的小山丘全都是大木箱子一般的岩石。当阿勒曼人发现他们的追逐有些疯狂后,便停下返回。萨拉森人见状,便徒步追逐他们,用岩石扔向他们,用大锤棒重击他们,并夺走他们的马鞍。执达吏与我们在一起,看到这一惨状后,便开始逃跑。我告诉他们,如果逃跑的话,就撤销国王给他们的所有担保(薪金)。* 而他们对我说:"先生,我们之间的这场游戏是不公平的,您现在骑马,您可以逃跑,而我们徒步,萨拉森人会把我们杀掉。"我对他们说:"大人们,我向你们保证,我不会逃跑,我与你们一起步行。"我下马并把马送到圣殿骑士团那里,他们是弓弩手,在我们后面。在阿勒曼人撤退时,萨拉森人攻击了我的一名骑士的咽喉,这名骑士名叫让·德·伯西(Jean de Bussey)大人,他摔死在我前面。于格·德·埃斯科兹是他的外甥,在圣地的表现非常出色,他对我说:"大人,您帮我们把我的外甥抬回来。"我说:"谁要是帮您那将是他的不幸!没我的命令您要去那里,如果遭遇不测,那便是你自作自受。您把他带到路边,因为在得令回去前,我不会离开这里。"

当听到我们陷入危险,让·德·瓦朗西安纳大人去找奥利维埃·德·泰尔米大人和朗格多克(Languedoc)的其他首领,对他们说:"各位大人,我恳求你们,并以国王的名义命令你们,帮我去找邑督。"正当他为此担心时,纪尧姆·德·博蒙大人来找他并对他说:"您现在做的都是无用功,邑督已经死了。"让·德·瓦朗西安纳大人回答道:"不论是死是活,我都要把消息告诉国王。"于是,他开始向我们所在的位置,也就是我们爬山的地方,出发。他一到,就让我去找他,我照做了。

奥利维埃·德·泰尔米告诉我,我们正陷入巨大的危险当中,如果我们从所在的地方下来的话,将无法避免陷入巨大危险,因为山坡那里防守条件非常不好,萨拉森人的军队可以从上方攻击我们。"不过,如果您相信我的话,我可以把您从危险中解救出来。"我对他说,他已经把意愿解释清楚了,而我会按他说的去做。他说:"我告诉您

---

* 指国王不再雇佣他们。——中译者

要怎么逃跑，去这个山坡，就如同我们去大马士革一样，那里的萨拉森人会相信我们想要从后面去攻打他们。到达平原后，我们可以在城市的周围套上马刺，如此一来，我们就可以在被他们追上之前跨过那条河，然后在田野的中间放火烧他们的小麦，让他们损失惨重。"我们按他说的去做。他让人把通常用来制作笛子的杆茎拿来，然后让人把炭放在里面，并说要把这些放了炭的杆茎放到麦田里。就这样，上帝再次把我们从危险中解救出来，感谢奥利维埃·德·泰尔米的建议。现在，您知道，当我们到达驻扎的营地时，发现他们全都解除武装，没有人在关心我们。就这样，在第二天，我们回到萨耶特，国王就在那里。

第113章　圣路易抢埋萨耶特基督徒尸体；儒安维尔和厄伯爵的友谊

我们发现国王亲自埋葬那些被萨拉森人杀死的人，正如上文所述。国王亲自抬那些已经发臭的腐烂尸体，把他们放到墓穴里，这一过程中他没有堵住鼻子，而其他人都堵住鼻子。他从四方召集工人，重新修筑城墙和那些大塔楼。当我们到达营地时，发现国王亲自给我们规划住所：他知道厄伯爵喜欢我的陪伴，便把我安排在伯爵的旁边。

我告诉您厄伯爵跟我们开的玩笑。我让人修了一间用以吃饭的房子，我和我的骑士会在房门口光亮处吃饭，房门就在厄伯爵住所旁边。他非常机灵地弄了一把轻弩，可以射到我的房子。于是，吃饭的时候他就观察我们，用他的轻弩，射向我们的餐桌，把罐和杯都

> 法国国王圣路易

打碎。

我养了一些母鸡和阉鸡，而有人，我不知道是谁，给了他一只小鹅，他把它放到我的母鸡群里了。在我们发现它之前，它已杀死了我十二分之一的母鸡。于是，负责看管禽类的妇人穿着围裙把这只鹅杀了。

第114章　鞑靼人攻占巴格达

在国王加固萨耶特（的防御工事）时，来到营地里的商人告诉我们，鞑靼人的国王攻占了巴格达（Bagdad），俘虏了城市的统治者——萨拉森人的领袖，人称巴格达的哈里发（calife de Bagdad）[①]。商人们如此描述鞑靼人的征服过程：他们入侵哈里发的城市时，鞑靼人的国王便通知哈里发要他们的孩子联姻，哈里发的顾问建议联姻。鞑靼人的国王告诉哈里发，让他至少派40名顾问以及最有影响力的大人物去商谈联姻。哈里发照做了。鞑靼人的国王接着又告诉他，让他另外再派40名最好的和最富有的臣子去商谈联姻，哈里发又按要求做了。第三次，鞑靼人的国王让他派遣最好的40位臣子去商谈联姻，哈里发又服从了。当鞑靼人的国王看到，他已经控制了这座城市所有重要的人后，认为普通大众在群龙无首的情况下很难防守。于是，把这120个重要人物斩首，然后袭击和征服这座城市，并俘虏了哈里发。

[①] 在1253年讲述巴格达的哈里发被鞑靼人打败这一事件，为时尚早，因为该事件发生于1258年，不过，儒安维尔在此时报道这些事情，是将之当成预料之内的或担心之事。

鞑靼人的国王背信弃义，攻占哈里发之城的所作所为，受到哈里发的谴责。为掩盖这一切，鞑靼人的国王让人把哈里发抓起来并关到一个铁笼子里，禁止其进食，在其身体到达极限、将要饿死之时问他饿不饿。毫无悬念，哈里发回答说饿。然后，鞑靼人的国王让人把一大堆金银珠宝拿到他面前问他："你认得这些珍宝吗？"哈里发回答道："认得，它们是我的。"国王又问哈里发是否非常爱这些珍宝，哈里发回答说是的。接着，鞑靼人的国王说："既然你如此爱它们，这么看重它们，那你把它们吃了吧！"哈里发回答说他不能这么做，因为这些不是食物，不能吃。于是，鞑靼人的国王告诉他："现在，你可以看看你身处的这个用泥沙建造的防御工事，如果之前送出这些珠宝，花掉这些珍宝，本可以很好地抵抗我们。这些珍宝曾经是你最需要的东西，现在不再属于你了。"

第 115 章　关于一个被儒安维尔认为是刺客的教士

264

国王在加固萨耶特防御工事期间，有一天，我在黎明时去听弥撒，国王告诉我让我等他，他想去外面骑马，于是，我便等他。我们骑行在田野上，来到了一座小教堂前，在马背上的我们看到一位教士在唱弥撒。国王告诉我说，这座教堂是为了纪念上帝从寡妇的女儿身上赶走了恶魔的神迹而建造的。他说，如果我愿意的话，他想听完教士唱的弥撒。我告诉他我很乐意。当人们去行和平礼时，我看到唱弥撒的那位教士身材高大，皮肤黝黑，瘦瘦的，毛发直立，我担心他可

169

能是一个杀手，是坏人，如果他给国王行和平礼，可能会趁机杀掉国王。于是，我去他那里把和平礼接过来，然后再传给国王。弥撒结束后，我们骑着马，在田野里遇到教皇使者。国王向教皇使者走去，并叫上我，他对教皇使者说："我要向您抱怨一件有关邑督的事：他自己把和平礼给我，不想让可怜的教士亲自给我。"我把自己之所以这么做的理由告诉使者，教皇使者说我做得特别好。国王回答说："事实上，并非如此。"他们展开激烈争论，而我则保持沉默。我告诉您这个故事，是为了让您看看国王伟大的谦卑。

据福音书（Évangile）记载，上帝在寡妇女儿身上所行的神迹发生在推罗、西顿。而我称之为苏尔的城市其实就是推罗，而上述提及的萨耶特是西顿。

第116章　特拉比松领主的使者；王后到达萨耶特

国王在加固萨耶特的防御工事期间，希腊（Grèce）的一位伟大统治者派了使者来见国王，这位统治者自称是伟大的"孔内努"（Comnènus）和特拉比松（Trébisonde）的领主。他们给国王带来的礼物有各种珍宝以及用花楸树制作的弓。弓的刻痕就在木螺钉的中间。我们拉弓的时候，发现这些弓制作得十分精良，外观看起来威力十足。使者请求国王派一位王室女子嫁予他们的统治者为妻。国王回答到，他没带任何公主到海外，建议他们去找他的堂兄弟，君士坦丁堡的皇帝，让他给他们的统治者一位与国王和皇帝均有血缘关系的女子为妻。国王这样做是为了让君士坦丁堡的皇帝与这样一位伟大的统治者联姻，以抗击瓦塔斯（Vatace）。这位统治者后来成为希腊的皇帝。

在雅法生下女儿布朗什（Blanche）后，身体刚恢复的王后（圣路易的妻子）到达萨耶特，她是从海上来的。当我听到王后到达的消息后便从国王面前起身，去见王后，把她带到城堡里。当我再回到国王那里，国王问我王后和小孩是否都安顿妥当，我回答说是的。然后他对我说："您在我眼前起身，我就知道您要去找王后，所以在您离开后我让人延迟布道。"告诉您这些事情，是因为陪伴在他身边的5年时间里，据我所知，他没有向我或其他任何人提起过王后和孩子，这不是什么好事，在我看来，他对妻子和孩子而言就是一个陌生人。

第 117 章　关于一个穷骑士和他的四个儿子

诸圣瞻礼节（Toussaint）当天，① 我邀请营地的所有有钱人来我海边的住所。其中，有一位贫穷骑士携带妻子和四个儿子，乘船前来。我让人把他们带到我的住所吃饭。吃完饭后，我对在座的有钱人说："让我们现在做伟大的施舍吧！为一个穷苦骑士减轻养孩子的负担吧！这样我们每个人选一个孩子吧，我也会选一个。"每个人选一个孩子，他们开始争论怎么选。贫穷的骑士见状，与他的妻子喜极而泣。接着，厄伯爵从国王那里吃完饭回来，看到我住所里的那些有钱

---

① 1253 年 11 月 1 日。

人，带走我选的那个孩子。他当时12岁，非常忠诚地给伯爵提供好的服务。当我们回到法兰西后，伯爵给他安排婚礼并举行骑士授甲礼。无论何时，只要与我在一起，分别时伯爵都难舍难分地对我说"先生，上帝嘉奖你！因为我的荣耀是您给的。"至于这个男孩子的其他三位兄弟，我不知道他们后来的境况。

第118章 儒安维尔的朝圣；王后的误会；神奇的石头

我请求国王允许我去托尔托萨（Tortose）的圣母院朝圣，那是人们为荣耀圣母而修建的第一座祭坛，是一个伟大的朝圣地。圣母在那里行伟大神迹。其中的一件神迹，与一个被魔鬼附身的疯子有关。当他的朋友带他去圣母院，请求圣母把健康赐给他时，躲在其身体里的魔鬼回答说："圣母不在这里，她在埃及帮助法兰西国王以及基督徒，他们今天登陆，将要徒步抵抗异教徒的骑兵。"教皇使者亲口告诉我，这一天的事情已经被写下来并被他报道。现在，您十分清楚圣母帮助我们，她在此前给了我们更多帮助，因为我们没有触犯她和她的儿子上帝，正如上述所言。

国王准我放假离开，并希望我能给他买一百匹不同颜色的亚麻苎布①，等我们回到法兰西时就送给方济各会修士。于是，我的心变得平静，因为我十分肯定他可能不会再逗留在这里了。当我们到特里波利（的黎波里）时，我的骑士问我，让我告诉他们要拿这些亚麻苎布

---

① 可从上文了解国王穿着的亚麻苎布（参阅第6章）。

做什么？我说："可能就是为了挣点钱。"

特里波利的君主①（上帝把仁慈给了他）为我们举办了盛大宴会，并尽可能给我们很高的荣誉；如果我们愿意接受，他会送给我和我的骑士一些礼物。然而，除了一些圣骨外，我们没拿他任何东西。我把圣骨以及我买的一些亚麻荸布带回去给国王了。

另外，我送给王后4匹亚麻荸布。（我的）一名骑士把布放在一条白色毛巾里，然后去找王后。王后见骑士进入她的房间，便跪在骑士面前，骑士也跪下了。王后对他说："请起立，阁下，您不应该跪下，因为您拿着圣物。"骑士回答说："王后，这些不是圣物，是我的主人让我给您送来的亚麻荸布。"王后听后和她的侍女一起笑了起来。270 王后对骑士说："请您告诉您的主人，我向这些亚麻荸下跪，带给了他不好的一天。"

当国王在萨耶特时，有人给他一颗从贝壳里取下来的石头，这是世界上最奇妙的东西。因为当人们打开贝壳，就会在两片壳中发现一个海鱼状的石头。就外形而言它什么都有，眼睛、鱼骨、颜色以及海鱼的其他一切特征，就好像是活着的海鱼一样。国王要了一颗石头，它长得就像真实的冬穴鱼。

第119章　国王得知其母的死讯；布朗什王后对玛格丽特王后的冷酷

国王在萨耶特获悉其母去世的消息。② 他非常悲痛，两天没有和

---

① 博埃蒙德六世，安条克君主、特里波利伯爵（参阅第101章）。
② 卡斯蒂利亚的布朗什死于1252年11月。

173

任何人说话。随后，他派了一位侍寝的侍从来找我，我到国王的房间时，他孤零零一个人，看到我后用双臂抱住我，说："啊！邑督，我没有妈妈了！"我说："陛下，对此，我不感到震惊，她已经死了，令我震惊的却是您，您作为一个智者竟如此悲痛。您知道的，智者说过，不论一个人的内心多么悲伤，都不应该表现在脸上，因为一旦把悲伤表露出来，只会让亲者痛，仇者快。"在海外，国王让人为布朗什举行了许多隆重的宗教仪式，后来，他派人把应各个教堂的要求写给王后的信件带回法国。

玛丽·德·韦尔蒂（Marie de Vertus）是一个非常好且非常圣洁的女人，她告诉我，王后非常悲伤，请求我去安慰王后。我去找王后时，发现她正在哭泣，我对她说，有人说不能相信女人，这是真的。"因为您最讨厌的女人已经死了，然而您却正在表演悲痛。"王后告诉我，她不是在为布朗什王后哭泣，而是为国王的悲伤以及国王的女儿（后来是纳瓦尔王后）而哭，她的女儿留给侍从照顾。

布朗什王后冷酷地对待玛格丽特王后，方式如下：她尽其所能地，不让其儿子陪伴在妻子玛格丽特王后身边，除晚上与妻子睡觉外。在国王和玛格丽特王后的所有住所中，最令他们满意的行宫是在蓬图瓦（Pontoise），因为国王的房间在上面，而其妻子玛格丽特王后的房间在下面。当他们需要协商事情时只能一个人从房间下楼，到另一间房，在转角的楼梯处说话。他们是这样安排的，守门的人一看到布朗什王后要去其儿子也就是国王的房间就马上用木棍拍打房门，国王听到声音就赶紧跑回自己的房间，这样布朗什王后就能在国王的房间看到他。同样，当守门的人看到布朗什王后要去玛格丽特王后房间时，同样拍打房门，然后玛格丽特王后赶紧回到自己的房间。有一次，国王正陪着玛格丽特王后，当时玛格丽特王后刚刚生下一个孩子，生命垂危。布朗什王后来到玛格丽特王后的房间抓着国王的手臂，对他说："离开这里，您在这里什么也干不了。"当玛格丽特王后看到布朗什王后要带走国王时大叫："啊！不论我是生是死，您都不让我见我的国王。"说完，玛格丽特王后就晕过去了，大家以为她死了。国王也以为她死了，又返了回来。人们花了好大力气才把王后救活。

第 120 章　国王决定返回法兰西；儒安维尔和教皇使者的谈话

在萨耶特城的加固工作（防御工事）基本完成时，国王让人在营地里举行了几次宗教游行，结束时，请求教皇使者向上帝祈祷，请求上帝根据他的意志来安排国王的事务，这样他就可以做最能令上帝高兴的事情——该回法兰西还是留下。

游行结束后，有一天我正与当地有钱人坐在一起，国王把我叫到一个院子里，并让我背对他们。教皇使者对我说："邑督，国王对您的服务大加赞赏，非常乐意给您增添利益和荣耀，为了让您自在，他让我来告诉您他已准备在即将到来的复活节①回到法兰西。"我回答道："上帝会让他实现愿望的。"

教皇使者让我陪他去往他的住处，到了以后，他把门锁上，里面只有我和他，没有别人。他双手抓着我的手，开始大哭，直到能够说话时，他说："邑督，我实在是太高兴了，为此我要感谢上帝，感谢国王以及其他的朝圣者能从这片土地的巨大危险中逃离出来。但是我

---

① 1254 年的逾越节。

的心情非常沉重，因为我不得不离开你们的神圣陪伴，去罗马教廷，那里有一群不正直的人。不过，现在我要和您说我的计划：我还是想在你们离开以后再多逗留一年时间，把我所有的钱都用来巩固阿卡的郊区，这样就可以非常清楚地向他们证明，我没有拿走一分钱，我两手空空后他们也就不会盯着我了。"

有一次，我告诉教皇使者两个罪孽，那是我的一个神父告诉我的。他回答我说："没有人比我更清楚人们在阿卡犯下的罪孽（对上帝不忠诚）。这就是为什么上帝会对他们进行报复——阿卡城需要用其居民的鲜血来洗涤（罪孽），然后，会有另一群人到阿卡城定居。"[1] 这位贤人的预言部分灵验了，因为阿卡城已经被居民的血所冲洗，但是并没有迎来新一波居民，上帝会根据他的意志，派好人去那里生活。

第 121 章　儒安维尔护送王后到苏尔；国王登船

在这些事情之后，国王通知我，让我和我的骑士武装好。我问他原因，他告诉我，要我们护送王后和他的孩子去 7 古里外的苏尔。我没有回复他，这是非常危险的任务，那时我们和埃及、大马士革既没有签订休战协议，也没有建立和平关系。由于上帝的仁慈，我们非常安全地到达了，没有遇到任何阻碍。夜幕降临的时候，因为要生火烹饪食物，喂养孩子，我们不得不在敌人的土地上两次下马。

当国王离开萨耶特城时，该城已被高墙和高塔围起来，里里外外

---

[1]　萨拉森人在 1291 年攻占阿卡城，并屠杀城里居民。

的大沟渠都被清理干净了。萨耶特的大主教和贵族来找国王，说："陛下，你已经加固了萨耶特城、凯撒利亚城和雅法市镇（的防御工事），这对圣地大有裨益。您通过建城墙和塔加固了阿卡城。陛下，我们商量后认为，您留下不会给耶路撒冷王国带来好处，这就是为何我们建议您在即将到来的四旬斋去阿卡城，然后准备渡海，这样您就能在复活节之后返回法兰西。"在他们的建议下，国王离开了萨耶特前往苏尔，也就是王后所在地。后来，四旬斋时，① 我们去了阿卡。

整个四旬斋期间，国王让人准备返回法兰西的船只，军舰和帆桨战船一共 13 艘。船只的准备工作是这样开展的：国王和王后在复活节之后、圣马可节的前一天②登上他们的大船；我们迎着风出航。在圣马可节当天，国王告诉我他就出生在那一天。我告诉他，还可以说，他在同一天重生，因为他从危险的地方逃离了出来。

第 122 章　国王的军舰搁浅了

星期六，我们看到塞浦路斯岛，以及岛上的一座名叫"十字"的山。就在这个星期六，从陆地升起的雾气弥漫到海面，我们的船员看到"十字"山在雾气之上，以为离塞浦路斯岛更远了，于是草率地加速前行，导致我们的船撞到了水下的暗沙。③ 这一切发生时，如果我们不是撞上小沙滩而是撞到海水下的整片岩石的话，我们的船早已撞成碎片，所有人都会遇难，被淹死。船撞到沙滩后发出巨响，声音大

---

① 1254 年的四旬斋始于 2 月 25 日。
② 1254 年 4 月 24 日。
③ 参阅第 2 章和第 7 章。

到船上的每个人都叫喊:"啊!"海员和其他人怕被淹死,努力拍打自己的手。听到声音后,已经躺下的我从床上起来,和海员去船的上层。到那时,圣殿骑士团的修士雷蒙(Rémon),也是海员的领袖,正对他的一个仆人说:"扔探深器。"仆人照做。扔探深器后,他大声叫喊:"啊,我们在陆地上(搁浅)了。"修士雷蒙听到后,扯破自己的长袍到皮带处,拔自己的胡子,大声叫喊:"唉!唉!"就在这时,我的一名骑士名叫让·德·蒙森(Jean de Monson),他是圣-米歇尔修道院院长纪尧姆(l'abbé Guillaume de Saint-Michel)的父亲,给了我莫大的关怀:我当时只穿了一件外衣,他默默地给我拿来了一件有夹层的外衣①,把它披在我的背上。而我却对他喊道:"我穿上您给我拿来的这件外衣有何用,在我们都要被淹死的时候。"他对我说:"先生,我宁愿所有人都淹死,也不要您因寒冷生病而死。"

海员大喊:"啊,帆桨战船,赶紧去接国王。"然而,国王的四艘帆桨战船没有一艘能靠近军舰,这些帆桨战船非常谨慎,因为军舰上至少有 800 人,这些人为了活命会跳到帆桨战船上,这样一来,帆桨战船就会沉没。

那个扔探深器的人再次扔下探深器,然后返回告诉修士雷蒙说,军舰已经不在搁浅的沙滩上了。于是,雷蒙去告诉国王,国王正在军舰的一端,伸开双臂画十字,光着脚,只穿一件单衣,头发蓬松(前面是军舰上供奉的耶稣的身体),像一个已经做好准备等待被淹死的人。

天一亮,我们就看到眼前的岩石,如果船不是撞到水下的沙滩,那就会撞到它了。

---

① 参阅第 15 页的第二个注释。

第二部分

第 123 章　国王拒绝离开军舰[①]

早上，国王派人去问船长。船长派了四个潜水员潜入海底。等他们回来后，国王和船长一个接着一个地询问他们，这样一来，他们每个人都不清楚其他人的答案。不过，根据他们的答案，我们知道，军舰撞到了沙滩，有三条龙骨被撞坏了，它们是建造军舰的基础。

于是，国王把船长叫到我们面前，就这艘被撞坏的军舰，问有什么建议。他们一致建议国王离开现在这艘军舰，到另一艘船上。"我们之所以给您这个建议，是因为确信军舰的所有木板已经脱位，我们害怕一旦到深海里，军舰无法承受海浪的冲击而变成碎片。就像当初您从法兰西来的时候，有一艘军舰也像这样被撞坏，后来到深海的时候没法承受海浪的冲击而变成碎片，船上的所有人都遇难了，除了一个妇女和她的孩子趴在军舰的一个碎片上而得救。"我向您证明他们说的是事实，因为我亲眼看见，在帕福斯城里的茹瓦尼伯爵的住所里，伯爵招待这个妇女和她的孩子。

于是，国王问侍从皮埃尔大人、王室总管吉勒·勒布伦大人、国王的厨师热尔韦斯·德·埃斯克安（Gervais d'Escraines）大人[②]、后来成为枢机主教的国王的掌玺大臣尼科西亚主教代理（archidiacre

---

① 参阅第 2 章。
② 我用"Escraines"替代"Desoraines"，后者是明显错误的，因为下文出现了"Descranges"（参阅第 137 章），其拉丁语名字为"Escriniis"。

281 de Nicosie)① 以及我，有何建议。我们回答，我们应该相信最了解这一切的人，"所以，我们认为，也建议您，应该听船员们的建议"。

于是，国王对船员们说："我问你们，你们诚实回答，如果这艘军舰是你们的，它承载着你们的货物，你们还会离开吗？"所有人都回答说不会，他们更愿意冒着被淹死的风险，而不是花4000利弗尔或者更多的钱去购买一艘军舰。国王接着问："所以，为何你们建议我下船呢？"他们回答道："因为赌注是不可同日而语的，无论金子还是银子，都无法与您个人生命的价值相比，您的妻子和孩子的生命同样也是无法用金银估量的，由此，我们不能给您一样的建议，不能让您和他们冒险。"

282 最后，国王说："先生们，我已经听到你们的意见了，不过，我要说一下我个人的想法，那便是，如果我下船，就意味着船上的500人甚至更多的人将会留在塞浦路斯岛，他们因为害怕遇难（所有人都和我一样爱惜自己的生命）而冒险，就再也回不到家乡了。这就是为何我宁愿把自己，我的妻子和孩子的命交到上帝的手里，而不选择对留在船上的这么多人造成损害。"

国王可能会给军舰上的人带来巨大损失，从奥利维埃·德·泰尔米的例子也可见一斑。奥利维埃·德·泰尔米当时也在国王的军舰上，他是我见过最勇敢的人，在圣地的表现也最杰出，但因为害怕被淹死，不敢与我们留下，而是留在了塞浦路斯。他花了一年半的时间才得以与国王会合。不过，他地位显赫且非常富有，完全可以承担自

---

① 尼科西亚的主教代理拉乌尔（Raoul）在与圣路易回到法兰西后，成为高等法院的一员。因此，有一位法兰西人（Français），或者说，有一个人只是取了拉乌尔这个法语名字，后来成为枢机主教，负责看管玉玺或兼任掌玺大臣一职，即拉乌尔·格罗斯帕尔米（Roaul Grosparmi），他在1259被任命为埃夫勒（Êvreux）的主教，1261年成为阿尔巴诺（Albano）的枢机主教。

己行程的费用。不过，试想一下，如果一个人没钱，但同时又遇到如此大的麻烦，他能做什么呢？

第 124 章　塞浦路斯海岸的暴风雨；法兰西王后和儒安维尔的心愿

在上帝把我们从这一危险中解救出来之后，我们又碰到了另一危险。把我们带回塞浦路斯岛上、使我们差点溺亡的暴风，非常猛烈、非常可怕。船员们抛锚，帮助我们对抗暴风，然而却不能阻止船只移动，直到他们把带着的五个锚全抛了。国王房间的隔板不得不被拆掉，因为害怕被风刮到海里，没人敢留在里面。当时，法兰西王室总管吉勒·勒布伦大人和我正睡在国王的房间里，就在那时，王后打开了房门，以为能在里面找到国王。我问王后找谁。她说要来找国王说话，因为船员说我们面临溺亡的危险，如果国王对上帝或圣徒允诺去朝圣，上帝就会把我们从目前的危险中解救出来。我对王后说："王后，您对瓦朗热维尔（Varangéville）的圣尼古拉①承诺朝圣吧，我向您担保，因为他，上帝会把您带回法兰西，同时还有国王和你们的孩子们。"王后说："邑督，事实上我非常愿意这么做，但是国王非常严格，如果他知道我在他不在的时候立这样的誓言，是不会让我走的。"我告诉王后："有一件事您可以做，如果上帝把您带回法兰西，您向他许诺，一定要建造一艘 5 马克重的银军舰，为了您自己、国王和您的三个孩子。我向您保证，上帝会把您带回法兰西的，我向圣尼古拉

---

① 港口的圣尼古拉（Saint-Nicolas-du-Port），默尔特省（Meurthe）。

法国国王圣路易

承诺,如果他把我们从今晚所面临的危险中解救出来,我将赤脚从儒安维尔去圣尼古拉朝圣。"王后告诉我,她许诺要给圣尼古拉建造5马克重的银军舰,让我做她的担保人,我说我非常乐意。不一会儿,她又回来对我说:"圣尼古拉把我们从危险中解救出来了,风暴停止了。"

王后(上帝赦罪之人!)回到法兰西后,她在巴黎命人建造了一艘银军舰,船上有国王、王后和三个孩子,都是银制的;还有船员、船桅、船舵、缆绳等都是银制的;还有帷幔也是银制的。王后告诉我,这艘军舰花费了她100利弗尔。军舰建好后,她派人把船送到儒安维尔给我,这样我就能护送它去圣尼古拉,我也这样做了。当我们护送国王的妹妹去阿格诺(Haguenau)找阿勒曼人的国王时,我又一次在圣尼古拉见到这艘军舰。[1]

第125章 从上帝的警示中得到的好处[2]

现在,回到我们的故事里,正如上述所言,我们从这两大危险中逃离出来后,国王坐在军舰的长凳上,让我坐在他的脚边,他对我说:"邑督,事实上,上帝已经向我们展示了他的威力,这些小风(并非四大风之首)中的一个都差点使法兰西的国王、他的妻子、孩子们以及所有的随从溺亡。所以,我们应该诚心地信仰上帝,回报他把我们从危险中解救出来的恩典。"

---

[1] 阿勒曼人的皇帝或阿勒曼人的国王阿尔贝(Albert)的儿子鲁道夫(Rodolphe)在1300年娶美男子腓力的妹妹为妻,死于1305年。

[2] 参阅第7章。

国王说："邑督，当这些苦难或重大疾病，又或者其他迫害发生在人身上时，圣徒说这些都是耶稣基督的警告，因为，同样地，上帝对那些摆脱重大疾病的人说：'现在，你们十分清楚，只要我乐意，我可以让你们死。'同样的，他也可以对我们说：'你们十分清楚，只要我乐意，我可以让你们溺亡。'所以，我们应该好好反省自己，管束自己，不要做令上帝不悦的事情，在他给了我们这一警示之后，如果我们做别的事情，他就会利用死亡，或者其他的重大疾病惩罚我们，使我们的身体和灵魂遭到损害。"

国王接着说："邑督，圣徒说：'上帝你为何要警告我们？如果你让我们失去一切，你不会因此而变得更加贫穷。如果你让我们得到一切，你也不会因此而变得更加富有。由此我们能够看到，上帝给的警示，既不是为了增加他的好处也不是为了减少他的损失，而是因为他对我们的伟大的爱，他通过警示，让我们清楚地看到自己的错误，改掉令他不高兴的地方。所以，我们要规规矩矩地做好这一点。'"

第 126 章　兰佩杜萨岛

补充干净的水和其他所需要的物品后，我们离开了塞浦路斯岛，到达了一个名叫兰佩杜萨（Lampedouse）的岛屿。在那里，我们捉到了许多兔子，也发现岩石堆里有一个古老的修道院和一些院子，是很多年前住在那里的修士修建的，里面种有橄榄树、无花果树、葡萄树和其他树木。有一条由泉水汇成的小溪，流经其中一个院子。国王和我们走到院子的尽头，发现在第一座拱门下面有一个用石灰涂成白色的小礼拜堂和一个用泥土制作的鲜红色的十字架。我们进入第二座拱门，发现两具尸体，他们的肉已全部腐烂，肋骨保持完整，双手（骨头）放在胸前，朝东方躺着，就像是被安葬在泥土里一样。回到船上的时候，我们发现少了一个船员。至于原因，船长说，他有可能是想要留下来做一名修士。于是，国王的执达吏长官尼古拉·德·苏瓦西（Nicolas de Soisi）把三袋饼干留在海岸，以便他能找到，并以此存活。

第127章 关于潘泰莱里亚岛；圣路易的严厉行为

离开兰佩杜萨岛后，我们看到海上有一个巨大的岛，名叫潘泰莱里亚岛（Pantalarée）。那里居住着萨拉森人，他们臣服于西西里国王①和突尼斯国王（roi de Tunis）。王后请求国王派三艘帆桨战船去岛上带回一些水果给她的孩子们吃，国王同意了，并派遣帆桨战船在国王的战舰经过岛时去岛上。帆桨战船通过一个港口进岛，却发生了这样的事情：国王的战舰经过港口时，我们并没有看到任何帆桨战船。船员们一个个开始嘀咕。国王把他们喊来问到底发生了何事。他们回答到，萨拉森人应该是抓住了准备上岛的人和战船。"不过，我们给您的建议是，不要等他们，因为您现在正处于西西里王国和突尼斯王国的领土之间，它们根本不是您的朋友。如果您允许我们航行的话，我们应该能在天黑之前驶出这一危险地带，因为我们要渡过这一海峡。"国王说："我的确不会被你们说服而把我的人留给萨拉森人，至

---

① 康拉德二世（Conrad Ⅱ），皇帝弗雷德里克二世（empereur Frédéric Ⅱ）的孙子。

少我要尽全力解救他们。我命令你们，调转好你们的船帆，我们应该追击萨拉森人。"王后听到这一决定时，非常悲痛地说："唉，都是因为我才造成这一切。"

就在他们调转国王战舰上的船帆和其他船只的帆时，我们看到几艘帆桨战船驶出了岛。等它们来到国王战船的附近时，国王问那些船员为何现在才回来。他们回答到，他们也不想，但没办法，因为一群巴黎商人的孩子，共有六人，在吃院子里的水果。船员无法按时把他们带回来，也不能扔下他们不管。国王命人把这几个男孩带到小艇上，他们开始大声叫喊："陛下，为了上帝的爱，请您释放我们吧，我们已经拿到想要的一切，不要把我们跟那些杀人犯和盗窃者关一起，因为这对我们而言是一种羞辱。"王后和我们都尽力去劝国王，但国王不听。他们被带到小船上，直到我们登陆。他们经历了非常恐怖的事情，当海变得凶猛时，高高的浪会到他们的头上，他们不得不坐下，因为害怕会被风吹到海里。但这是公平的，因为他们的贪婪给我们造成了非常大的损失，国王要调转军舰回去找他们，为此我们的日程被迫延误整整八天。

第 128 章　王后的房间着火

在登陆之前，我们还遇到另一个危险：王后的一位修女（不发愿）在服侍王后睡觉时，不够细心，把王后的头巾放在铁烛台旁边，便回自己的房间睡觉（她的房间就在王后房间的下面，那是妇女睡觉的地方）；当时王后正在睡觉，蜡烛把头巾烧着了，火势逐渐蔓延，王后盖在身上的床单也烧着了。王后醒来看到房间里全是火焰，裸着

291 身体从床上跳起来，把床单扔进海里，并拿起头巾把火灭掉。此时，小船上的人用一半的声音（压着嗓子）喊："着火了！着火了！"我抬起头，看到还在燃烧的床单正漂浮在非常平静的海面上，火势非常旺。我以最快的速度穿上上衣，然后与船员坐在一起。我坐在那里时，睡在我床脚边的侍从来找我，告诉我国王已经醒了，问我在哪里。他说："我已告诉国王您就在房间，而国王说我在撒谎。"就在我们谈话时，若弗鲁瓦先生寻来，他是王后的教士，他对我说："别担心，因为事情已经发生了。"我跟他说："若弗鲁瓦先生，您去告诉王后，国王已经醒来了，她应该去国王那里让国王安心。"第二天，法兰西王室总管、内侍皮埃尔和热尔韦斯大人问国王："昨晚发生了什么事情呢？我们听说发生了火灾。"我不说话。于是，国王说："非常糟糕的是，邑督在隐藏自我方面比我做得要好。我告诉你们究竟发生了什么，昨晚我们差点葬身火海。"国王把事情经过告诉了他们，然后对我说："邑督，我命令您，除了军舰船舱的大火外，在把这里的

292 火彻底扑灭之前，您不能去睡觉。您要知道，在您没跟我汇报之前我也不会睡觉的。"于是，我遵命照办，就像在海外我一直做的那样。在听到我的汇报后，国王才就寝。

第 129 章　圣母玛利亚显神迹

　　在海上，我们还遇到了另一个危险。一天早上，普罗旺斯的一位有钱人德拉戈内（Dragonet）大人正在他的军舰上睡觉。他的军舰离我们有 1 古里距离。他把一个（骑士的）侍从叫来对他说："去关上舷门，太阳晒到我脸上了。"侍从想要去关但关不了，只有

离开军舰才能关上。于是他离开军舰。正当他去关舷门时，脚一滑就掉到海里了。这艘军舰很小，是没有小船的。很快，军舰驶远了。当时，我们就在国王的军舰上，还以为是一个小木桶或一个大桶掉到海里，因为侍从掉到海里时并没有自救。国王的一艘帆桨战舰把他捞起，带到我们的军舰上。他告诉我们他所经历的一切。我问他为什么没有努力通过游泳或通过其他方式自救。他回答我说一点都没有必要自救，因为他一掉到水里，就向圣母求救，圣母用肩膀把他托起来了，一直托着，直到国王的战舰把他捞起来。为了纪念这一神迹，我让人把它画在儒安维尔（我的）礼拜堂的布莱考特①的彩色玻璃窗上。

第 130 章　国王痛苦地决定在耶尔登陆

在海上航行了 10 个星期以后，我们在一个海港登陆，这个港口离耶尔城堡有两古里的距离。耶尔城堡属于普罗旺斯伯爵（comte de Provence），亦即后来的西西里国王。王后和议事会都同意先在那里登陆，因为那是属于国王的弟弟的领土。国王回答说在到达他自己的领土——艾格－莫尔特（Aigues-Mortes）前，不会登陆。整个星期三和星期四他都坚持不采纳我们的意见，我们也没能说服他。马赛军舰有两个船舵，上面绑着两个非常重的舵柄，有了它，我们可以使军舰在向左转或向右转时，像骑马那么快。星期五，国王坐在一个舵柄上，把我叫来并对我说："邑督，您怎么看这件事？"我回答到："陛下，

---

① 布莱考特，属于儒安维尔地区（上马恩省）。

> 法国国王圣路易

我们提出的建议对您而言,应该是正确的,就好比波旁夫人(madame de Bourbon)如果不想在这个港口下船的话,那她就只能去艾格-莫尔特,那就要在海上多航行7个星期。"尔后,国王把他的顾问都叫来,告诉他们我和他说的话,询问他们该怎么做,所有人都建议他在港口下船。因为他刚从海上的危险中脱离出来,现在又把自己,以及自己的妻子和孩子置于海上的危险当中是不理智的,除非他在海外。国王采纳了我们的建议,王后非常高兴。

第131章 儒安维尔给国王的建议

国王在耶尔城堡下船,同行的还有王后和他的孩子。当国王在耶尔逗留,想找马匹骑回法兰西时,克吕尼修道院院长,后来的奥利夫主教①,给国王送来了两匹中世纪君主骑的马,一匹给国王,一匹给王后,在今天这两匹马至少值500利弗尔。送完马后,修道院院长跟国王说:"陛下,明天我想和您说一下我的事情。"第二天,修道院院长来了,国王非常认真地且花了很长时间听他说话。修道院院长走后,我来找国王并对他说:"如果可以的话,我很想问您:您比平常更温和地听克吕尼修道院院长说话,是因为他昨天送给您两匹马吗?"国王思考了很长时间,然后回答说:"确实是。"我说:"陛下,您知道我为什么要问您这个问题吗?"他问:"为何?"我

---

① 纪尧姆·德·蓬图瓦兹(Guillaume de Pontoise),先后担任拉沙里泰修道院院长(prieur de la Charité)、克吕尼修道院院长(abbé de Cluny)和莫雷的奥利夫主教(évêque d'Olive en Morée)。

说："陛下，那是因为我想建议您，在回法兰西过程中，您应该禁止所有向您起誓的顾问接受那些来您面前禀报事情的人的礼物，您知道的，如果他们接受礼物就会更加认真和耐心地听赠礼者说话，就像您对待克吕尼修道院院长那样。"于是，国王召集了所有议事会成员，把我的建议告诉了他们，他们都认为我提了一个好建议。

第132章 关于方济各会修士于格[①]

国王听说有一位名叫于格的方济各会修士，由于他的名气很大，国王便派人去找他，想听他布道。修士于格到耶尔岛来的那天，我们看到在他来的那条路上，有非常多的男男女女跟在他后面。国王让他布道。他最初先谈修士，他说："各位大人，我看到国王的宫廷里有非常多修士，他们陪伴在国王身边，"接着补充道："就我而言，首先要说的是，他们这样并非自我救赎，除非《圣经》欺骗我们，但这是不可能的。《圣经》告诉我们，修士不能生活在没有道德罪孽的隐修院之外，如同鱼无法生活在没有水的地方。如果与国王在一起的修士说，这就是一个隐修院，那我想对他们说，这是我至今见过的最大的隐修院，它从海的这边一直延伸到那边。如果他们说在宫廷这个隐修院里过着苦行的生活是为了自我救赎，我是不相信的，尤其是当我和他们一起，吃着各式各样的肉类菜肴，喝着好的烈酒的时候。这就是为什么我确信，如果他们住在隐修院里时，不会像和国王在一起时那

[①] 参阅第11章。

189

般舒适。"

布道中，他教导国王应根据百姓的意愿来统治。在布道的最后，他同样说到，他读过基督教的《圣经》以及那些与《圣经》相关的书籍，无论是基督徒写的还是异教徒写的，从未见过任何一个王国或领地的统治权是从一个统治者手里传到另一个统治者手里，或从一个国王手里转到另一个国王手里，除非是缺乏公正。他说："所以，国王应该提高警惕，现在他正返回法兰西，他要在百姓中维持正义，这样他就可以拥有上帝的爱，由此，上帝就不会在他的有生之年把王国夺走。"

我告诉国王应该尽全力让于格修士留下陪他。然而，修士于格一点也不愿意为了国王而留下。于是，国王抓着我的手，对我说："来，我们再去请求他。"接着，我们去找修士，我对他说，"阁下，请您答应国王的请求，请您在普罗旺斯陪伴他。"修士于格非常生气地回答我说："阁下，我当然不做这样的事情，我要去一个上帝更愿意我去的地方，而不是陪伴国王。"他只逗留了一天，与我们在一起，第二天就走了。后来，有人告诉我说他被葬在马赛，墓地发生了很多好的神迹。

第133章　腓力·奥古斯都给予国王的建议

国王离开耶尔城堡那天，由于海岸十分陡峭，只能下马步行。他走了很长一段路，之后只能骑我的马（因为他的马不在身边）。他的马到了以后，他非常生气地斥责他的侍从蓬斯（Ponce）。他骂完后，我对国王说："陛下，您应该原谅侍从蓬斯，因为他服务过您的祖父、您的父亲，现在服务您。"他回答："邑督，他没有服务我们，他有那么多的毛病，我们还忍受他在身边，是我们在服务他。我的祖父腓力国王告诉我，我们应该根据侍从的服务来嘉奖他们，给一些人多点，而另一些人则少点。同时，他还说，如果一个人不能像给予那样大胆地拒绝，他就无法管理好一个国家。我之所以要告诉您这些，是因为现在的社会是如此贪婪，极少人去救赎自己的灵魂或关注个人荣耀，而更多的人是努力从他人身上获益，不管对与错。"

299

第 134 章　儒安维尔离开国王；他随后在苏瓦松与之会合；法兰西的伊莎贝尔与纳瓦尔国王蒂博二世的联姻

国王经过普罗旺斯伯爵领（comté de Provence），来到普罗旺斯的一座小镇艾克斯（Aix en Provence），据说马格德莱娜（Magdeleine）的尸体就葬在那里。我们去到一个用岩石砌得非常高的拱顶，据说马格德莱娜在那里修行了 17 年。当国王到达博凯尔（Beaucaire），我看他已回到自己统治的土地，就向他请假，去了我的外甥女维也纳的王太子妃（Dauphine de Viennois）的家①，又去了我的叔叔沙隆伯爵家

---

① 贝娅特丽克丝·德·萨伏依（Béatrix de Savoie），是萨伏依伯爵皮埃尔（Pierre, comte de Savoie）和阿涅丝·德·福西尼（Agnès de Faucigny）的女儿。

191

>> 法国国王圣路易

及其儿子①勃艮第伯爵的家。之后，我在儒安维尔待了一小段时日，把事情安排好后便去找国王。我是在苏瓦松（Soissons）看到国王的，他非常隆重地欢迎我，现场所有人都对此感到十分惊讶。在那里，我看到了布列塔尼伯爵让（comte Jean de Bretagne）和他的妻子——即蒂博国王（roi Thibaut）的女儿。② 她向国王宣誓效忠（成为国王的封臣），从而拥有在香槟的一切权力。国王传唤了她和纳瓦尔国王蒂博（le roi Thibaut de Navarre）前往巴黎高等法院，想要听他们双方的诉讼并在他们之间维持公正。

纳瓦尔国王和他的顾问出现在巴黎高等法院上，布列塔尼伯爵也出席了。国王蒂博请求娶国王的女儿伊莎贝尔（Madame Isabelle）为妻。由于香槟地区的人看到国王在苏瓦松是如何向我表达爱意的，所以在我背后议论，而我从不管这些，直接去找国王和他谈论联姻之事。国王说："去吧，您去与布列塔尼伯爵讲和，然后安排婚礼。"我告诉他，不应该就此放过布列塔尼伯爵。他回答道，在媾和前，任何事情都无法让他安排婚礼，这样就不会有人说他为了让自己的孩子联姻，而剥夺伯爵们的财产继承权。

我把这些话告诉了纳瓦尔王后玛格丽特（reine Marguerite de Navarre）和她的儿子纳瓦尔国王，以及他们的顾问，他们了解后赶紧和国王讲和。达成媾和后，国王把他的女儿嫁给了国王蒂博。婚礼在默伦（Melun）举行，③ 那是一场非常宏大和庄严的婚礼。国王蒂博把新娘带回了普罗旺斯（Provins），跟随他去普罗旺斯的还有一大批大贵族。

---

① 于格，沙隆伯爵让的儿子，娶勃艮第伯爵领的继承人阿利克丝·德·梅拉尼（Alix de Méranie）为妻。
② 布朗什（Blanche），纳瓦尔国王蒂博一世（Thibaut Ⅰ, roi de Navarre）的女儿。
③ 1255 年 4 月 6 日。

第二部分

第 135 章 圣路易的习惯和性格；他拒绝了诸位主教的非正义请求

从海外回来后，国王过着虔诚信徒的生活，他不再穿用灰鼠皮或小灰鼠皮制作的大衣，不穿鲜红色的衣服，也不使用镀金的马镫和马刺。他的衣服面料是亚麻布和深蓝色呢子（deipers），被褥和衣服使用的是鹿皮或野兔皮。

当有钱人的乡村乐师在饭后入场并拿出手摇弦琴时，他会在乐师结束歌唱后听谢恩祷告。他站起来，教士会站在他的前面说谢恩祷告。我们私下在王宫里时，他通常会坐在床脚边。当多明我会修士和方济各会修士在那里给他读某一本书时，他就会说："不，你们不能给我读这本书，因为饭后听书，没有任何一本书比《向往自由》（ad libitum）更好。"换句话说，每个人都说他想说的话。当有钱人跟他一起吃饭时，他都好好地陪伴他们。

我要告诉您国王的睿智。曾有一种说法是，在议事会里，没有人的智慧能和他相提并论。只需一件事就足以说明。正如我听说的那样，有一次，在未经议事会商议的情况下，国王当下就回应了法兰西所有高级教士提出的请求，事情经过如下。①

欧塞尔主教居伊（évêque Gui d'Auxerre）代表所有高级教士对国王说："陛下，这里的所有大主教和主教让我告诉您，您统治下的基督教世界正在衰亡，如果不重视的话，这一情况还会继续恶化，因为

---

① 参阅第 13 章。

今天没有人再相信绝罚。所以，我们恳求您命令大法官和执达吏强制要求那些被判处绝罚的人从一年零一天起向教会赎罪。"国王没有征询议事会的任何建议就回答他们，为了公正，只要人们把审判权给他，他愿意命令大法官和执达吏对被判处绝罚的人强制执行（他们的建议）。他们商议后回应国王说，他们不会把属于教会的审判权给他。然而，国王回复他们，他不会把属于自己的审判权给教会，也不会命令自己的执达吏强制被判处绝罚的人得到宽恕，无论他们是有过错还是情有可原的。他说："如果我这样做，就违背了上帝和律法。我给你们举个例子：布列塔尼主教（évêques de Bretagne）判处了布列塔尼伯爵七年的绝罚，可后来，伯爵却通过罗马教廷得到赦免。如果我在第一年之后就强制赦免他，那就犯了大错了。"

第136章　关于圣路易的坚强与公正的其他事例

我们从海外回来后，发生了这样的事情：圣-于尔班的僧侣选举出了两位修道院院长。沙隆主教皮埃尔（évêque Pierre de Châlons）（上帝宽恕之人！）把他们两个都除名，另选让·德·迈梅里（Jean de Mymeri,）为修道院院长，并授予他院长权杖。我拒绝接受让·德·迈梅里为院长，因为他曾不公正地对待若弗鲁瓦院长，若弗鲁瓦院长也曾反对他，后来去了罗马（Rome）。我自己举手选举若弗鲁瓦为院长，可主教却把权杖给了让·德·迈梅里，若弗鲁瓦也就失去了院长一职。在争议存续期间，主教判我绝罚。这就是为何，在巴黎高等法院上发生了一次激烈的争吵，它发生在我和佛兰德尔主教皮埃尔

（évêque Pierre de Flandre）、佛兰德尔女伯爵玛格丽特（comtesse Marguerite de Flandre）以及兰斯大主教之间，女伯爵被指控撒谎。此后，巴黎高等法院另开了一次庭，所有的高级教士都请求与国王单独对话。国王从法庭回来后来找我们，我们当时正在宫廷里等候。国王和我们叙说他与高级教士之间的烦恼时，全程面露笑意。首先说话的是兰斯大主教，他说："陛下，您是在剥夺我对供奉在兰斯大教堂里的圣－雷米（Saint-Remi de Reims）圣物的看管权？为了整个法兰西，出于良心考虑，我不愿意和您犯下一样的罪孽。"国王回答说："我以现场的圣物发誓，① 您因为贪婪会对贡比涅（Compiègne）做同样的事情，然而，您是否发伪誓？沙特尔主教（évêque de Chartres）请求我把重新获得的圣物归还给他。我在应得之款被付清之前，我不会这样做。我告诉他，他曾把双手放在我的手上成为我的封臣，却想要剥夺我的继承权，这并非忠义之举。"国王接着说："沙隆主教问我，陛下，您要对儒安维尔做些什么？他剥夺了圣－于尔班修道院（abbaye de Saint-Urbain）院长的权力。我说，主教大人，你们已有规定，人们不应该听任何一个被判处绝罚的平信徒在法庭上说话。我曾看到一个封盖了32个印章的信，信上说您已经被处以绝罚。这就是为何在您被赦免前，我不会听您说话。"向您讲述这些事，就是为了说明国王只会根据自己的理智做决定。

在我为圣－于尔班修道院院长若弗鲁瓦（abbé Geoffroy de Saint-Urbain）办完事情后，他为了利益对我非常不好，并呼吁要反对我。他让圣徒国王认可修道院就是在他的管控之下。我请求国王应该去弄清楚真相，到底监护权是修道院院长的还是我的。修道院院长说："陛下，上帝保佑，您不要这么做，而是应该下令阻止我们，不要在

---

① 耶稣受难日的圣物，藏于圣礼拜堂（la Sainte-Chapelle）。

我们和儒安维尔之间做辩护,因为我们更希望修道院的监护权是您的,而不是在拥有修道院财产继承权的人的手里。"于是,国王问我:"他们说监护权是我的,对吗?"我说:"非常不对,陛下,监护权是我的。"国王对我说:"财产继承权也许属于您,但您对这所修道院没有任何监护权。""不过",国王对修道院长说:"如果您愿意的话,根据您和邑督所说的,修道院的监管权力要么属于我,要么属于他。① 对于您说的话,我应该要弄清真相。因为如果我从辩护义务的角度来对待它的话,那对我的人是不公平的,辩护权利是我的人提供给我去弄清真相的。"国王让人去弄清真相,真相大白后,他把修道院的监护权给了我,并给我颁发了证明。

第137章　圣路易对和平的爱

为两国和平相处,英格兰国王带着妻儿来到法国,圣徒国王(圣路易)与英王进行谈判。圣路易的议事会极力反对这件事,② 他们对国王说:"陛下,我们十分震惊的是,您竟然愿意这样做,愿意把这么大一片土地给英王,这些土地是您和您的先辈们趁英王渎职,从他手里夺来的。由此,我们认为,如果您认为自己没有权利占有这些土地,也不应归还,因为您没有把您和您的先辈们夺得的所有土地都还给英王。不过,如果您相信您有权利占有这些土地的话,那我们认为,您还给他多少您就损失多少。"对此,圣路易回答道:"各位大

---

① 这段话证明,在十字军战争之前儒安维尔并非圣路易的封臣(参阅第 26 章)。
② 参阅第 14 章。双方的和平共识于 1258 年达成,于 1259 年签订和平协议。

人，我十分清楚，我占有这些土地（英国先辈们失去的），完全是正义的；我给不给英王土地，并不是因为我该不该从他或他先辈那里夺得土地，而是要在他的孩子和我的孩子之间增加爱，他们是表亲。而且，在我看来，我也能从给他土地上获得好处，此前英王不是我的封臣，但现在他是我的封臣了。"

这个世界上没有人比他更加努力维系臣民之间的和平，尤其是在那些紧邻的有钱人和王国的诸侯们之间缔结和平。例如，我们从海外回来时，沙隆伯爵，即儒安维尔的叔叔，和他的儿子勃艮第伯爵①发生了激烈战争。为了使他们父子和解，国王出资派议事会的大臣去勃艮第，通过努力，最终使他们和解。后来，在香槟的国王蒂博二世（Thibaut Ⅱ）、沙隆伯爵让及其儿子勃艮第的伯爵，又就吕克瑟伊修道院（abbaye de Luxeuil）问题发生激战。为结束这场战争，国王派热尔韦斯·德·埃斯克安②，当时的法兰西厨师长，去调停。通过努力，最终使他们和解。

在这场战争之后，国王接着平息了一场爆发于巴尔伯爵蒂博（comte Thibaut de Bar）和卢森堡伯爵亨利（comte Henri de Luxembourg）之间的战争，后者娶了蒂博的姐姐为妻。战争在皮内（Piney）附近爆发，巴尔伯爵蒂博俘虏了卢森堡伯爵亨利，攻占了利尼城堡（château de Linay），这座城堡是伯爵亨利从其妻子那里获得的。为了平息这场战争，国王出资，并派遣了在这个世界上他最信任的人，侍从皮埃尔阁下，去调和，最终使他们和解。

就国王使外国人和解这一问题，议事会里没有人不对他说，平息外国人的战争对他没有好处。因为如果国王放任外国人变得贫穷，他

308

309

---

① 参与第134章。
② 手稿此处使用的词汇为"Descranges"或"Escranges"，我在上文（参阅第123章）已经解释过为何会写成"Escraines"。

197

们就不会像富有时那样攻击国王。对此，国王回答说他们讲的不对，他说："如果邻国的君主知道我任由他们打仗，他们就会发现，而且会说：'就是这位国王让我们兵刃相向。'他们会怨恨我，甚至有可能攻打我，而我可能会被打败，并且，我这样做会引起上帝的厌恶，因为上帝说："使人和睦的人有福了。""正因如此，还发生了这样的事情：他帮助勃艮第人（Bourguignons）和洛林人（Lorrains）建立和平，我看到他们在兰斯（Reims）、巴黎和奥尔良（Orléans）的王宫里，就他们之间的事情在国王面前辩护时，都尊重并顺从国王。

第138章　圣路易与儒安维尔对渎神言语的憎恶

国王十分爱上帝和圣母，他会严惩那些被证明是针对上帝或圣母的不道德的事情或渎神的话语。正如我在凯撒利亚看见他让人在一个金银器商人的衬衫和裤子处，挂一大串猪大肠和其他猪内脏，数量太多以至于都推到商人的鼻子了。从海外回来后，我听说他在一个巴黎市民的鼻子和嘴唇上打下烙印，但我没有亲眼看见。圣徒国王说："只要渎神的话语能在我的王国消失，我愿意被热铁打上烙印。"①

我陪伴了他22年，其间从未见他以上帝、圣母或基督圣徒的名

---

① 这一表述在许多编年史里都有记载，特别在圣路易的忏悔神父博利厄的若弗鲁瓦（Geoffroy de Beaulieu）撰写的《圣路易传》（*la Vie de saint Louis*）的第33章。

义发誓。他想要肯定地说某件事情时，会说："真的，事实就是这样，或者说，事实应该就会是这样。"

我也从未听他亲口提及魔鬼，除非在一些书里他不得不读到魔鬼的名字，又或者是在一些圣徒传里看到。然而，当国王允许人们毫无困难地说："魔鬼，刚还在！"这对法兰西①和国王而言就是巨大耻辱。同样地，一个人自受洗起，无论男人还是女人，就已经把自己献给上帝了，所以当他（她）还能说出魔鬼一词时，就犯了语言上的大罪。在我儒安维尔的房子里，任何人说出这样的话，都会被打耳光，于是，这种不好的话就基本消失了。

第139章　圣路易对穷苦人的爱；他是如何教育孩子的；他的施舍和捐赠；他谨慎地核查圣俸

国王问我是否会在复活节前的星期四②为穷苦人洗脚。我回答说不会，因为在我看来这并非好事。他告诉我，我不应该轻蔑对待这件事情，因为上帝也这么做。"因为这样，你就会不管不顾地去做英王会做的事情，英王会给麻风病人洗脚并亲吻它们。"

他会在睡前把孩子叫来，告诉他们好国王和好皇帝的故事，说要以这些人为榜样。此外，他也会告诉他们那些坏君主的事迹，如由于

---

① 参阅第3章。
② 参阅第4章。

淫荡、抢劫和贪财而失去王国。他说："我告诉你们这些事情，是希望你们避免成为坏君主那样的人，这样就不会激怒上帝。"他让孩子们学习圣母经，每天诵读日课经，要他们在管理自己领土时养成听日课经的习惯。

　　国王的施舍如此慷慨，无论他去王国里的任何地方，都会给贫穷教会、麻风病院、主宫医院（hôtels-dieu）、济贫院，以及贫穷的绅士和好妇女*一些施舍。每天，国王都会请大量的穷人吃饭，也会请人在他房间里吃饭。许多次，我都看到他给穷人们切面包、拿喝的东西。

　　在他统治时期，许多修道院建立起来，如鲁瓦约蒙（Royaumont）、巴黎圣-安托万修道院（abbaye de Saint-Antoine）、利斯修道院（abbaye du Lys）、莫布依松修道院（abbaye de Maubuisson），以及为多明我会修士和方济各会修士修建的好几座修道院，他在蓬图瓦兹（Pontoise）和韦尔农（Vernon）让人修建了主宫医院，在巴黎为盲人修建了医院，以及他的妹妹伊莎贝尔（Isabelle）在他的授权下修建的圣-克劳德的方济各会修道院（abbaye des Cordelières de Saint-Cloud）。

　　当发放教会圣俸时，他会在发放之前请教那些高尚的教会人士或其他人。听取意见之后，会根据上帝的意志，非常有良心的、虔诚地发放教会圣俸。① 他拒绝把圣俸给任何一位已从别的教会领取的教士。第一次前往王国的某座城市时，只要那个城市有多明我会修士和方济各会修士，他都会去拜访，请求他们的祷告。

---

　　* 与坏女人（往往指妓女）相对。——中译者
　　① 这段内容关于核查教士俸禄，可参见博利厄的若弗鲁瓦的《圣路易传》的第20章。

第二部分

第 140 章 国王是如何纠正大法官、司法长官和市长的；他是如何颁布新敕令的；艾蒂安·布瓦洛是如何成为巴黎司法长官的[①]

从海外回到法兰西后，国王路易十分虔诚地信仰耶稣基督，也十分公正地对待臣民，他认为在法兰西进行全面改革是一件了不起的工作。首先，他颁布了一个适用于法兰西境内所有臣民的新敕令，内容如下：

朕，路易，法兰西国王，根据上帝的恩典，规定，所有大法官、子爵、司法长官、市长和其他一切官员，无论负责何种事务，也无论担任何种职位，都要口头宣誓，只要他们还在任或行使大法官职能，都应该公正对待每一个人，不能偏私，一视同仁地对待穷人和富人，一视同仁地对待外国人和本国人。要保护那些好的和被确定的习俗和习惯。大法官、子爵或其他官员，像执达吏或护林员，也不能做任何违背他们誓言的事情，他们应该确信，我们会根据他们的财产作为惩罚，也会通过惩罚来修正他们的不好行为。大法官由我们惩罚，其他人则由大法官来惩罚。

其次，司法长官、大法官和执达吏发誓，要忠诚地保护我们的收入和权利，不能容忍权利被窃取、被废除和被削弱。同时，发誓不能

---

① 这一标题（只出现在儒安维尔的手稿里）被楠日的纪尧姆（Guillaume de Nangis）完整地引用于其作品《圣路易传》中，此外，也有一些内容出现在大部头文献著作中。

通过自己或他人收取金银，也不能通过间接手段攫取好处或其他事物，如水果、面包、酒或其他价值10苏的物品，上述提及的物品也不可以超过这个金额。此外，他们也要发誓不能接受任何礼物，包括他们的妻子、孩子、兄弟姐妹，或其他亲近的人，也都不可以接受任何礼物。一旦他们接受了礼物，要以最快的速度归还。最后，他们还要发誓不可以扣留受其监管的人捐赠的任何物资。

再次，他们要发誓不会送礼给议事会里的任何人，也不能给他们的妻子、孩子以及任何隶属于他们的人，也不可以送礼给我们派去辖区调查他们的调查员。此外，他们要发誓不参与任何与我们收入或金钱有关的事务，或任何其他与我们财富有关的事务。

他们还要发誓并承诺，如果他们知道手下的任何官员、执达吏或司法长官存在不诚实、掠夺他人、放高利贷或其他放荡行为，就应该把他们赶走，不能为了礼物、承诺、情感或任何事物而放过他们。否则，我们要惩罚他们并根据严明的法律审判他们。

此外，司法长官、子爵、市长、护林人以及其他执达吏，骑马的或者走路的，都要发誓不会送礼物给他们的上级及其妻儿。

我们希望这些誓言是被坚定履行的，是有坚实根据的，是在教士和平信徒、骑士和执达吏面前许下的，即使他们已经在我们面前发誓了，却也同样害怕由伪誓带来的罪孽，不仅害怕上帝和我们，而且害怕被公开羞辱。

我们希望并要求，所有的司法长官和大法官不说任何对上帝、圣母以及所有圣徒不敬的言辞，要避免玩骰子和下酒馆。我们希望在全国境内禁止骰子，那些生活作风败坏的女人应该被赶出去，把房子租给她们的人，无论是谁，要在一年内把租金交给司法长官或大法官。

此外，我们要确保，法官在任期内不能通过欺诈手段购买，或者让他人购买，无论是通过他们自己还是通过别人，那些属于他们管辖区或其他辖区的属地或土地。也不能让他们的子女或其他与他们有关的人与属于他们辖区的任何人结婚,除非得到我们的特许。同时,也不能让法官参与管辖区内的宗教事务,不能给他们发放教会的圣俸和不能让他们收取属于任何属地的钱财。此外,他们不能在宗教性质的房子里生活,也没有权力在那里寄宿,更不能花费教会的钱在宗教性质的房子附近居住。另外,关于结婚和攫取属地的禁令,正如上文所述,我们希望它能推广至司法长官、市长以及其他更低层级的官员当中。

我们规定,大法官、司法长官或其他官员都不能拥有太多的执达吏或教堂差役,以免民众负担过重。我们希望教堂差役都是基于坚实的基础(需要)被任命的,否则,便不可被任命。当我们的执达吏被指派到远方或国外时,只能听从上级的指令。

我们规定,任期内的大法官、司法长官不能违背法律,加重民众的负担,任何臣民不能因欠债而入狱,除非是欠我们的债。

我们规定,任何大法官不能针对臣民欠下的债或不好的行为收取罚金,除非是在好人的建议下,在公开的法庭里对罚金做一个审查和估算,即使罚金的金额曾被登记过。当一个人因某件事被指控却不愿意出席审判法庭时,他可以缴纳一定数量的钱作为罚金,通常他们也可以接受这笔罚金,我们希望法庭接受这笔罚金是合理的,也是已经商量妥当的,否则,我们希望罚金接受审查,根据上述的办法,犯人就会被重新带到法庭上。我们禁止大法官、市长和司法长官通过威胁、恐吓或(诉讼中)讲歪理,私下或公开地,强迫臣民支付罚金。

我们规定,一个人如果手中拥有司法长官、子爵或其他职务,在没有我们的允许下不可以将之卖给他人。如果有人伙同购买上述官职,我们会让其中的一个作为其他人的代表担任职位,并只能遵循习俗：单独使用与骑行、人头税和公社捐税相关的豁免权。我们还禁止他们购买这些职位之后再转卖给他们的兄弟、侄子和外甥、堂兄弟和表兄弟。他们自己不能声称人们应该还债，除非是与他们职务相关的债务。不过，为了确保他们自己声称的债务是合法的，要经过大法官的判决，就像他们并不担任职务一样。

318　　我们规定大法官和司法长官在处理烦琐的诉讼案件时不能厌烦我们的臣民，也不能更换他们的审判法庭，从一个换到另一个。然而，我们希望他们在听取臣民的纠纷时，按惯例在法庭里听取诉讼，以便我们的臣民不会因为厌恶情绪和费用而放弃追逐自己的权利。

此外，我们规定，他们不能在无缘由或没有我们的特别命令的前提下剥夺一个人的法定占有遗产。他们不能通过新的敲诈方式加重臣民的负担，如人头税或征收新税，同样地，也不能为了敛财而传唤臣民骑行到军队里，因为我们希望所有人只在必要的时候才会骑行到军队里。而那些自愿骑行去军队的个人也不用被迫用钱为他们的行程买单。

接着，我们规定，除非必要，大法官和司法长官不可禁止小麦、酒或其他商品出口；当有必要禁止出口时，我们希望就此召开贤人会议并达成共识，避免存在舞弊和欺诈的嫌疑。

同样地，我们希望所有前任法官、子爵、司法长官和市长在卸任后的40天里，在其管辖区内，他本人或通过代理人，回答任职期间错误对待某些臣民而遭到抱怨的问题。

由于这一敕令（的颁布），整个王国的方方面面都得到改善。

第二部分

第 141 章　关于巴黎司法长官制度改革[①]

那时，巴黎司法长官的职位是出售给巴黎市民或其他人的，购买了巴黎司法长官这一职位的人会包庇他们的孩子、侄子和外甥的罪行，年轻人有司法长官头衔的父母或者朋友作为依靠。因为富人会送大量的礼物给司法长官，平民百姓被严重蔑视，无法拥有富人的理由（权利）。当时，一个人如果因为债务或其他事情被传召，要在司法长官面前说出真相或想要保住其誓言不被认为是伪誓时，司法长官就会处罚他，收取罚金。由于司法长官的严重不公和大肆搜刮，平民百姓不敢留在国王的土地上，纷纷逃往其他司法长官的辖区和领地。国王的土地上人烟稀少，当要召开审判大会时，只有不到 10 个或 12 个人出席。此外，巴黎有太多的坏人和小偷，巴黎外的其他地方他们也无处不在。十分注重保护平民百姓的国王非常了解这一点，于是，他不愿意出售巴黎司法长官，而是给此后担任这一职务的人发放高薪。此外，他废除了所有增加民众负担的课税，并派人到全国各地，去寻找能够很好地主持公正的人，不论他富有还是贫穷。于是，艾蒂安·布瓦洛（Étienne Boileau）当选。他非常称职，没有任何坏人、小偷和谋杀者敢留在巴黎，因为他们会被马上处死或驱逐：亲属、家族、金银都无法给他们作担保。国王领土内的社会风气开始变好，人们因为能在这里拥有正义而来到法兰西。于是，国王领土内住满了人，社会

[①]　这一章的内容可以在《圣德尼编年史》（Chroniques de Saint-Denis）的手稿里找到，尤其是帝国图书馆的第 2813 号法语抄本里，该抄本是圣热纳维耶芙图书馆（bibliothèque Sainte-Geneviève）馆藏的更早抄本的复制品。

风气良好，销售金额、遗产的法定占有、商品及其他事物的总价值，是国王改革前的两倍。

"所有的规定都是为了臣民和王国的利益，我们有权力根据需要对其进行阐明、修改、取缔或削弱。"

法令颁布后，法兰西的方方面面得到大大改善，有智慧的和年长的人都可做证。

第142章 圣路易对穷苦人的爱；他的施舍与捐赠[①]

从孩童时期起，国王就怜悯穷人和苦难者。无论他去哪里，每天都会请120个穷人到他的住处吃饭，吃的有面包、酒、肉或鱼。在四旬斋和降临节，穷人的数量会增加，好几次，国王亲自为他们服务，在他们面前分食物、切肉，离开时会亲手把钱给他们。尤其在盛大节庆前夕，他会为穷人服务，如上所述，在服务完这些穷人之前他不吃也不喝。此外，每天晚餐或吃夜宵时，他都让老人和残疾人与他一同吃饭，吃饭时他会把他吃的食物分给老人和残疾人，等他们吃完后，会给他们一笔钱。此外，国王每天把大笔钱财施赠给贫穷的宗教人士、贫穷的医院、贫穷的病人、贫穷的修道院、贵族和贵妇以及贫穷的贵族小姐、堕落的女人、贫穷的寡妇和刚分娩的妇人以及那些因为年老和疾病而无法工作或无法维持手艺的人，数量之大难以统计。所

---

① 这一章引自博利厄的若弗鲁瓦的《圣路易传》（第19章）。

以我们就说，国王比罗马皇帝提图斯（Titus）还要幸福。据古书记载，提图斯因为有一天无法行善而非常伤心和气馁。自登基以来，国王自知要修建教堂以及许多宗教建筑，其中，鲁瓦约蒙修道院以其美丽和高大宏伟出类拔萃。他修建好几所主宫医院，如巴黎主宫医院，还有蓬图瓦、贡比涅和韦尔农等地的主宫医院，并赠予大量钱财。他在鲁昂建立了圣-马蒂厄修道院（abbaye de Saint-Mathieu de Rouen），那是一所多明我会的女修道院。他还在隆尚（Longchamp）修建了一所修道院，那是一所接纳下级神品修士的女修道院，同样也赠予它们大量钱财。他在利斯-默伦-塞纳为其母亲修建了一座修道院（abbaye du Lys lez Melun-sur-Seine），人称莫布依松修道院，就在蓬图瓦附近。他在巴黎附近建立住所收留盲人（Aveugles lez Paris），并为他们建立了一个小礼拜堂以供他们参加宗教仪式。好国王还让人在巴黎外修建了查尔特勒修道院（Chartreux），并定期提供足够的资金给那些为耶稣基督服务的僧侣。此后不久，他又在巴黎外，通向圣-德尼的路上修建另一座房子，这座房子被称为"上帝之女"，那里收留了大量因为贫穷而犯下淫乱罪孽的女人，国王每年给她们400多利弗尔以维持生活。① 此外，他还在王国内建立了很多房子给不发愿的修女居住，每年拨款以维持她们的生活，希望这些地方可以接纳那些愿意一生保持贞洁的女性。家族的人会抱怨他在施赈方面花费太多、开销太大。国王回答道："与其为了奢华和虚幻的荣誉，我更愿意为了上帝的爱，在施赈上超支。"国王花费了大量资金用于施舍，但在宫廷的日常花费上，却是有节制的。在高等法院和集会上，他对待大贵族

---

① 博利厄的若弗鲁瓦的文本证明，此处应该是巴黎铸币。这400利弗尔相当于今天10131法郎（"今天"指1865年左右。——中译者）。

和骑士却又十分宽厚和大方，恭谦地、宽厚地和一点也不吝啬地对待他的朝臣，这样的光景在很久之前他的先辈们在世时就不复存在了。

第143章　他在法兰西建立的修会[①]

国王爱一切服务上帝的人和穿着宗教衣服的人，他们为寻求生活所需来找国王时从不碰壁。他资助卡姆（Carmes）修士，在邻近沙朗通（Charenton）的塞纳河边买了一块地给他们，并让人修建房子，为他们购买衣服、圣餐杯子以及服务耶稣基督的所需之物。在这之后，他资助圣－奥古斯丁（Saint-Augustin）修士，为他们从巴黎市民手里买下一座谷仓及其一切附属品，并在蒙马特尔（Montmartre）城门外修建一座教堂。他资助萨兹（Saz）修士，把塞纳河边的一块地给他们，就在圣日耳曼－德普雷（Saint-Germain-des-Prés）附近，他们就居住在那里。不过，他们几乎不怎么在那里停留，很快就被取缔了。在萨兹修士之后，进驻那里的是另一批修士，被称为白大衣会修士（Blancs-Manteaux）。他们请求国王帮助他们留在巴黎。国王购买了一处房子供他们居住，房子周围有很多老旧建筑，就在巴黎教堂旧大门附近，十分靠近蒂斯朗（Tisserands）。白大衣修会在一次里昂大公会议中被格雷戈里十世（Grégoire X）取缔。此后，又出现了一批圣十字会修士（frères Sainte-Croix），他们胸前戴着十字架。他们也请求国王帮助他们。国王非常乐意，让他们居住在一条旧称圣殿十字路口（Carrefour du Temple）的街上，现在这条街叫圣十字大街（rue Sainte-

---

[①]　这一章也见于圣德尼修道院的一些编年史，尤其是藏于圣热纳维耶芙图书馆的编年史。

Croix）。可见，国王让修士围绕整个巴黎城。

第144章　圣路易决定发动第二轮十字军战争

上述事情之后，在一个四旬斋期间①，国王召集所有大贵族到巴黎。我抱歉地和国王说，请求他原谅，允许我因为发高烧而缺席。他告诉我，非常希望我能到巴黎，因为巴黎有能治好高烧的医生。于是，我去了巴黎，在三月份的圣母瞻礼节的前一天晚上到达，但找不到国王，也找不到人问国王召见我的原因。然而，却发生了这样的事情，因为上帝愿意，我在早上睡着了。睡着时，我梦到国王正跪在一个祭坛前，一些穿着教会衣服的高级教士给国王披上了一件兰斯的哗叽材质的祭披，看到这一场景后，我叫了我的神父纪尧姆先生，他是一个非常博学的人，向他叙述了这一梦境。他对我说："先生，你明天就会看到国王拿起十字架。"我问他为何这样说，他告诉我，因为我梦中的哗叽材质的祭披意味着十字架，它的颜色是红色，是上帝的血，是从他的胸侧、手和脚流出来的。他说："至于这件祭披是兰斯哗叽，它意味着十字军将不会取得大的成果，上帝让您活着的话，您将会看到。"

在听完巴黎的马格德莱娜（Magdeleine）的弥撒后，我去国王的礼拜堂，看到他已经站在放着圣物的木台前，拿着真的十字架下来。其间，议事会的两名骑士开始交谈，其中一名骑士说："别再相信我，

---

① 在1267年。

如果国王没有在这里拿起十字架。"另一名骑士则回应道："如果国王拿起十字架，这将是法兰西有史以来最痛苦的一天。如果我们不拿起十字架的话，就会失去国王的爱，但是，如果我们拿起了十字架，就会失去上帝的爱，因为我们拿起十字架并不是为了我们信仰的上帝。"

第二天，国王拿起了十字架，他的三个儿子陪着他。正如我的神父所预言的那样，这次十字军战争几乎没有什么成就。我承受了非常大的压力，因为国王和纳瓦尔国王都让我拿起十字架。对此，我是这样回答的，我在海外服务上帝和国王时，以及返回法兰西期间，国王和纳瓦尔国王的执达吏压榨我的人，使他们贫穷。这样的日子对我和他们而言，都是不想再承受的了。由此，我告诉他们，如果我希望按上帝的意志去做的话，就应该留下帮助并保护我的人。一旦加入朝圣之旅，我非常清楚，我的人是如何遭受磨难和损失的，由此，我会激怒上帝，他牺牲自己拯救了他的子民。

328 我认为所有建议国王到海外去的人都犯了道德罪，因为国王没离开国土前，王国内部一片祥和，与所有邻国和平相处。然而，自他离开王国到海外去后，情况开始恶化。那些建议他朝圣的人犯了大错，那时的他身体已经十分虚弱，既无法独自坐双轮马车又不能骑马。他如此虚弱，在我跟别离的那天，让我用双手把他抱在怀里，从欧塞尔伯爵的府邸一直抱到歌德利修道院。不过，尽管他这么虚弱，如果留在法兰西，他就可以活得更久，也就能做更多有意义的事情。

第145章　圣路易病倒；他对儿子的教诲

关于国王去突尼斯的旅程，我一点也不想叙述，也不想评论，因为我没有参加，感谢上帝！我也不想在我的作品里记述任何不确定的事情。因此，我们只能说，神圣国王登陆突尼斯后，在去迦太基城堡之前染上了一种疾病（腹泻），只能卧床。他有种强烈的感觉，觉得自己即将要离开这个世界到另一个世界去了。于是，他把他的儿子腓力叫来，告诉他要根据遗训来管理王国，遗训①是用法语书写的，是国王亲手所写，这样就能被阅读，如下：

好儿子，首先，我交给你的第一件事就是要真心爱上帝，因为只有这样才能得救。你要避免做任何令上帝不悦的事情，也就是说不要犯下罪孽。相反，与其犯下道德罪孽，你应承受任何一切诽谤和痛苦。如果上帝给你厄运，你要耐心地接受并感恩耶稣基督，要明白你需要这些，上帝会使这一切转换成对你有利的事物。如果上帝给你财产，你要满怀感激，当你更想要得到这些时，不能通过傲慢或者别的方式来祈求。因为人不可以用上帝的礼物来反对他。你要经常忏悔，选择一位贤人作为你的忏悔神父，他可以教你哪些事情该做，哪些事情不该做。你应该努力允许忏悔神父和你的朋友敢于指出你的错误。同样，要虔诚服务神圣的教会，口和心都要虔诚，尤其是在祝圣仪式的弥撒上。要温暖地对待穷人、不幸者和悲伤的人，对他们要有怜悯之心，尽你所能去安抚和帮助他们。保留王国里那些好的习俗，去除糟粕。不要觊觎你的百姓，不要对他们课以重税和人头税。如果有事情重重压在心里，就去跟你的忏悔神父或不是满嘴空话的贤人说说，这样你能更容易承受。要注意保证在你身边的人贤能、忠诚，且不会贪得无厌，无论是教会人士还是平信徒，要经常与他们交谈，远离和避免与邪恶之人相伴。要诚心倾听上帝之道并将之放在心上，要心甘

---

① 博利厄的若弗鲁瓦在其著作中的第十五章里，用拉丁语报道了这一遗训，证明圣路易本人用法语写下了遗训。许多手稿的内容与儒安维尔的记载十分接近。

情愿地寻求祷告和赦罪。爱有利的和美好的事物，憎恨一切邪恶，不论其什么样子。不要让任何人胆大妄为地在你面前说出会招致罪孽的话，或者是背后中伤、诽谤他人的话，不能允许任何人在你面前说辱骂上帝的话。要常常感恩上帝，因为他把所有永福都给了你，你才值得拥有更多。为了在你的臣民当中维持公正和正义，要光明正大和强硬，不偏不倚。不过，为匡扶正义，要支持穷人的诉讼，直到真相大白。如果有人反对你，在了解真相之前不要轻信，这样你的顾问就能根据真相更加大胆地判断，最终是支持你还是反对你。如果夺取了属于他人的东西，无论是你还是你的先辈，如果属实的话，马上归还，如有疑惑，那就让谨慎的人迅速且努力调查。你应该关心，在你的统治之下，如何让你的人和你的臣民生活在和平和公正的环境中。尤其是，要看管好王国内的好城市和习俗的实施情况，及由你的先辈们给予的赦免权（自由），如果需要修改则修改并矫正，要用心热爱它们。因为，依靠这些好城市的财富力量，你的臣民和外国人就会害怕，一点也不敢反对你，尤其是重臣和大贵族们。荣耀并热爱神圣教会里的所有人，你的先辈们曾给他们的馈赠和施舍，不能剥夺也不能缩减。据说有一次，我的祖父国王腓力的一位顾问曾告诉他，神圣教会的人正在对他做许多不利的事情，正在剥夺国王的权利、挤压他的司法权，而他竟然容忍了这一切，简直就是天大的奇迹。好国王回答说，他非常相信顾问说的话，但他想到了上帝对他的仁慈和恭谦，所以宁愿让神圣教会的人侵害他的权利，也不愿意与他们争辩。荣耀和尊敬你的父亲母亲，并执行他们的命令。把神圣教会的圣俸给那些好人和生活作风清白廉洁的人，听从贤人和诚实的人的建议而付诸实践。别轻率地向一个基督教君主发动战争。如果一定要发动战争，要保护神圣教会和那些并没有伤害你的人。如果在你的臣民之间爆发了战争或争论，你要尽快地使他们和解。要十分注意挑选好的司法长官和大法官，要经常调查他们以及你住处的人：看看他们是否保持原样（清廉），看看他们当中是否出现了因过分贪婪而导致的恶习、虚假或欺骗行径。要努力消除王国里所有邪恶的罪孽，尤其要尽一切能力取缔那些邪恶的誓言和异端。要注意你住处的花销是否合理。最后，我非常心爱的儿子，在整个王国各处为我的灵魂唱弥撒、做祷告，给我你满满的、特别的祝福。亲爱的好儿子，我把所有的祝福送给你，就像是一个好父亲能送给儿子的那样。圣父、圣子、圣灵和所有圣徒都会照看你，保护你远离一切罪恶。愿上帝一直祝福你，他会因你感到荣耀，你和我们在生命终结后都能与他在一起，永远赞美他。阿门。

第 146 章　圣路易之死

在给儿子腓力留下遗训后，好国王（圣路易）的病情变得更加严重了。他要求神圣教会的人给他做圣事，并在精神尚可和意识清醒的状态下接受了圣事，正如他所呈现的那样，因为当人们给他涂圣油并诵读《圣经》里的七大诗篇时，他自己说出了那些诗文。我听他的儿子阿朗松伯爵述说，当快要死时，他呼唤圣徒帮助他并使他获救，尤其是圣雅各，他的祷告词是从"主，是……（Esto Domine）"开始说起的，即"上帝，您是您的子民的圣化者和保卫者"。接着，他开始呼唤法兰西的圣德尼（saint Denis），说出了他的祷告词："亲爱的上帝，请给予我们能力去蔑视尘世的成功，这样我们就不会惧怕任何不幸。"我还从阿朗松伯爵那里听说，他的父亲还祈求圣热讷维艾芙的保佑。在这之后，圣徒国王躺在一张布满灰尘的床上，把手放在胸部，双眼盯着天花板，把他的精神归还给造物者，那一刻，他就像是

> 法国国王圣路易

上帝之子（le Fils de Dieu）死在了十字架上一样。

这位神圣的君主如此圣洁，他正义地治理王国，做了这么多的善举和颁布如此多的好敕令，为他的死而哭泣是一件多么可贵和庄严的事情。正如作家在创作时会用金色和蓝色来装饰作品那样，国王修建了漂亮的修道院、主宫医院、多明我会女修道院，为方济各会以及上述提及的各个修会建立修道院，以装扮他的王国。

在圣巴托洛缪日（la fête de saint Barthelemi）的第二天，好国王路易离开了这个世界，那是耶稣基督降生的一年，即基督纪年1270年。① 他的骨头被放在一个箱子里保管，然后被带回法兰西的圣-德尼修道院，那是他生前就选好的墓地，他被葬在了那里。正是在那里，上帝为了他和他的美德显现了许多好的神迹。

第147章　圣路易的"封圣"；圣路易的遗体被"迁葬"

此后，在法兰西国王的催促和教皇的命令下，鲁昂的大主教②和修士让·德·萨穆瓦（Jean de Samois）（这位修士后来成为了主教③）为了调查圣徒国王的一生、事迹和神迹，来到法国的圣德尼，在那里逗留了很长一段时间。他们通知我去圣-德尼并把我留下，我在那里逗留了两天。他们调查完我和其他人之后，就把报告送到了罗马教廷那里。教皇和枢机主教团非常细心地审查这份报告，审查之后，他们

---

① 8月25日。
② 弗拉瓦库尔的纪尧姆二世（Guillaume II de Flavacourt）。
③ 他在1299年被任命为利雪主教（évêque de Lisieux），曾于1282年开始主持调查（圣路易的"封圣"调查。——中译者）。

公正地把国王列为众多殉难圣徒当中的一员。* 由此，整个法兰西确实、也应该沉浸在巨大的喜悦中，对那些想像他一样行善的所有子孙后代而言，这是极荣耀之事。是的，对于那些努力效仿他的子孙后代而言也是莫大的荣誉，对那些想要做坏事的他的子孙后代而言则是巨大的羞辱，因为他们会遭受指责，人们会说他们的先祖圣徒国王不会有如此败坏的行为。

这一好消息从罗马传来，国王（圣路易）被"封圣"的那一天是圣-巴托洛缪日（la Saint-Barthelemi）的第二天，也就是圣徒的遗骸被"迁葬"①的那天。国王的遗骸被抬起来，兰斯大主教（上帝会宽恕的人！）和我的外甥亨利·德·维莱（Henri de Villers）（那时是里昂大主教）在前面接住圣骨，此外还有好几位大主教和主教，他们的名字我不记得了。圣骨被放到一个事先建好的台子上。

修士让·德·萨穆瓦在那里布道。在我们圣徒国王生前诸多伟大事迹当中，他提到了一些伟大事迹是我发誓证明的，是我亲眼所见的。他说："为了证明你们所看到的这个人是他那个时代最诚信的人，我想告诉你们的是，他如此诚实地对待萨拉森人，会遵守向他们许下的承诺，即便是简单的口头承诺。我们可以设想一下，如果没有信守承诺，那天他就可以节省 1 万利弗尔甚至更多。"② 接着，他讲述了事件的来龙去脉，正如上文所述。他讲完这件事后，如是说："不要以为我在骗你们，我看到了那个可以为我证明此事是真实的证人。"

布道结束后，国王**和他的弟弟们在王室成员的帮助下，把圣徒的遗骸带回教堂，他们应该得到这一荣耀。因为如果他们不（给自

---

* 1297 年，圣路易正式被罗马教皇封为圣徒。——中译者
① 1298 年 8 月 25 日。
② 参阅第 76 章。
** 美男子腓力。——中译者

己）设置障碍的话，这对他们来说就是巨大的荣耀，正如上述所言。让我们为他祈祷，祈求上帝给我们的灵魂和身体必需之物。阿门！

第148章 儒安维尔梦见圣路易，并为他筑祭台

我还要告诉您一些关于圣徒国王的事情，这些事情归功于他的荣誉，那便是我梦到他出现在儒安维尔的礼拜堂前面，他就在那里，我异常高兴，内心喜悦。我之所以如此高兴是因为看到他出现在我的城堡里，我对他说："陛下，您离开这以后，我在一个名叫舍维永（Chevillon）的村庄里给您留了房子，一个适合您居住的房子。"他笑着回答："儒安维尔先生，因为我相信您，我不想太快离开这里。"

我醒来后开始思考，想把他留在我的礼拜堂里，这应该是让上帝和圣路易开心的事情。于是，我就这么做了，我为他修建了一个祭坛，以荣耀上帝和他。为达到这一目的，还需要永久性的定期开支。于是，我把这件事告诉了国王路易*，他继承了圣徒国王的名字。我认为，如果他能够得到圣徒国王的圣骨，并把它送到儒安维尔的圣洛朗（Saint-Laurent）的小教堂里，使那些来到祭坛的人更加崇拜圣路易，将会符合上帝和我们圣徒国王路易的意愿。

---

* 指纳瓦尔国王路易，关于他的介绍可参见本文第1页注释①。——中译者

第二部分

第 149 章　结语

我想让所有人都知道，本书讲述的关于我们圣徒国王的大部分事迹，如上所述，都是我亲眼所见、亲耳所闻，还有一小部分事迹是我从一本法兰西历史书中看到的，我把它们都写到书里了。① 之所以要把这些告诉您，是想要提醒那些听说过本书的人，在本书中，我的亲眼所见、亲耳所闻，是真实可信的。

本书完成于基督纪年 1309 年 10 月。

---

① 无疑，从第 138 章至第 143 章，以及第 145 章，都是儒安维尔引用的内容。

索 引

说明：

索引中的页码是法文版文本（底本）的页码。

A

abbaye de Maubuisson，莫布依松修道院 312，323

abbaye de Luxeuil，吕克瑟伊修道院 308

abbaye de Prémontré，普雷蒙特雷修道院 36

abbaye de Saint-Antoine，圣－安托万修道院 312

abbaye de Saint-Mathieu de Rouen，鲁昂的圣－马蒂厄修道院 322

abbaye de Saint-Urbain，圣－于尔班修道院 305

abbaye des Cordelières de Saint-Cloud，圣－克劳德的方济各会修道院 313

abbaye du Lys，利斯修道院 312

abbé Adam de Saint-Urbain，亚当，圣－于尔班修道院院长 56

abbé de Cheminon，舍米农修道院院长 55，56

abbé de Cluny，克吕尼修道院院长 295

abbé Geoffroy de Saint-Urbain，若弗鲁瓦，圣－于尔班修道院院长 304，305

abbé Guillaume de Saint-Michel，纪尧姆，圣－米歇尔修道院院长 278

Abel，亚伯（阿贝尔），圣经人物 205

Abraham，亚伯拉罕，圣经人物 205

Acre，阿卡，以色列 5，35，60，62，67，159，167，169，178，179，180，185，186，195，196，200，202，206，207，209，236，244，245，246，248，249，253，274，276

Agnès，阿涅丝，腓力·奥古斯都的妹妹 221

Agnès de Faucigny，阿涅丝·德·福西

218

索 引

尼 299

Aigues-Mortes,艾格-莫尔特,地名,法兰西 293,294

Aix en Provence,普罗旺斯地区的艾克斯,法兰西 299

Alamout,阿刺模忒堡,曾是阿萨辛派主城 112

Albert,阿尔贝,德意志国王或皇帝 285

Albigeois,阿尔比教派 22

Alenars de Senaingan,阿莱纳斯·德·塞纳因安 220

Alep,阿勒颇,苏丹 89

Alexandre Ⅱ,亚历山大二世,苏格兰国王 63

Alexandrie,亚历山大里亚 81,86

Alfonse,阿方松,普瓦提埃伯爵,圣路易的弟弟 Ⅶ,43,44,46,50,79,80,81,90,103,122,134,167,168,172,173,175,179,185,187—188,195

Alfonse,阿方松,布洛涅伯爵,葡萄牙国王,卡斯蒂利亚的布朗什的侄甥 45

Ali,阿里,穆罕默德的堂弟和女婿 111,203,204

Alix,阿利克斯,塞浦路斯王后,香槟伯爵亨利二世与伊莎贝尔的女儿 34,35,36,37,38,39,40

Alix,阿利克斯,格朗普雷伯爵亨利六世的姊妹 51

Alix de Méranie,阿利克丝·德·梅拉尼,勃艮第女伯爵 299

Alix de Resnel,阿利克斯·德·雷内 207

Allemagne,阿勒曼 102

Allemand, Allemands,阿勒曼人 45,124,257,258

Amauri Ⅰ,阿莫里一世,耶路撒冷国王 35

Arménie,亚美尼亚 64,127

Ami de Montbéliard,阿米·德·蒙贝利亚尔,蒙福孔领主 147,180—181

Ancerville,昂塞维尔 51

Andronic,安德罗尼克,君士坦丁堡的皇帝 221

Anglais,英格兰人 47,249

Angleterre,英格兰 21,29,46,47,49,185,249,306,307,311

Anjou,安茹 43

Annonciation de l'ange,天使报喜 210

Annonciation de Notre-Dame,圣母领报 60

Antioche,安条克,土耳其 210,233,234

Apremont,阿普勒蒙 52

Arabes,阿拉伯人 86

Archambaud de Bourbon,阿尔尚博·

德·波旁 44

Arles-le-Blanc,阿尔－勒－布朗 57

Arménie,亚美尼亚 65,232,234,252,253

Arnoul de Guines,阿努尔·德·吉纳 233

Artaud de Nogent,阿尔托·德·诺让 41,42

Ascension,耶稣升天 153,154,163,167,210

Aschmoum-Thenah,阿什穆姆－提拿 86

Assassins,阿萨辛派,伊斯兰教教派 111,112,201,204,205,264

Assur,阿舒尔,亚述古城 244,245,246,252

Aubert de Narcy,奥贝尔·德·纳尔西 78

Aubigoiz,奥比戈兹 93

Auvergne,奥弗涅,法兰西 20

Auxerre,欧塞尔,法兰西 Ⅷ

Auxonne,欧索讷,法兰西 55,56

Avents,降临节,基督教节日 32,82,321

Aveugles lez Paris,巴黎附近的盲人 323

B

Babylone,巴比伦,伊拉克 65,81,82,90,98,118,119,131,159,162,165,239,240

Baffe,巴夫,法兰西 62,280

Bagdad,巴格达,伊拉克 262

Tours,图尔,法兰西 26

Balian d'Ibelin,贝里昂·德·伊贝林 71

Barbaquan,巴巴肯,波斯皇帝 235

Barbarie,柏柏里,北非 58

Barthélémy,巴泰勒米,蒙福孔领主的私生子 147,180,181

Bataille de Taillebourg,塔耶堡之战 46

Baudouin d'Ibelin,博杜安·德·伊贝林,塞浦路斯邑督 ,120,150,157

Baudouin de Jérusalem,博杜安,耶路撒冷国王 198

Béatrix,贝娅特丽克丝,欧索讷伯爵艾蒂安三世与索恩河畔沙隆女伯爵贝娅特丽克丝的女儿 52

Béatrix de Savoie,贝娅特丽克丝·德·萨伏依,维也纳的王太子妃,萨伏依伯爵皮埃尔与福西尼的阿涅丝的女儿 299

Beaucaire,博凯尔,法兰西 299

Beaudouin Ⅱ,博杜安二世,君士坦丁堡的皇帝,法兰西人 221

Beaudoin de Reims,博杜安·德·兰斯 70

索引

Bédouin, Bédouins, 贝都因人　35, 95, 96, 108, 110, 111, 112, 113, 118, 119, 141, 204, 242

Bélinas, 贝利纳　254, 255

Bibars Bondocdar, sultan d'Égypte, 比巴尔斯, 埃及苏丹　127

Bible,《圣经》　24, 254, 297

Bibliothèque Impériale, 帝国图书馆　V, 319

bibliothèque Sainte-Geneviève, 圣－热纳维耶芙图书馆　319, 324

Blanche, 布朗什, 纳瓦尔国王蒂博一世的女儿　300

Blanche, 布朗什, 美男子腓力的姊妹　285

Blanche de Castille, 卡斯蒂利亚的布朗什, 圣路易的母亲　32, 45, 270, 271, 272

Blécourt, 布莱考特, 儒安维尔的一个地方（在上马恩）, 法兰西　56, 293

Boémond V, 博埃蒙德五世, 安条克君主　190

Boémond VI, 博埃蒙德六世, 安条克君主、特里波利（的黎波里）伯爵, 博埃蒙德五世之子　232, 233, 269

bois de Vincennes, 万森树林, 法兰西　26, 27

Boulaincourt, 布兰库尔, 法兰西　191

Bourgogne, 勃艮第, 法兰西　38, 184, 308

Bourguignons, 勃艮第人　309

Branàs, Vranas, 布拉纳斯或弗拉纳斯, 希腊贵族　221

Bretagne, 布列塔尼, 法兰西　28

Brie, 布里, 法兰西　37

C

Caier, "卡耶尔", 皮埃尔·德·纳维尔的绰号　106

Caire, 开罗, 埃及　65, 126, 209, 231

calife de Bagdad, 巴格达哈里发　262

Carmes, 卡姆, 修士　324

Carrefour du Temple, 唐普勒交叉路口, 法兰西街道　325

Carthage, 迦太基, 突尼斯　31

Césarée, 凯撒利亚, 以色列　60, 209, 220, 221, 223, 226, 227, 230, 231, 275, 310

Césarée de Philippe, 凯撒利亚·腓立比（巴尼亚斯的古称）　255

Champagne, 香槟, 法兰西　34, 35, 36, 37, 41, 90, 208, 300

Chaource, 沙乌斯, 法兰西　39

Charente, 夏朗德河, 法兰西　47

Charenton, 沙朗通, 法兰西　324

Charles, 查理, 安茹伯爵、西西里国王

221

50

Chartreux,查尔特勒修道院　323

Château-Thierry,蒂耶里堡,法兰西　36,37

château d'Assur,阿舒尔城堡　252

château d'Hyères,耶尔城堡　24,294

château de Carthage,迦太基城堡　328

château de Jaffa,雅法城堡　239

château de Linay,利尼(Ligny)城堡　308

château de Montlhéri,蒙莱里(Montlhéry)城堡　21

château de Nogent l'Artaud,诺让·勒阿尔托城堡　41

château de Sayette,萨耶特城堡　246

château de Tabarie,太巴列(Tiberias)城堡　235—236

Châtel-Pèlerin,沙泰尔-佩尔兰,法兰西　230,236

Châtelet,沙特莱,比利时　53

Châtillon,沙蒂永,法兰西　78

Chevillon,舍维永,法兰西　338

Chrétiens,基督徒　209

Christ,基督　198

Chroniques de Saint-Denis,《圣德尼编年史》　319,324

Chypre,塞浦路斯　5,6,9,17,59,60,61,62,63,64,65,66,80,150,157,187,210,277,282,283,287

cimetière Saint-Nicolas,圣-尼古拉墓　245

cité de Saintes,圣城　47

Clairvaux,克莱尔沃,法兰西　55

Coiffe-Dieu,上帝的头巾　108

collège de Sorbonne,索邦学院,法兰西　12

Commains,库曼人(Cumans)　221,222

Compiègne,贡比涅,法兰西　304,322

comte d'Alençon,阿朗松伯爵　230,333

comte d'Anjou,安茹伯爵　90,98,100,101,119,132,134,167,179,183,185,187,196

comté d'Anjou,安茹伯爵领　34

comte d'Auxerre,欧塞尔伯爵　Ⅷ,328

comte d'Eu,厄伯爵　63,232,255,256,257,260,261,267

comte de Bar,巴尔伯爵　127,128—129,154,209,231

comte de Blois,布卢瓦伯爵　42

comté de Blois,布卢瓦伯爵领　40

comte de Bretagne,布列塔尼伯爵　28,29,34,37,104,110,158,300,303

comte de Brienne,布列讷伯爵　40,207,235,237

comte de Champagne,香槟伯爵　Ⅷ,53

comté de Champagne,香槟伯爵领　38,

39,42

comté de Chartres,沙特尔伯爵领 40

comté de Dammartin en Gouelle,古埃尔的达马丹伯爵领, 30

comte de Dreux,德勒伯爵 43

comte de Flandre,佛兰德尔伯爵 103,121,122,131,158,167,185,187,188

comte de Jaffa,雅法伯爵 71,188,231,235,238

comte de Joigny,茹瓦尼伯爵 6,40,280

comte de la Marche,拉马什伯爵 43,46,47,48,49,50

comte de Luxembourg,卢森堡伯爵 308

comte de Montbéliard,蒙贝利亚尔伯爵 68,71

comte de Montfort,蒙福尔伯爵 22,127,129,154,209,231

comte de Nevers,内韦尔伯爵 39

comte de Provence,普罗旺斯伯爵 293

comté de Provence,普罗旺斯伯爵领 299

comté de Saint-Paul,圣-保罗伯爵 45

comté de Sancerre,桑塞尔伯爵领 40

comte de Sarrebruck,萨尔布吕肯(Sarrebrück)伯爵 50,51,52,55

comte de Soissons,苏瓦松伯爵 106,108,167

comté du Perche,佩尔什伯爵领 34

comte Gautier,戈蒂埃伯爵 207,236,237,239,240

comte Gautier de Brienne,戈蒂埃,布里耶纳伯爵 40,216

comte Gui de Flandre,居伊,佛兰德尔伯爵 50

comte Gui de Forez,居伊,福雷伯爵 90

comte Guillaume de Flandre,纪尧姆,佛兰德尔伯爵 50,121,152,157

comte Henri de Champagne,亨利,香槟伯爵 34,35,41,42

comte Henri de Luxembourg,亨利,卢森堡伯爵 308

comte Henri Ⅰ le Large,comte de Champagne,亨利一世,绰号慷慨者,香槟伯爵 34,41

comte Jean de Bretagne,让,布列塔尼伯爵 300

comte Jean de Dreux,让,德勒伯爵 43

comte Jean de Soissons,让,苏瓦松伯爵 44,152,158

comte palatin de Champagne et de Brie,有王位继承权的香槟与布里伯爵 1

comte Pierre d'Alençon,皮埃尔,阿朗松伯爵 2

comte Pierre de Bretagne,皮埃尔,布列

塔尼伯爵　33,36,37,43,81,105,
　　148,152,158,168
comte Robert de Dreux,罗贝尔,德勒伯
　　爵　38
comte Thibaut de Bar,蒂博,巴尔伯爵
　　308
comte Thibaut de Champagne,蒂博,香槟
　　伯爵　34,36
comtesse de Poitiers,普瓦提埃伯爵夫人
　　172
comtesse Marguerite de Flandre,佛兰德
　　尔的玛格丽特,女伯爵　304
comtesse Marie,玛丽,香槟女伯爵　34
Conrad Ⅱ,康拉德二世,皇帝弗雷德里
　　克二世的孙子,西西里国王　288
Constantinople,君士坦丁堡　62,63,
　　221,266
Corasmin,Corasmins,Kharismins,花剌子
　　模（Khwarizmian）　211,218,235,
　　237,239
Corbeil,科尔贝尔　14,33
Cordelier, Cordeliers,方济各会修士
　　（Grey Friar, Franciscans）　Ⅷ,269,
　　296,301,312,313,328,334
Couci,库西（Coucy）,法兰西　98
Courtenay,库特奈,法兰西　93,105
Créateur,造物主,基督教　334
Credo,信经,基督教　20

D

Damas,大马士革（Damascus）　112,
　　197,240,247,259,275
Damiette,达米埃塔（Damietta）　3,4,
　　67,72,73,74,75,76,80,81,82,85,
　　86,88,89,90,130,131,134,135,
　　136,139,140,151,152,154,155,
　　156,158,159,162,163,164,174,176
Dan,丹,泉水名　255
Daunou,M.多努,法国历史学家　Ⅳ,
　　Ⅴ
Dieu,上帝　1,2,3,5,6,7,8,10,11,
　　12,13,14,16,17,18,20,21,23,25,
　　28,29,31,32,33,34,41,42,47,49,
　　52,55,56,57,58,61,67,68,71,73,
　　74,75,83,84,89,91,92,94,95,97,
　　99,106,109,113,120,121,122,123,
　　124,133,136,142,143,145,149,
　　150,157,160,161,166,174,177,
　　179,180,181,183,184,186,187,
　　189,191,197,198,199,204,205,
　　209,210,214,237,249,250,251,
　　252,253,254,255,257,260,264,
　　265,267,269,273,274,275,282,
　　283,284,285,286,289,297,303,
　　305,309,310,311,312,313,314,
　　315,316,323,324,326,327,328,

329,330,332,333,334,335,336,337,338

Djafar,贾法尔 111

Dongeux,栋热(Donjeux),法兰西 56

Doullens,杜朗,法兰西 141

Du Gange,迪康热,历史学家 71

du Mez,迪梅,法兰西的骑兵长官 167

duc de Bourgogne,勃艮第公爵 37,38,39,67,96,102,104,119,123,131,248,249,250

duc de Lorraine,洛林公爵 39

E

Écossais,苏格兰人 8

Écosse,苏格兰 8

Écritures, saintes Écritures,《圣经》(Scriptures) 252,255,296

Église,教会 2,21,28,302

Égypte,埃及 4,31,59,60,63,65,66,67,68,82,83,84,85,113,122,125,128,173,175,196,206,208,230,240,242,268,275

Égyptiens,埃及人 164

Eléonore,埃莱奥诺尔,英王亨利三世的妻子 29

Émesse,霍姆斯,叙利亚 65,66,88

émir Fakr-eddin,埃米尔,法克尔-埃丁 88

émirs d'Égypte,埃及的埃米尔们 196,206,209,230,231,232,238,240

empereur de Perse,波斯皇帝 210,211,215,216,218,235,236,237,238,239

empereur des Grecs,希腊皇帝 221,266

Enguerrand de Coucy,昂盖朗·德·库西 44

enseigne de Saint-Denis,圣-德尼的旗帜 70

Épernay,埃佩尔奈,法兰西 38

Érard,埃拉尔,人名 100

Érard de Brienne,埃拉尔·德·布里耶纳 35,36,62,68,69

Érard de Siverey,埃拉尔·德·西弗雷 99,100

Érard de Valery,埃拉尔·德·瓦莱里 132

Eschive de Montbéliard,埃希夫·德·蒙贝利亚特 71

Espagne,西班牙 33,220

Étienne,艾蒂安,桑塞尔伯爵 42

Étienne Ⅲ,艾蒂安三世,欧索讷伯爵 52

Étienne Boileau,艾蒂安·布瓦洛,巴黎司法长官 313,320

Étienne d'Otricourt,艾蒂安·德·奥特

里库尔　169

Eudes de Montbéliard, 厄德·德·蒙贝利亚尔, 太巴列(Tiberias)领主　236

Évangile, 福音书　265

évêque d'Acre, 阿卡主教　183

évêques de Bretagne, 布列塔尼主教　303

évêque de Châlons, 沙隆主教　305

évêque de Chartres, 沙特尔主教　304

évêque de Rames, 拉姆斯主教　237

évêque Gui d'Auxerre, 居伊, 欧塞尔主教　27, 302

évêque Pierre de Flandre, 皮埃尔, 佛兰德尔主教　304

F

Faress-Eddin Octay, 法雷斯－埃丁·奥克塔伊, 埃米尔　156, 178

Filles-Dieu, 上帝之女　323

Fils, 圣子　237, 268

Flandre, 佛兰德尔　12

Fontainebleau, 枫丹白露　8

Fontaine-l'Archevêque, 大主教驻地的喷泉　56

Foucaud du Merle, 福考·迪梅尔勒　97

Franc, 法兰克人　113, 204

Français, 法兰西人　281

France, 法兰西　Ⅰ, Ⅳ, Ⅷ, 12, 21, 25, 27, 31, 33, 35, 36, 37, 44, 47, 60, 63, 77, 78, 80, 152, 166, 168, 182, 185, 187, 189, 190, 191, 192, 193, 194, 196, 232, 234, 248, 254, 267, 269, 271, 273, 276, 280, 281, 283, 284, 291, 294, 295, 297, 302, 304, 306, 308, 311, 313, 314, 321, 324, 327, 328, 334, 335

Frédéric Ⅱ, 弗雷德里克二世, 德意志皇帝　88, 89, 142, 144, 148, 195, 196, 201

Frédéric de Loupey, 弗雷德里克·德·卢佩　100

frères du Saz, 萨兹修士　324, 325

frères Sainte-Croix, 圣十字修士　325

G

Gascogne, 加斯科涅, 法兰西　47

Gaucher, 戈谢, 好人于格(圣保罗伯爵)的侄子　50

Gaucher de Châtillon, 戈谢·德·沙蒂永　115, 120, 132, 137, 173, 174

Gautier, 戈蒂埃, 布里耶纳和雅法伯爵　235

Gautier Ⅳ, 戈蒂埃四世, 布里耶纳和雅法伯爵　40

Gautier Ⅴ, 戈蒂埃五世, 布里耶纳伯爵于格(Hugues)　40

索 引

Gautier d'Autrèche,戈提埃·德·奥特雷什　76,78

Gautier de la Horgne,戈蒂埃·德·拉奥尔涅　122

Gautier de Nemours,戈蒂埃·德·内穆尔　179,180

Gautier du Cureil,戈蒂埃·迪屈雷尔（Ecurey）　91

Gaza,加沙,巴勒斯坦　127,230,231,232,236,238,240,242,244

Gênes,热那亚　177

Gengis-Khan,成吉思汗　211

Génois,迎风艏三角帆　166

Geoffroi de Mussambourc,若弗鲁瓦·德·马桑布尔克　132

Geoffroi de Villette,若弗鲁瓦·德·维莱特,图尔的大法官　26

Geoffroy de Beaulieu,博利厄的若弗鲁瓦　310,313,321,323,329

Geoffroy de Rancon,若弗鲁瓦·德·朗孔　48,49

Geoffroy de Sargines,若弗鲁瓦·德·萨尔吉纳　77,134,137,163,167,194,255-256

Geoffroy Plantagenet,若弗鲁瓦·金雀花,安茹伯爵　44

Georges,乔治　216

Gervaise d'Escraines,热尔韦斯·德·埃斯克安,圣路易的厨师　280,291,308

Gilles le Brun,吉勒·勒布伦,法兰西王室总管　12,194,254,255,280,283

Gobert d'Apremont,戈贝尔·德·阿普勒蒙　50—51

Gog,歌革,圣经人物　211

Goulu,古卢,圣路易的一个执达吏　228

Grecs,希腊人　217

Grégoire X,格雷戈里十世　325

Gui d'Ibelin,居伊·德·伊贝林,塞浦路斯陆军统帅　120,150,157

Gui de Dampierre,居伊·德·当皮埃尔　50,248

Guyon Mauvoisin,居永·莫瓦桑　110,121,

Gui de Mauvoisin,居伊·德·莫瓦桑　187,188

Guillaume II de Flavacourt,弗拉瓦库尔的纪尧姆二世,鲁昂大主教　335

Guillaume III,纪尧姆三世,巴黎主教　20

Guillaume de Beaumont,纪尧姆·德·博蒙　189,259

Guillaume de Boon,纪尧姆·德·布恩　107

Guillaume de Dammartin,纪尧姆·德·

227

达马丁 69

Guillaume de Mello,纪尧姆·德·梅洛 28

Guillaume de Nangis,楠日的纪尧姆 313

Guillaume de Pontoise,纪尧姆·德·蓬图瓦兹,依次担任拉沙里泰修院院长(prieur de la Charité)、克吕尼修道院院长和莫雷的奥利夫主教(évêque d'Olive en Morée) 294

Guillaume de Sonnac,纪尧姆·德·索纳克,圣殿骑士团团长 120

Guillemin,吉耶曼 181,184

H

Haguenau,阿格诺 285

Haiton,小亚美尼亚国王 127

Halca,"哈尔卡",苏丹的守卫 125,126,127,129,155,156

Henri,亨利 34,35

Henri Ⅰ dit le Large,亨利一世,绰号慷慨者,香槟和布里伯爵 41

Henri Ⅰ,亨利一世,塞浦路斯国王 235

Henri Ⅱ,亨利二世,英格兰国王,安茹伯爵若弗鲁瓦·金雀花之子 44

Henri Ⅱ,亨利二世,香槟伯爵 35

Henri Ⅲ,亨利三世,英格兰国王 29, 46

Henri Ⅵ,亨利六世,格朗普雷伯爵 51

Henri de Cône,亨利·德·科恩 123

Henri de Ronnay,亨利·德·罗奈 109

Henri de Villers,亨利·德·维莱 336

Histoire de Eracles empereur,《皇帝埃拉克勒斯的历史》,叙述 11-13 世纪圣地耶路撒冷的征服史 35

Historiens occidentaux des croisades,《十字军战争时期的西方历史学家》 35

Hôpital,医院骑士团 148,150,201,202,227,239,241,255,256

Hospitaliers,医院骑士团成员 207,237,252

hôtels-Dieu,主宫医院 322,334

Hugues,于格,人名 250

Hugues,于格,方济各会修士 296,297

Hugues,于格,勃艮第伯爵,让·德·沙隆之子 299,308

Hugues Ⅲ,于格三世,勃艮第公爵 248,250

Hugues Ⅳ,于格四世 37,248

Hugues Ⅹ,于格十世,拉马什伯爵 43,46,47,48,49,50

Hugues le Brun,于格·勒布伦 50

Hugues,于格,圣-保罗伯爵 50

Hugues d'Escoz,于格·德·埃斯科兹 100,258

Hugues de Jouy,于格·德·茹伊 228,,229,230

Hugues de Landricourt,于格·德·朗德里库尔 132

Hugues de Lusignan,于格·德·吕西尼昂 35

Hugues de Vaucouleurs,于格·德·沃库勒尔 69

Hugues de Trichâtel,于格·德·特里夏特尔,康弗兰斯领主 99

Hugues duc de Bourgogne,于格,勃艮第公爵 50

Hyères,耶尔,法兰西 293,294,296,298

I

Imbert de Beaujeu,安贝尔·德·博热 44,77,95,103,152,194

Isabelle,伊莎贝尔,圣路易女儿 15,300

Isabelle d'Angoulême,伊莎贝尔·德·昂古莱姆,英格兰王后,无地王约翰（Jean-sans-Terre）的遗孀、亨利三世的母亲、拉马什伯爵于格十世的妻子 46

Isabelle de France,法兰西的伊莎贝尔 299

Isabelle,伊莎贝尔,阿莫里一世的继承人,耶路撒冷女王 35

Isles,伊勒 39

Ismaël,伊斯玛依 111

Ismaéliens,伊斯玛依派 111,112,205,206

Israël,以色列 74

J

Jacques de Castel,雅克·德·卡斯特尔,苏瓦松主教 174

Jaffa,雅法,以色列 230,231,232,235,236,239,241,242,244,246,247,248,250,251,252,266,276

Jean,让,圣路易的儿子 177

Jean,让,沙隆伯爵 123,250,299,307—308

Jean,让,厄伯爵,阿方松·德·布里耶纳（Alfonse de Brienne）和厄女伯爵玛丽（Marie,comtesse d'Eu）之子 233

Jean,让,儒安维尔领主,本书作者 Ⅵ,1,7,51,169,183,190,207,305,308,338

Jean Ⅰ,让一世,布列塔尼伯爵 14

Jean Ⅱ,让二世,布列塔尼公爵 14

Jean Ⅱ de Nesle,奈尔的让二世,绰号"好人"、"口吃者",苏瓦松伯爵、奈

尔领主　25

Jean Caym de Sainte-Menehould,让·卡伊姆·德·圣-梅内乌尔德　182,183—184

Jean,让,蒙福尔伯爵　63

Jean d'Acre,让·德·阿卡,皇后玛丽（impératrice Marie）的兄弟,让娜·德·沙托丹（Jeanne de Châteaudun）的丈夫　63

Jean d'Acre ou de Brienne,让·德·阿卡或让·德·布里耶纳　62

Jean d'Ibelin,让·德·伊贝林,巴鲁特领主和雅法伯爵　71,152,188,231

Jean d'Orléans,让·德·奥尔良　97

Jean de Beaumont,让·德·博蒙　68,77,189

Jean de Brienne,让·德·布里耶纳,耶路撒冷国王　74,75,175

Jean de Bussey,让·德·伯西　258

Jean de Gamaches,让·德·加马什　107

Jean de Monson,让·德·蒙森,圣-米歇尔修道院院长纪尧姆的父亲　173,278

Jean de Mymeri,让·德·迈梅里,修道院院长　303

Jean de Saillenay,让·德·赛莱奈　105

Jean de Samois,让·德·萨穆瓦,利雪（Lisieux）主教　335,336

Jean de Valenciennes,让·德·瓦朗西安纳　206,207,208,209,259

Jean de Valery,让·德·瓦莱里　75,102,103,109,149

Jean de Voysset,让·德·瓦塞　116

Jean Frumons,让·弗吕蒙　174

Jean l'Ermin,让·勒尔曼　197,198,199

Jean le Grand,让·勒格朗　244,245,246

Jean Sarrasin,让·萨拉赞　30

Jeanne de Châteaudun,让娜·德·沙托丹,蒙福尔伯爵夫人,蒙福尔伯爵让（Jean comte de Montfort）的遗孀　63

Jeanne de Navarre,纳瓦尔的让娜,法兰西王后、香槟女伯爵　Ⅷ,1

Jérusalem,耶路撒冷　60,113,134,192,193,196—197,209,210,216,229,230,234,235,244,247,248,249,250,253,276

Jocelin de Cornaut,若瑟兰·德·科诺特　87

Joigny,茹瓦尼　6

Joinville,儒安维尔　Ⅰ,Ⅱ,Ⅲ,Ⅳ,Ⅴ,Ⅵ,Ⅶ,Ⅷ,2,10,25,38,40,43,48,51,53,55,56,59,71,98,104,106,

108,114,116,131,133,139,141,144,166,167,168,169,180,181,183,187,190,193,223,233,248,252,257,260,262,264,268,273,275,283,284,285,293,294,299,306,310,311,313,329,337,338

Josselin de Cornaut,若斯兰·德·科诺特 135

Josserand de Brancion,若斯朗·德·布朗雄 122,123

Josserand de Nanton,若斯朗·德·南顿 123

Jour,茹,泉水名 255

Jourdain,约旦河 255

Juif,Juifs,犹太人 22,23,24

Jules Marion,于勒·马里翁先生,法国历史学家 Ⅳ

Jully,瑞利,法兰西 39

L

la Chamelle,拉夏梅尔 238,239

la Chapelle,拉沙贝尔 37

la cour de Rome,罗马教廷 274,303,335,

la Croix,十字架 160,277,327

la fête de saint Barthelemi, la Saint-Barthelemi,圣-巴托洛缪日 334,336

la fête des apôtres saint Pierre et saint Paul,使徒圣皮埃尔与圣保罗的节日 252

la Passion,耶稣受难 210,304

la Rochelle,拉罗谢尔,城堡名,法兰西 21

la Saint-Nicolas,圣-尼古拉节 82

la Sainte-Chapelle,圣礼拜堂 304

la sainte Vierge,圣母玛利亚 292

la Seine,塞纳河 324

la Terre sainte,圣地 Ⅷ,4,5,227,230,276,282

la Toussaint,诸圣瞻礼节 267

la Trinité,圣三节 68

la Trinité,圣三一修会 157,167,168,170,333

la Vie de saint Louis,《圣路易传》 310,313,321

Lagny,拉尼,法兰西 41

Laignes,莱涅,法兰西 39

Lampedouse,兰佩杜萨(Lampedusa),意大利 287

Languedoc,朗格多克,法兰西 259

le Fils de Dieu,上帝之子,耶稣 334

le grand Comnène(Commenus),伟大的孔内努,希腊君主 265

le grand roi des Tartares,鞑靼人的大王 60,64,210,217,218,219,262,263

le grand roi Philippe,伟大的国王腓力,

法兰西国王,腓力二世　248,250

le jour de saint Marc,圣马可节　31,276

le royaume de Sicile,西西里王国　288

Liban,黎巴嫩（Lebanon）　257

Limisso,莱梅索斯（Limassol）,塞浦路斯　62,66

Longchamp,隆尚,法兰西　322

Lorraine,洛林　52

Lorrains,洛林人　309

Louis,路易　314

Louis Ⅷ,路易八世　33

Louis Ⅹ,路易十世,绰号"顽夫（Hutin）",美男子腓力之子,纳瓦尔国王、香槟伯爵、布里伯爵　Ⅷ,1

Lucie,露西,罗马伯爵保罗（comte Paul de Rome）的女儿　233

Lusignan,吕西尼昂,法兰西　46

Lyon,里昂,法兰西　56,325,336

M

Magog,玛各,圣经人物　211

Machabées,马加比　247

madame Blanche,布朗什夫人　266

madame de Baruth,巴鲁特夫人（Beirut）　68

madame de Bourbon,波旁夫人　294

madame Isabelle,伊莎贝尔夫人,圣路易的妹妹　313

Madame la reine,法兰西王后　1,7,185,269

Magdeleine,马格德莱娜　299,326

Mahaut,马奥,布洛涅女伯爵　30,45

Mahomet,穆罕默德　111,159,162,165,199,203,204

Malek-Nasser,马利克-纳赛尔,阿勒颇的君主　65

Malek-Saleh Nagem-eddin Ayoub,马勒克-赛勒·纳格姆-埃丁·阿尤布　65

Mansourah,曼苏拉（Mansura）　4,86,98,103,104,105,110,144,146,174

manuscrit de Lucques,卢克手稿　Ⅳ

Marcel,马塞尔　138

Marguerite,玛格丽特,圣路易的妻子　29

Marguerite de Resnel（Reynel）,madame de Sayette,玛格丽特·德·雷内,萨耶特夫人　207

Marie,玛丽,厄女伯爵　233

Marie de Coucy,玛丽·德·库西,苏格兰国王亚历山大二世（Alexandre Ⅱ）的遗孀　63

Marie,玛丽,塞浦路斯王后阿利克斯（Alix reine de Chypre）的女儿　40

Marie,玛丽,君士坦丁堡皇后,让·德·阿卡或让·德·布里耶纳（Jean

d'Acre ou de Brienne)的女儿,博杜安二世(Beaudouin Ⅱ)的妻子 62

Marie,玛丽,塞浦路斯国王亨利一世(Henri Ⅰ)的姊妹 235

Marie de Vertus,玛丽·德·韦尔蒂 271

Maroc,摩洛哥(Morocco) 220

Marseille,马赛,法兰西 25,53,293,298

Matthieu de Marly,马蒂厄·德·马尔利 77

Maubuisson,莫布依松,修道院名,法兰西 323

Mauritanie,毛里塔尼亚,非洲 164

Maurupt,莫鲁普特,法兰西 58,80

Mecque,麦加,沙特阿拉伯 159

Melun,默伦,法兰西 301

Mère de Dieu,Mère,圣母 56,81,160,161,251,268,310

messe de Requiem,追思弥撒 24

Metz,梅斯,法兰西 52

Mohammed,穆罕默德 235

Mohammed,穆罕默德,花剌子模国王 211

monastère de Cluny,克吕尼修道院 23

monseigneur d'Alençon,阿朗松,圣路易之子 334

monseigneur d'Apremont,阿普勒蒙,萨尔布吕肯伯爵的哥哥 122

monseigneur de Boulaincourt,布兰库尔,儒安维尔的堂兄弟 186

monseigneur de Trie,特里领主,雷诺·德·特里 30

monseigneur Dragonet, riche homme de Provence,德拉戈内,普罗旺斯的富人 292

monseigneur Gaucher,戈谢,圣保罗的伯爵好人于格的侄子 50

monseigneur Gautier seigneur de Resnel,雷内领主戈蒂埃 207

monseigneur Gui,居伊,好骑士让·德·伊贝林的弟弟 152

monseigneur Guillaume,纪尧姆,儒安维尔的神父 326

monseigneur Henri,亨利,好骑士若斯朗·德·布朗雄的儿子 122

monseigneur Jean,让,儒安维尔的神父 145

monseigneur Jean,让,埃拉尔·德·瓦莱里的弟弟 132

monseigneur Philippe,腓力,圣路易的儿子 15,329,333

Montlhéri,蒙莱里(Montlhéry),城堡名,法兰西 21,33

Montmartre,蒙马特尔,法兰西 324

Morée,莫雷,法兰西 67,69,189

N

Naplouse，纳布卢斯（Naplus），巴勒斯坦 252

Nativité，耶稣诞生 210

Nicolas de Choisi，Nicolas de Soisi，尼古拉·德·苏瓦西 170，287

Nicole d'Acre，尼科尔·德·阿卡 160

Nicosie，尼科西亚（Nicosia） 61，280，281

Nil，尼罗河，非洲 83，86，126

Noé，诺亚，圣经人物 205

Noël，圣诞节 87，88

Norvége，挪威 220

Notre-Dame，圣母 55，81，268，293，312，316，326

Notre-Seigneur，Seigneur，Seigneur Dieu，天主、耶稣、耶稣基督、上帝 3，17，18，21，22，25，33，50，74，91，92，111，124，147，179，186，205，215，249，279，285，286，313，323，324，329，334

O

Occident，西方 220

Oiselay，瓦斯莱，城堡名，法兰西 181

Olivier de Termes，奥利维埃·德·泰尔米 6，259，260，282

ordre de Cîteaux，西多会隐修院 44，55

ordre des Blancs-Manteaux，（Order of the White Mantles）白大衣修会 325

Orient，东方 125，128，142，211

Orientaux，东方人 112

Orléans，奥尔良，法兰西 309

Oronte，奥龙特斯河（Orontes） 65

P

Pantalarée，潘泰莱里亚岛（Pantellaria） 288

Pape，教皇 28

Pâque，Pâques，复活节 31，51，131，135，195，223，243，273，276

Paradis terrestre，伊甸园 83

Paris，巴黎，法兰西 27，33，46，49，53，73，138，145，199，284，289，300，304，309，310，312，313，319，320，322，323，324，325，326

Passe-Poulain，帕斯-普兰，地名 253

patriarche de Jérusalem，耶路撒冷主教 161

Pentecôte，圣灵降临节 14，41，66，67，68

Perche，佩尔什，法兰西 34

Père，圣父 237

Perse，波斯 211，239

Petit-Pont，小桥，巴黎 73

Philippe，腓力 35

索引

Philippe Auguste,腓力·奥古斯都 34,221,298

Philippe de Montfort,腓力·德·蒙福尔 138,150,172

Philippe de Montfort,腓力·德·蒙福尔,苏尔领主 255

Philippe de Nanteuil,腓力·德·楠特伊 62,77

Philippe de Nemours,腓力·德·内穆尔 167,171,172,191

Philippe de Toucy,腓力·德·图西 221

Philippe Hurepel,腓力·于雷佩尔,圣路易的叔叔,布洛涅伯爵 33

Philippe le Bel,美男子腓力,圣路易的孙子,法兰西国王 1,10,18

Philippe le Hardi,勇夫腓力,圣路易的儿子,法兰西国王 10

Pierre d'Auberive,皮埃尔·德·欧贝里沃 101

Pierre d'Avallon,皮埃尔·德·阿瓦隆 88,192

Pierre de Bourbonne,皮埃尔·德·波旁 182

Pierre de Courtenai,皮埃尔·德·库特奈 182

Pierre de Fontaines,皮埃尔·德·方丹 26

Pierre de Neuville,皮埃尔·德·纳维尔 106,107

Pierre de Pontmolain,皮埃尔·德·庞特莫兰 195

Pierre,萨伏依伯爵皮埃尔 299

Pierre,皮埃尔,圣路易的侍从 194,255,280,291,308

Piney,皮内,法兰西 308

Pise,比萨,意大利 177

Plonquet,普隆凯,埃拉尔·德·布里耶纳的骑士 69

Poitiers,普瓦提埃,法兰西 Ⅶ,46,48

Poitou,普瓦图,法兰西 21

Ponce,蓬斯,圣路易的侍从 298

Pontoise,蓬图瓦兹,法兰西 272,312,322,323

Prêcheurs,多明我会修士(Friars Preachers, Dominicans) 197,301,312,313,322,334

prêtre Jean,祭司让,亚洲君主 210,211,212,213,214,215

prince de Morée,莫雷王子 67

prince des Turcs,土耳其人的君主 90

Provence,普罗旺斯,法兰西 297

Provins,普罗万,法兰西 13,175,183,301

R

Raimond Bérenger Ⅳ,雷蒙·贝朗热四

世,普罗旺斯伯爵 29

Rames,拉姆斯,地名 241,242

Raoul,拉乌尔,库西领主 98

Raoul,拉乌儿,布道会修士 178

Raoul,拉乌尔,尼科西亚主教代理 281

Raoul de Soissons,拉乌尔·德·苏瓦松 209

Raoul de Wanou,拉乌尔·德·瓦努 99,100,101,144

Raoul Grosparmi,拉乌尔·格罗斯帕尔米,埃夫勒(Évreux)主教,阿尔巴诺(Albano)枢机主教 281

Rauda,劳德,岛屿 126

Recueil des historiens de France,《法兰西历史学家文集》 Ⅳ

Reims,兰斯,法兰西 304,309,326,336

reine de Navarre,伊莎贝尔,圣路易之女,纳瓦尔王后 271

reine Marguerite,普罗旺斯的玛格丽特,圣路易之妻 270,271,272

reine Marguerite de Navarre,纳瓦尔王后玛格丽特 300

Rémon,雷蒙,圣殿骑士团成员 277,278,279

Renaud de Bichiers,雷诺·德·比什耶尔,圣殿骑士团的骑兵长官 83

Renaud de Menoncourt,雷诺·德·默农库尔 100

Renaud de Trie,雷诺·德·特里 30

Rexi,雷西,尼罗河支流 86,87,88,89,90,118

Rhône,罗讷河 55,56,57

Richard Cœur-de-Lion,狮心理查德,英格兰国王 34,35,249,250

Robert Ⅰ,罗贝尔一世,阿图瓦伯爵 43,50,81,82,90,95,97,98,103,109,117,130,179

Robert Ⅱ,罗贝尔二世,于格四世之子与继承人 248

Robert de Sorbon,罗贝尔·德·索邦,索邦大学创始人 12,13,14,15,16

Roche-de-Glun,罗什-德-格伦,城堡名,法兰西 57

Roche-de-Marseille,罗什-德-马赛,城堡名,法兰西 57

Rodolphe,鲁道夫,德意志国王阿尔贝特之子,美男子腓力的妹夫 285

Roger,罗歇,罗什-德-格伦城堡堡主 57

roi de Hongrie,匈牙利国王 201

roi de Navarre,纳瓦尔国王 Ⅷ,1,7,13,15,34,43,299,300,327

roi de Sicile,西西里国王 50,90,93,94,119,120,132,168,288,293

索引

roi de Tunis,突尼斯国王 288

roi des Commains,库曼人的国王 222

roi Philippe,腓力二世,法兰西国王 35,298,331

roi Thibaut,蒂博国王 15,42,300,301

roi Thibaut de Navarre,纳瓦尔国王蒂博二世 300

rois de Jérusalem,耶路撒冷国王 75

Rome,罗马,意大利 304,336

Royaumont,鲁瓦约蒙,修道院,法兰西 312,322

rue Sainte-Croix,圣十字大街 325

S

Sadr-eddin,萨达尔－埃丁 88

saint Anselme,圣安塞姆 17

Saint-Augustin,圣－奥古斯丁 324

saint Denis,圣德尼 334

Saint-Denis,圣－德尼修道院 72,103,323,335

Saint-Esprit,圣灵 192,210,237

Saint-Étienne de Troyes,特鲁瓦的圣－艾蒂安教堂 41

Saint-Germain-des-Près,圣日耳曼－德普雷,地名,法兰西 324

saint Jacques,圣雅克 32,100,193,333

saint Jean,圣让 193,243

Saint-Jean,圣－让,修道院 43,46,243,245

Saint-Laurent,圣－洛朗,礼拜堂,法兰西 338

Saint-Lazare,圣－拉扎尔,地名 241,242

saint Louis,圣路易 Ⅰ,Ⅱ,Ⅲ,Ⅳ,Ⅷ,2,3,7,10,12,13,14,15,18,24,25,27,29,31,32,34,37,40,43,49,53,72,74,150,193,217,230,231,248,250,252,260,281,288,294,298,301,303,306,310,311,321,325,328,329,333,335,337

Saint-Michel,圣－米歇尔,教堂名字 183

saint Nicolas,圣尼古拉 115,284,285

Saint-Nicolas-du-Port（département de la Meurthe）,港口的圣尼古拉（默尔特省）,地名 284

Saint-Pierre,圣－皮埃尔 205

Saint-Remi,圣－雷米节 80,84,225

Saint-Remi de Reims,兰斯的圣－雷米 304

saint roi Louis,圣徒国王路易,圣路易 Ⅲ,31,40,338

saint Sébastien,圣塞巴斯蒂安节 89

Saint-Urbain,圣－于尔班 56,303

sainte Église,神圣教会 20,22,313,

237

316,330,331,332,333
sainte Élisabeth de Thuringe,图林根的圣伊丽莎白 45
sainte Geneviève,圣热讷维艾芙 32,334
Saladin,萨拉丁 146,198
Samarie,撒马利亚(纳布卢斯),以色列 252
Saône,索恩河,法兰西 55,56
Sarrasin,Sarrasins,萨拉森人 5,8,35,58,60,61,68,70,71,72,73,76,77,78,79,80,81,83,86,87,88,89,90,91,92,93,95,96,98,99,101,106,108,109,111,113,114,115,116,117,118,120,121,122,129,132,133,134,135,136,137,138,139,140,142,143,144,145,146,147,149,150,154,159,160,161,162,163,164,166,167,171,172,175,176,178,186,198,209,210,217,235,241,242,243,244,245,246,247,248,250,251,252,253,256,257,258,259,260,262,274,288,289,336
Saumur,索缪尔,法兰西 Ⅶ,43,44
Sayette,萨耶特(西顿)(Sidon),黎巴嫩 207,246,247,252,255,260,262,264,265,266,270,273,275,276

Scecedin,色西丁,法克儿－埃丁(Fakreddin),酋长萨达尔－埃丁(Sadr-eddin)的儿子 88,89,117
Sebreci,赛布勒奇,萨拉森人 164
Sefed(Safad),采法特,以色列 236
seigneur d'Assur,阿舒尔领主 244,245,246
seigneur de Courtenay,库特奈领主 79
seigneur de Trébisonde,特拉比松领主 265
seigneur du Val,勒瓦尔领主 88
sénéchal de Champagne,香槟邑督 Ⅶ,1,7,194
sénéchal de Chypre,塞浦路斯邑督 150
Séphouri,塞普胡里,地名 183
Sharmesah,沙梅萨,尼罗河支流 88
Silvestre de Sacy,西尔韦斯特·德·萨西 205
Simon,西蒙,儒安维尔领主 19,38
Simon,sire de Nesle,西蒙,奈尔领主
Simon de Montceliard,西蒙·德·蒙赛利亚德 246
Société de l'histoire de France,法兰西历史协会 Ⅳ
Soissons,苏瓦松 299,300
soudan d'Émesse,霍姆斯(Homs)苏丹 65,66,236,237,238
soudan d'Iconium,以哥念苏丹 64

soudan de Babylone,巴比伦苏丹 64,65,85,89,118,162,175,201,206,236

soudan de Damas,大马士革苏丹 195,196,197,206,207,228,230,231,232,238,240,242,244,248,249

Subeite,苏贝特,黎巴嫩, 257

Sur,苏尔(提尔)、推罗(Tyre),黎巴嫩 248,254,255,265,275,276

Syrie,叙利亚 65,111,112,205,211,239

T

Taillebourg,塔耶堡,法兰西 47

Tanis,塔尼斯,埃及 86

Tartares,鞑靼人 59,64,209,210,211,212,213,215,217,239,262

Temple,圣殿骑士团 83,97,98,110,120,121,148,150,168,169,170,182,183,201,228,229,241,255,256,257

Templiers,圣殿骑士团成员 83,88,97,114,120,168,252,258

ThibautⅠ,蒂博一世,纳瓦尔国王,蒂博四世,香槟伯爵 Ⅷ,34,35,36,37,38,39,40,41,42,43,127,300

ThibautⅡ,蒂博二世,布卢瓦伯爵 41,42

ThibautⅡ,蒂博二世,纳瓦尔国王,蒂博五世,香槟伯爵 13,15,299,300,301,308,327

Tisserands,蒂斯朗 325

Titus,提图斯,罗马皇帝 322

Tortose,托尔托萨(塔尔图斯的旧称)(Tortosa),叙利亚 268

Trébisonde,特拉比松,土耳其 265

Tripoli,特里波利(的黎波里),利比亚 233,269

Tristan,特里斯坦,圣路易之子 177

Troyes,特鲁瓦,法兰西 38,39,41

Tunis,突尼斯 3,288,328

Turc,Turcs,土耳其人 5,70,73,77,78,83,88,89,90,97,98,99,100,102,103,104,105,106,107,110,115,116,118,119,120,121,122,123,130,132,173,174,175,230,238,239,244,245,246,256,257

V

Val-Secret,瓦尔-塞克勒,普雷蒙特雷的一个修道院,法兰西 36,37

Varangéville,瓦朗热维尔,法兰西 284

Vatace,(John Ducas Vatatzes)瓦塔斯,希腊皇帝 221,266

239

Vaucouleurs,沃库勒尔,法兰西　51

Vernon,韦尔农,法兰西　312,322

Vertus,韦尔蒂,法兰西　38

vicomté de Châteaudun,沙托丹子爵领　40

vierge Marie,童真女玛丽　23

Vieux de la Montagne,山上老人,阿萨辛派领袖　111,112,200,201,202,203,204,205

Villain de Versey,瓦兰·德·维西　69

Y

Yolande,约朗德,布列塔尼伯爵皮埃尔的女儿　36

Yves le Breton,布列塔尼人伊夫　197,202,203,204,205